U0088503

—— 西方心理學與印度瑜伽的首次邂逅 ——

THE PSYCHOLOGY OF
KUNDALINI YOGA

NOTES OF THE SEMINAR GIVEN IN 1932 BY C. G. JUNG

1932年昆達里尼心理學研討會筆記

卡爾·古斯塔夫·榮格
CARL G. JUNG

Sonu Shamdasani
索努·山達薩尼—編者　周俊豪—譯　諮商心理師 鐘穎—審定　輔仁大學宗教學系教授 蔡怡佳—導讀

IN MEMORIAM

Michael Scott Montague Fordham

1905-1995

目次

導讀......006

前言......010

致謝......014

研討會成員名單......016

導論：榮格的東方之旅......018

　　瑜伽與新的心理學......020

　　譚崔主義與昆達里尼瑜伽......025

　　榮格與瑜伽的邂逅......031

　　威爾罕・豪爾......040

　　昆達里尼研討會的源起......044

　　豪爾講座......051

　　心理學與瑜伽：比較及合作的問題......054

第一講：1932年10月12日......074

第二講：1932年10月19日......108

第三講：1932年10月26日......141

第四講：1932年11月2日......172

附錄一：榮格演講（1930年10月11日）
　　　　〈印度的平行對應〉......191

附錄二：榮格對豪爾德語演講的評述......204

　　　　1932年10月5日......204

　　　　1932年10月6日......210

　　　　1932年10月8日......213

附錄三：豪爾的英語演講（1932年10月8日）......219

附錄四：《人身六脈輪詮解探微》......260

榮格全集......289

Figure 1. The cakras ·· 066

Figure 2. Mulādhāra cakra ·· 067

Figure 3. Suādhiṣṭhāna cakra ·· 068

Figure 4. Maṇipūra cakra ·· 069

Figure 5. Anāhata cakra ··· 070

Figure 6. Viśuddha cakra ·· 071

Figure 7. Ājñā cakra ··· 072

Figure 8. Sahasrāra cakra ··· 073

通往精神現實的道路：
《榮格論脈輪：1932年昆達里尼心理學研討會筆記》
導讀

　　榮格84歲時在《紅書》的後記提到了漢學家尉禮賢所翻譯的道教經書《太乙金華宗旨》對他的重大影響，那是他在投身於《紅書》的通往內在的書寫之後，「找到通往現實道路」、重返現實的起點。榮格透過《太乙金華宗旨》找到了分析體驗的「外部的對應」，修煉體驗所指向的精神現實以及精神轉化爲個體化歷程提供了普遍的基礎，分析心理學也爲修煉體驗的理解提出新的心理學詮釋。榮格爲西方讀者撰寫的《太乙金華宗旨》導論，出版於1929年底的《黃金之花的秘密》之中，是分析心理學建立的重要里程碑。本書的內容，也就是1932年榮格在講座中從心理學觀點對昆達里尼瑜伽所進行的闡釋，則是這個里程碑的進一步發展。從榮格對於道教修煉以及瑜伽脈輪的高度關注來看，可以說宗教修

行的體驗構成了榮格分析心理學建立的重要養份。榮格認為修行體驗可以與他在分析過程中觀察到的病人的轉化體驗互相對照，修行體驗與分析經驗也就成為榮格開展分析心理學時往前邁進的兩隻腳。

　　與道教修煉所提供之外部對應一樣，榮格也從昆達里尼瑜伽看到了冥想與心理分析歷程的「平行對應」，認為二者「志同道合」。猶如在《黃金之花的秘密》中為西方讀者提出對道教修煉的心理學解讀，榮格在昆達里尼的講座中也致力於瑜伽的現代心理學闡釋。榮格認為瑜伽是一套表達內在體驗、具整體性的象徵系統。象徵是「從整體來看待事物的眼光」；人們透過象徵連結起散落的部分，形成交織的整體。瑜伽的脈輪系統就是一種表達心靈整體的象徵。這種勾勒心靈整體性的象徵為西方心理學企圖掌握的心靈現實提供了「茫茫荒野中的寶貴指南」。而榮格得以辨識「指南」之價值的經驗基礎，即是他在分析過程中觀察到的病人的體驗。榮格在講座中常以病人在分析歷程中的夢與幻象的體驗來與瑜伽修煉的象徵歷程進行類比，這樣的跨文化比較擴展了分析心理學，猶如山達薩尼的導論中所言：「脈絡的象徵系統幫助榮格發展出一套原型式的、宗教性的心靈地圖測繪學，同時為他提供了一套解說個體化歷程的語言，使他得以往返於心靈的不同地域之間。」從這個角度來看，《太乙金華宗旨》中的金花、昆達

里尼瑜伽中的蓮花，以及鍊金術中的哲人石都成為榮格探索個體化歷程時的跨文化象徵。

榮格認為昆達里尼瑜伽是「植物性的道路」，是垂直向上生長、「從下而上」之精神甦醒的過程。在最底部的海底輪（本書譯為根輪）猶如大地、子宮與苗圃，蘊藏通向未來的種子，諸神沈睡於其中。臍輪是水的洗禮、新生命的開始。太陽輪是淨化之火，也是意識化的起點。心輪屬風，是「神我」誕生之處，也是個體化歷程的開端。喉輪、眉心輪與頂輪則是終極現實的超個人層次。脈輪的象徵是以此超個人層次為立足點，比意識更加寬闊，以「包羅萬象的神聖意識」來表達心靈。

「從下而上」不只是脈輪系統中從海底輪到頂輪的揚升之道，也是榮格與瑜伽之「靈上學」(metapsychical) 相遇的方向。印度的靈性觀是從超個人的層次出發，這是由上往下的視野。而榮格則是從病人內在意象的體驗出發，親證「超個人事件在心靈內的發生」，這是「從下而上」的道路。他以一位與自身宗教信仰傳統疏離的病人為例，說明當宗教象徵所承載的意義都只成為外部的教條、無法從內在看見其力量時，病人如何透過專注於幻象的歷程，重新得到了勇氣，以及療癒的效果。分析歷程與瑜伽修行相似，都是個體化歷程的展現。榮格所依循的「從下而上」的道路為宗教傳統的「靈上學」提出心理學的詮釋，也為心理分析打開了猶如宗教修行的意義。

瑜伽的冥想歷程由豐富的象徵系統構成：日、月、地、水、火、風、顏色、植物、神靈，尤其是女神力量的意象。瑜伽對於身體以及陰性力量的看重，也可做為西方靈修傳統的對照。從這個角度來看，這已經不只是平行對應，而是對西方自身「單面性」的覺察。病人夢中或是幻象中的「異教」元素也就可以理解為對此「單面性」的補償。《太乙金華宗旨》讓榮格找到「通往現實的道路」，這條道路在與昆達里尼瑜伽脈論象徵的相遇中繼續延伸。這個「現實的道路」是精神現實所開展的道路，擴展了分析心理學對於心靈現實的理解，也重新拾起在西方靈性傳統中所遺忘或忽略的身體性與女神意象。無論就分析心理學的開展，或是靈修的跨文化理解來說，本書都有非常重要的意義與價值。

前言
PREFACE

　　1932 年 10 月的 3 日至 8 日，蘇黎世的心理學社團舉辦了名為「瑜伽，專論脈輪的意義」（Der Yogam im besondern die Bedeutung des Cakras）的系列講座，邀請印度學家威爾罕·豪爾（Wilhelm Hauer）發表六場演講，英語、德語皆有；在這之後，榮格也講座貢獻了四場演講，從心理學觀點闡釋昆達里尼瑜伽（Kundalini Yoga）。

　　榮格於 10 月 12、19、26 日的英語演講、11 月 2 日的德語演講（由卡利·拜恩斯〔Cary F. Baynes〕英譯）以及豪爾的幾場英語演講，是瑪莉·富特（Mary Foote）[1] 根據其秘書艾蜜莉·庫珀（Emily Köppel）的速寫筆記編整成冊，並以油印印刷私下發行，書名為《昆達里尼瑜伽：豪爾博士講座筆記暨榮格博士的心理學評述》（The Kundalini Yoga: Notes on the Lecture Given by Prof. Dr. J.

W. Hauer with Psychological Commentary by Dr. C. G. Jung）（Zurich, 1933）。富特在編者前言中提到，豪爾和榮格兩人都曾對書中的文字做過修訂。

德文版的編者是琳達‧費茲（Linda Fierz）和托尼‧伍爾芙（Toni Wolff），書名為《豪爾博士 10 月 3 至 8 日講座筆記》（*Bericht über das Lecture von Prof. Dr. J. W. Hauer. 3-8 October*）（Zurich, 1933），書脊上另有副標題《譚崔瑜伽》（*Tantra Yoga*），這份德文版的內容也和英文版稍有不同—其中，除了將榮格的英語演講翻譯成德語，還另外收錄了豪爾的德語演講以及托尼‧伍爾芙於 1932 年 3 月 19 日向社團成員發表的演講「歌德作品中的譚崔象徵」（Tantric symbolism in Goethe）[2]；此外，榮格曾於 1932 年 10 月 7 日發表一場「譚崔象徵於西方的平行對應」（Westliche Parallenlen zu den Tantrischen Symbolen）的演講，針對該份講稿的闡釋也一併收錄在本書的德文版中。

---

1 關於瑪莉‧富特的資訊，參見 Edward Foote, "Who was Mary Foote," *Spring: An Annual of Archetypal Psychology and Jungian Thought* (1974): 256-68。

2 伍爾芙的演講中包含運用昆達里尼瑜伽之象徵來詮釋歌德作品，全文收錄於 *Studien zu C. G. Jungs Psychologie* (Zurich: Daimon, 1981), 285-318。

榮格的講座內容經過精簡之後，曾以無註釋的形式分別刊登於 1975 和 1976 年的《泉：原型心理學暨榮格學派思想年刊》（*Spring: Journal of Archetypal Psychology and Jungian Thought*）。

　　眼前這本無刪減版的演講集是根據瑪莉・富特的第一版編整而成。豪爾的演講內容不曾付梓，本書〈附錄三〉收錄的英語講座是唯一的例外；榮格也出席了該場講座，以便為自己接下來的幾場演講預作鋪陳。豪爾和榮格兩人研究方法的相應之處在這場演講中展露無遺。至於豪爾的講述內容中涉及榮格演講之處，本書會將其談論的脈絡放在註釋供參。

　　除了上述幾場演講，本書額外收錄了兩篇最近才被譯為英文的內容：一是榮格於 1930 年發表的演講摘要，標題為「印度的平行對應」（Indian Parallels），原先收錄在由奧爾嘉・馮・寇尼格法森斐爾德（Olga von Koenig-Fachsenfeld）編輯的《1930 年 10 月 6 至 11 日邱斯納特－蘇黎世的榮格德語研討會筆記》（*Bericht über das Deutsche Seminar von C.G. Jung, 6-11. Oktober 1930 in Küsnacht-Zürich*）（Stuttgart, 1931）當中，經麥可・穆喬（Michael Müchow）英譯後成為本書的〈附錄一〉；二是榮格對於豪爾幾場德語演講的心理學評述，原先收錄在由費茲和伍爾芙兩人主編的德文版

中，經凱薩琳娜・羅伍德（Katherina Rowold）英譯後成為本書的〈附錄二〉。

除此之外，本書〈附錄四〉是由約翰・伍鐸夫爵士（Sir John Woodroffe）①翻譯的譚崔典籍《人身六脈輪詮解探微》（*Ṣaṭ-cakra-nirūpaṇa*），這部經典正是豪爾和榮格該次系列講座評述的主題。〈附錄四〉選用的經文英譯取自伍鐸夫《靈蛇之力》（*The Serpent Power*）（Madras, 1992）的第十五版；本書的扉頁插圖及其圖說也是出自這個版本；隨頁註釋中的引文出處亦同，如遇例外則另行標註。伍鐸夫的《靈蛇之力》針對各節經文做了為數頗豐的說明及註解，無奈礙於篇幅，本書並未收錄。

在這本演講集的編整過程中，為保留原貌，針對語氣停頓、拼字、文法的修潤已經盡量控制在最小範圍。收錄於《泉》期刊的版本在這方面給予很大的幫助。除了少數例外，講座提及的梵文專有名詞一律沿用富特版本的拼寫方式。當專有名詞是引述自《人身六脈輪詮解探微》和其他文本時，則遵照文本原來的拼寫方式。

索努・山達薩尼
Sonu Shamdasani

致謝

ACKNOWLEDGMENTS

我要感謝烏利希・霍尼（Ulrich Hoerni）和彼得・榮格（Peter Jung）為了籌備這次研討會所付出的無數努力，特別要感謝前者給予許多頗有幫助的建議，以及他對於這本集子的評論；感謝法蘭茲・榮格（Franz Jung）慷慨允許我使用其父親的藏書室，並為我查找書目所在之處；感謝 C. A. 邁爾（C. A. Meier）和塔德烏什・萊希許坦（Tadeus Reichstein）與我分享他們的記憶和講座紀錄，也要感謝保羅・畢夏普（Paul Bishop）將我引薦給塔德烏什・萊希許坦；感謝彼特・格勞斯（Beat Glaus）在榮格書信方面提供的諮詢；感謝艾力克・唐納（Eric Donner）、麥可・穆喬、凱薩琳娜・羅伍德的翻譯；感謝娜塔莉・巴倫（Natalie Baron）協助抄寫轉錄；感謝安東尼・斯達德倫（Anthony Stadlen）提供一份約翰・萊亞德

（John Layard）書信的影本；感謝恩斯特・法爾茲德（Ernst Falzeder）和安德烈・海納爾（André Haynal）邀請我參加由日內瓦大學（the University of Geneva）精神醫學學系舉辦的講座，讓我能有機會在瑞士從事研究；感謝大衛・侯特（David Holt）將榮格在蘇黎世聯邦理工學院（Eidgenössische Technische Hochschule）的德語研討會及講座紀錄文稿作為禮物相贈；感謝威廉・麥奎爾（William McGuire）對於這本集子的評論；我還要感謝瑪莉・富特在抄錄、編整榮格的英語研討會內容時所付出的珍貴貢獻。最後，我想感謝榮格繼承人協會允許我查閱、引用榮格未曾出版過的手稿，以及他與威爾罕・豪爾、蘇蘭達拉納斯・達斯古普塔（Surendranath Dasgupta）之間的書信。

索努・山達薩尼
Sonu Shamdasani

研討會成員名單
MEMBERS OF THE SEMINAR

　　在本次講座的初版手寫紀錄裡出現過的所有人名以及已知當年有出席講座的成員，都已條列在以下這份名單裡。該份手稿只有列出姓氏，這份名單則盡可能將全名及其居住國家一起羅列出來。實際上的與會人數遠遠不止如此[1]。保羅・畢夏普近期已經採集、彙整了名單中許多人的生平細節。[2]

弗里茨・阿勒曼先生（Alleman Mr. Fritz，瑞士）

貝爾沃德女士（Bailward, Mrs.）

漢斯・鮑曼先生（Baumann, Mr. Hans，瑞士）

卡爾佛・巴爾克博士（Barker, Dr. Culver，英國）

卡利・拜恩斯（Baynes, Mrs. Cary F，美國）

愛麗諾・伯汀娜博士（Bertine, Dr. Eleanor，美國）

愛麗絲・利維生・克勞利女士（Crowly, Mrs. Alice Lewisohn，美國）

史丹利・戴爾先生（Dell, Mr. Stanley W.，美國）

狄伯爾德女士（Diebold, Mrs.）

琳達・費茲女士（Fierz, Mrs. Linda，瑞士）

瑪莉・富特（Foote, Mary，美國）

芭芭拉・漢娜小姐（Hannah, Miss Barbara，英國）

沃夫岡・克蘭菲爾德博士（Kranefeld, Dr. Wolfgang，德國）

蘿絲・梅里希女士（Mehlich, Mrs. Rose）

C. A. 邁爾博士（Meier, Dr. C. A.，瑞士）

塔德烏什・萊希許坦博士（Reichstein, Dr. Tadeus，瑞士）

卡洛・費雪・索耶爾女士（Sawyer, Mrs. Carol Fisher，美國／瑞士）

海倫・肖博士（Shaw, Dr. Helen，英國／澳洲）

瑪莎・伯汀豪斯・希格女士（Sigg, Mrs. Martha Böddinghaus，瑞士）

弗里德里希・史畢葛柏格博士（Spiegelberg, Dr. Friederich，德國）

史畢葛柏格女士（Spiegelberg, Mrs.，德國）

蒂勒小姐　Thiele, Miss

漢斯・特呂布博士（Trüb, Dr. Hans，瑞士）

安東尼婭・伍爾芙小姐（Wolff, Miss Antonia，瑞士）

---

1 中譯註．參見本書導論，「昆達里尼研討會的源起」一節，倒數第三段。

2 參見 Paul Bishop, "The Members of Jung's Seminar on Zarathustra," *Spring: A Journal of Archetype and Culture 56* (1994): 92–112。

榮格的東方之旅

JUNG'S JOURNEY TO THE EAST

1930年1月26日，印度各地方的集會處聯合發表了一篇宣言，其開頭是這樣的：

> 我們相信，印度人民和世界其他地方的人民一樣享有不可剝奪的權利——享有自由的權利，享受他們辛勤工作的成果的權利，以及享受各項生活所需的權利，如此，人們才能擁有全然成長的機會。我們也相信，如果任何一個政府剝奪人們的這些權利並且壓迫人們，人民就更進一步地擁有了改變政府甚至廢黜政府之權利。殖民印度的英國政府不僅僅奪走印度人民的自由，還將其政權建立在對於百姓的種種剝削之上，從而在經濟上、政治上、文化上、性靈上摧毀了印度。我們更相信：印度人民勢必得要斷絕和英國之間的聯繫，以實現完全獨立（Purna Swaraj）。[1]

當時印度國內的不合作運動已經正式展開，甘地（Gandhi）也開始了他的食鹽長征①，而尼赫魯（Nehru）②則被逮捕入獄。

❖

　　慕尼黑，5月30日。 榮格在故友漢學家衛禮賢（Richard Wilhelm）的追思會上宣讀一篇奠文，遙想這些戲劇化的事件：

　　　　我們還是看看東方的現況吧！東方現在恰好機運鼓盪，其勢若排山倒海而來。歐洲的巨砲爆破了亞洲的門戶；歐洲的科學、技術、現實、貪婪也一窩蜂地湧進中國，我們在政治上已經征服了東方。可是你知道當羅馬帝國在政治上征服近東地區之後，結果是如何嗎？結果是東方的精神進入了羅馬，密特拉神（Mithras）成了羅馬的戰神……同樣的事情是否也可能發生在今天？我們是否可能發現，我們和羅馬那些一看到基督教徒的「迷信」模樣就目瞪口呆的彬彬君子，兩者竟是盲目程度不相上下的難兄難弟呢？這些狀況真有這麼匪夷所思嗎？我瞭解我們的無意識中瀰漫著東方的象徵，東方的精神實際上已經在我們的門檻邊逡巡徘徊……我認為，禮賢和印度學專家豪爾受邀到今年德國心理醫療大會上發表關於瑜伽的演講，就是一個極為重要的信號，昭示著這個時代的到

---

1 收錄在尼赫魯的自傳裡，參見 Jawaharlal Nehru, *An Autobiography* (London, 1989), 612。

2 豪爾於當年發表一場題為〈從心理治療鑑照瑜伽〉（Der Yoga im Lichte der Psychotherapie）的演講，收錄於 *Bericht über den V. Allgemeinen Ärztlichen Kongress für Psychotherapie in Baden-Baden, 26–29th April, 1930*, edited by E. Kretschmer and W. Cimbal (Leipzig, 1930)。

來。[2] 各位試想：臨床醫師直接面對的都是因為飽受苦難而特別敏感的人，而當這群醫者願意和東方的療癒體系接軌時，豈不意義斐然！[3]

當時的榮格已經看見東方思想對於西方心理學的衝擊，及其在政治上、文化上的劃時代重要性，這個以羅馬喻今的宏大類比將榮格之所見全都涵納其中，而這也為他後來和昆達里尼瑜伽的相遇鋪設了道路。

到了1960年代，榮格被新時代運動（new age movement）視為一名靈性上師（guru）。在眾多原因之中，最重要的莫過於他在該領域扮演了推動研究、促進傳播的角色，還針對東方思想提出了現代心理學式的闡釋。於是，這些向東求索的旅人便將榮格視為他們的開路先驅。與此同時，榮格的這些個人興趣和其理論被反主流文化挪用的情況，則成了許多人將榮格心理學視為神祕主義、反啟蒙主義的確鑿證據。

◆

瑜伽與新的心理學

從歷史的角度來看，瑜伽典籍被譯介到西方並且廣為傳播的時間點，恰好和深度心理學的興起同步並進。[4] 兩者都是時下流行、奇異新鮮的事物。初來乍到的靈性上師和瑜伽士們，紛紛跟心理治療師競爭著類似的客群，並試圖提供有別於西方哲學、宗教、醫學的另一種專業建議。因此，把兩者加以比較並不是什麼稀奇的

事（至少對潛在客群而言是如此）。已經有為數眾多的著述在比較東方與西方的思想[5]，而深度心理學的異軍突起，正預示著一個嶄新且充滿前景的比較標準。因為深度心理學試圖將其自身從呆板、僵化的西方思想桎梏之中解放出來，從而測繪出一張張的內在經驗地圖，而這些地圖全都是奠基於充滿蛻變性潛力的實務治療工作之上。這種將「理論／知」（theory）與「實務／行」（practice）校準合一的傾向，在瑜伽典籍裡也有類似的體現，而且這些典籍是在完全沒有受到西方思想束縛的環境之下自行發展出來的。此外，心理治療機構採用的是引導式／啟蒙式的工作架構（initiatory structure），這使得心理治療和瑜伽這兩者對於社會大眾的意義極為相似，從而為比較心理學方面的研究開闢了一片嶄新天地。

---

3 參見《榮格全集》第十五卷，〈永懷衛禮賢〉（Richard Wilhelm: In Memoriam）一文，段90。〔中譯註：《黃金之花的祕密》中譯本亦有收錄此文，見頁305-306；此段引用楊儒賓先生之譯文並略加更動。〕榮格曾在他處表示，西方殖民帝國主義的暴行使得理解東方思想成為西方的當務之急：「歐洲極盡殘暴之能事地入侵東方，因此，身為既得利益者的我們必須理解東方精神，責無旁貸。」引自《榮格全集》第十三卷，〈評述《黃金之花的祕密》〉（Commentary on 'The Secret of the Golden Flower'），段84。〔另見中譯本〈導讀・為歐洲讀者而作〉文末。〕

為求行文的通暢及精確，我稍微修改了英文版《榮格全集》的譯文。我之所以對全集英譯者理察・赫爾（Richard Hull）的譯文有所斟酌，原因參見拙文〈倒讀榮格？佛登與赫爾關於榮格《心理類型》中〈詩歌中的類型問題〉一文的書信往來〉（Reading Jung Backwards? The Correspondence between Michael Fordham and Richard Hull Concerning 'The Type Problem in Poetry' in Jung's *Psychological Types*），本文發表於1994年的 *Spring: A Journal of Archetype and Culture* 期刊，第55期，頁110–27。

4 關於瑜伽傳入西方的概述，參見 Georg Feuerstein, "East Comes West: An Historical Perspective," in Feuerstein, *Sacred Paths* (Burdett, N.Y., 1991)。關於東方思想的概略性介紹，參見 *Eastern Spirituality in America: Selected Writings*, edited by Robert Elwood (New York, 1987)。另有一份相當傑出的個案研究，參見 Peter Bishop, *Dreams of Power: Tibetan Buddhism, the Western Imagination and Depth Psychology* (London, 1992)。

5 這本經典的研究論著尤其值得拜讀：Raymond Schwab, *The Oriental Renaissance: Europe's Rediscovery of India and the East, 1680–1880*, translated by G. Patterson-Black and V. Renning (New York, 1984)。

早在1912年，榮格就在《力比多的轉化與象徵》（*Transformation and Symbols of the Libido*）一書中針對《奧義書》（*Upanishads*）和《梨俱吠陀》（*Rig Veda*）[6] 的部分段落提供過心理學式的詮釋。[7] 雖然這本書開啟了心理分析實務及瑜伽修習之間比較研究的可能性，不過，溫特（F. I. Winter）筆下的《瑜伽體系與精神分析》（*The Yoga System and Psychoanalysis*）恐怕才是學術史上第一份直接而詳盡的研究論著。溫特將佛洛伊德與榮格著作中所描述的精神分析，和帕坦伽利（Patanjali）的《瑜伽經》（*Yoga Sutras*）加以對照。在榮格本人著手這個主題之前，他的著作就已經被拿來和瑜伽進行比較了——而榮格在脫離國際精神分析協會（International Psychoanalytical Association）的資助之後就一直奮力拓展的那條「心理學的嶄新道路」，便儼然成為東西兩方的求道之路最為肥沃豐饒的交叉路口。

談起榮格與東方思想的相遇，就不得不說到赫曼・凱澤林伯爵（Count Hermann Keyserling）和他在達姆史塔特的智慧學院（School of Wisdom at Darmstadt），其為榮格的探究工作提供了一個學術性的環境。凱澤林在他廣受好評的著作《一位哲學家的旅行日記》（*The Travel Diary of a Philosopher*）裡頭就曾經談論過瑜伽。他在這本書中主張，新心理學其實是在重新發現古代印度人早已知曉

---

6 瑜伽士戈皮・克里希那（Gopi Krishna）隨後批評了榮格對於一首吠陀拜讚詩的詮釋；榮格在詩中關於鑽木取火的段落裡看到「毫不含糊的性交象徵」。參見《榮格全集》補充卷 B，〈無意識的心理學〉（*Psychology of the Unconscious*），段 243-45。戈皮・克里希那表示：「從詩中的措辭來看，那顯然是指由昆達里尼產生的火」，參見 *Kundalini for the New Age: Selected Writings of Gopi Krishna*, edited by Gene Kieffer (New York, 1988), 67。

7 參見 F. I. Winter, "The Yoga System and Psychoanalysis", *Quest* 10 (1918-19): 182-96, 315-35。榮格的藏書閣收藏了這套期刊的若干年份，包含 1910 到 1924 年、1929 到 1930 年。

的事物：「印度有著世上現存最為深奧的智慧……我們走得越遠，我們就越來越接近印度人所看見的世界。心理學的研究一步步證實了……古印度靈魂科學之中的結論。」[8]凱澤林研究方法的獨到之處在於：他把瑜伽視為一個心理學系統，且其優於西方任何一套心理學體系：「印度人花費了比任何人都要更多的努力，去完善一套能夠引領意識拓展、深化的鍛鍊方法⋯⋯瑜伽……似乎堪稱是眾多自我完善之道當中的最高法門。」[9]關於東西方之間的殊異之處，凱澤林有許多觀點和榮格不謀而合，例如以下這句話：「印度人將心靈現象視為根本，對一個印度人來說，這些心靈現象遠比物理現象更為真實。」[10]

1920年代早期，榮格在達姆史塔特與漢學家衛禮賢相識，兩人並於1928年針對中國的煉丹術典籍《太乙金華宗旨》攜手合作，衛禮賢將典籍內容翻譯成德語，榮格則為其撰寫了一篇心理學評述[11]③；這次合作為榮格提供了一塊可以用來進行東西方比較心理學研究的試金石。本身不通梵語的榮格，隨後又陸續和海因里希·齊默

8 引自 Count Hermann Keyserling, *The Travel Diary of a Philosophy*, translated by J. H. Reece (New York, 1925), 255-56。關於凱澤林與印度文化的邂逅，參見 Ann Marie Bouisson-Mass, *Hermann Kerserling et L'Inde* (Paris, 1978)。

9 Keyserling, *The Travel Diary of a Philosophy*, 124-25.

10 出處同上，頁95。在《榮格全集》第十一卷，〈西藏大解脫書的心理學闡釋〉(Psychological Commentary on 'The Tibetan Book of the Great Liberation') 一文的第770段，榮格提到：「東方乃是以心靈現實作為自身基礎，換言之，心靈就是東方賴以存在之主要且獨特的根基」。榮格對於這本經典的評述寫於1939年，並於1954年首次付梓。如此詮釋東方特色的說法，乃是跟隨東方思想研究之前行者們的腳步，印度思想在這支脈絡底下被視為如夢一般 (dreamlike，語出黑格爾 [Hegel]) 或由想像主導 (dominated by imagination，語出施勒格爾 [Schlegel])。參見 Ronald Inden, *Imagining India* (London, 1990), 93-97。

11 收錄於《榮格全集》第十三卷。

（Heinrich Zimmer）、沃爾特・伊凡斯文茲（Walter Evans-Wentz）、鈴木大拙（Daisetz Suzuki）、本書中的威爾罕・豪爾等人開展了類似的合作機會，他們個個都是與榮格同時代、評述東方思想的一流學者。[12]

凱澤林的同事奧斯卡・史密茲（Oskar Schmitz）在《精神分析與瑜伽》（*Psychoanalyse und Yoga*）[13]這本題獻給凱澤林的書中，針對瑜伽和精神分析之間的比較研究做了更進一步的探索。史密茲主張，在精神分析的各流派之中，比起佛洛伊德或阿德勒，榮格學派和瑜伽是最為靠近的：「透過榮格學派的系統，精神分析學第一次擁有能使人類達致更高發展的可能性……榮格的系統並非一套瑜伽功法，它也無意成為一套瑜伽功法，但它本質上也許就是如此。」[14]榮格對史密茲作品的回應則是顯得模稜兩可：

> 由於精神分析方法（psychoanalytical methods）和精神綜合方法（psychosynthetic methods）在我看來都是一種自我提升的方式，所以您將它拿來與瑜伽的法門相互比較，我認為是相當合理的。然而我認為有一點必須強調：這兩者之間的關聯充其量只是一種類比而已，因為今日有太多歐洲人喜歡將東方的觀念和法門照單全收地

---

12 這一時期的學術研究日漸受到重新評估。參見 *Heinrich Zimmer: Coming into His Own*, edited by Margaret Case (Princeton, 1994)、*A Zen Life: D. T. Suzuki Remembered*, edited by Masao Abe (New York, 1986)。榮格和他的研究夥伴經常相互表達欽佩之情。例如 Evans-Wentz 就在《西藏大解脫書》的評述裡對榮格寫道：能夠身為「西方心靈科學的頂尖學術殿堂」的一員並為其奉獻，是自己莫大的榮幸。(Evans-Wentz to Jung, 13 July 1939, *ETH*).

13 Oskar Schmitz, *Psychoanalyse und Yoga* (Darmstadt, 1923).

14 出處同上，頁 65，由艾力克・唐納（Eric Donner）翻譯。

放到我們的西方心理之中。在我看來，這種情況的發生，不僅對我們沒有好處，對於那些東方觀念也沒有好處。因為從東方精神當中湧現出來的種種觀念，都是根植於東方心理的特定歷史之上，所以其從根本上便與我們迥然有異，不可同日而語。[15]

♦

譚崔主義與昆達里尼瑜伽

瑜伽課程在現今的運動及健身中心裡可說是隨處可見，並且往往和有氧運動、重量訓練、按摩等各式各樣的身體崇拜教派（body cults）一同開設，這使得人們很容易忘記瑜伽原本乃是一套古老的靈性修持方法。

瑜伽內含著兩個在印度哲學和宗教中常見的概念——其一是輪迴轉世，其二則是尋求了生脫死、出離輪迴。米爾恰·伊利亞德（Mircea Eliade）便曾直言道：「瑜伽和數論派（Sāṃkhya）哲學互有關聯，而這兩者和其他印度思想流派之間有個鮮明的區別，即認為『這個世界是**真實存在**，而非如吠檀多學派〔Vedānta〕所以為的那樣虛妄空幻）。但是，即便世界果真**存在著**而且**存續著**，也是起因於『無明／愚痴』（'ignorance' of spirit）的緣故。」[16]瑜伽的特別之處在於它本質上是實際的、重視實踐的，例如印度學者蘇蘭達拉納

---

15 這是榮格於1923年5月26日寫給史密茲的信，參見 "C. G. Jung: Letters to Oskar Schmitz, 1921-31," *Psychological Perspectives* 6 (1975): 81；英譯略有更動。

16 Mircea Eliade, *Yoga Immortality and Freedom*, translated by Willard R. Trask (Bollingen Series LVI; reprint, London, 1989), 9.

斯·達斯古普塔便指出：「瑜伽哲學本質上具有一種務實的調性，其首要目的在於展示各種達致解脫、合一、解放神我（purusha，宇宙性的純淨意識）的方法。」[17] 至於「瑜伽」二字的定義和說明，歷來可謂眾說紛紜。伊利亞德說：「就詞源學來說，yoga 來自詞根 yuj，意思是『綁在一起／締結』（to bind together）、『緊抓／堅持』（hold fast）、『上軛／聯合』（yoke）……一般來說，『瑜伽』一詞可以用來指稱任何一種**苦修**或**冥想**的方法。」[18] 喬治·費爾許坦（Georg Feuerstein）則認為：「瑜伽是一支非常獨特的印度傳統，其中包括許多不同派別典籍化、系統化後的觀念、心法、功法及各式技巧；瑜伽教師們會在一個較為正式的場合裡將這些內容傳授給一位或多位學徒，旨在促進其修持者（yogin，瑜伽士）的內在轉化。」[19] 考究其起源，瑜伽最早可以追溯到西元前三千年。[20] 瑜伽有幾支主要流派：勝王瑜伽（Raja yoga）、哈達瑜伽（Hatha yoga）、智慧瑜伽（Jnana yoga）、奉愛瑜伽（Bhakti yoga）、行動瑜伽（Karma yoga）、梵咒瑜伽（Mantra yoga）、融合瑜伽（Laya yoga）、昆達里尼瑜伽（Kundalini yoga）。接著我們就來談談譚崔運動的幾個特點，

---

17 Surendranath Dasgupta, *Yoga as Philosophy and Religion* (London, 1924), 124. 梵語的 *puruṣa* 經常被西方翻譯成 self，參見本書第二講的註釋 11 及 12。1938 年，榮格曾和達斯古普塔於加爾各答會晤（參見榮格 1939 年 2 月 2 日致達斯古普塔的書信，收錄於 *ETH*）。1939 年，榮格邀請達斯古普塔到蘇黎世演講：「我們在此誠摯邀請您於本週六為心理學社團發表一場演講，談談瑜伽是如何看待身與心之間的關係。至於這次在綜合理工學院舉行的講座，我的講題大概會是瑜伽心理學或瑜伽哲學（專談帕塔伽利的瑜伽經）」（參見榮格 1939 年 4 月 17 日致達斯古普塔的書信，收錄於 *ETH*）。達斯古普塔在心理學社團的演講是在同年 5 月。

18 Eliade, *Yoga: Immortality and Freedom*, 4.

19 Feuerstein, *The Yoga-Sutra of Patanjali: An Exercise in the Methodology of Textual Analysis* (London, 1979), 1.

20 Vivian Worthington, *A History of Yoga* (London, 1989), 11.

以便說明昆達里尼瑜伽的獨到之處。

　　譚崔主義（Tantrism）是一支從西元四世紀開始日益流行的宗教運動、哲學運動，它影響了印度後來的哲學、神祕學、倫理學、藝術和文學。阿格哈南達·巴拉蒂（Agehananda Bharati）指出：「譚崔和其他印度教、佛教之教導最大的差異在於，它有系統地強調**現象世界**（*vyavahāra*）的經驗可以透過**靈性修持**（*sādhanā*）進行過篩、過濾，從而達到與**絕對世界**（*paramārtha* world）的一致。」[21]譚崔主義是和主流印度教思想背道而馳的一股叛逆思潮，它不僅反對禁慾式的苦修，也反對純智性的思辨；此外，它更反對當地盛行的種姓制度，主張重新估量一切的價值。對於身體的歡慶也是譚崔主義的一大特點，它將人體視為整個大宇宙的縮影。伊利亞德還指出：有別於傳統印度教的男性至上主義，在譚崔主義之中，「偉大的女神取得了主導性的地位，這是雅利安印度（Aryan India）靈性歷史上的頭一遭……」此外，在其中「我們還可以看見一種宗教性的、關於女人奧祕的重新發現」。[22]譚崔主義的觀念也反映在其修行方式上，其中經常使用傳統宗教儀式中付之闕如的元素。齊默則表示，譚崔「堅守著萬事萬物的神聖與純粹；因此所謂的『五戒』（five forbidden things）……是只在特定的譚崔儀式當中才能使

---

21 Agehananda Bharati, *The Tantric Tradition* (London, 1992), 18. 納蘭德拉·納斯·巴塔查亞指出：「雖然早期的譚崔反對吠檀多哲學的虛幻觀，並且肯認世界的真實性……〔後來〕層層疊加的元素卻將譚崔逐漸帶往吠檀多的思路」，參見 *History of the Tantric Religion: A Historical, Ritualistic and Philosophical Study* (New Delhi, 1982), 14。

22 Eliade, *oga: Immortality and Freedom*, 202. 關於女性在譚崔主義內部之地位的重新評價，參見 Miranda Shaw *Passionate Enlightenment: Women in Tantric Buddhism* (Princeton, 1994)。

用的神聖飲食及舉止，它們分別是：酒、肉、魚、乾烤過的穀物、性交。」[23]在被稱為「右手派」的譚崔派別中，他們只會在儀式中象徵性地運用這五戒；路線較為激進的「左手派」的做法則是恰如字面所示。

說到當代對於譚崔主義的觀感，雅各·尼德曼（Jacob Needleman）的形容可謂相當中肯：「當人們聽到『譚崔』這個詞的瞬間，各式各樣既狂野又腥羶的聯想就會馬上浮現在西方人的腦海裡，那些彷彿出自心靈科幻作品或性愛雜耍劇團的聯想，就連當今世上最富有想像力的情色小說家都會為之羞赧，最勇猛頑強的性愛戰士也會相形失色」。[24] 1960年代，新時代運動和性解放革命齊頭並進，西方世界對於譚崔主義的興趣也隨之變得日漸濃厚，甚至還有數量眾多的「動作教學手冊」——它們往往聚焦在彷彿儀式的譚崔性愛修持上，但卻偏離了重點：在譚崔主義之中，這類修持並不是為了達成性的解放，而是為了出脫生死輪迴。

以下這段引文清楚勾勒出榮格本人對於譚崔瑜伽的心理學式見解：

> 非我（non-ego）這種特定狀態會對我們個人的心理造成影響，但它本身卻不受我們的影響及控制，而整套印度哲學可說就是對於這種狀態的闡釋。印度哲學認為，人類發展之路的首要目標就是要在這種非我

---

23 Heinrich Zimmer, *Philosophies of India*, edited by Joseph Campbell (London, Bollingen Series XXVI, 1953), 572.

24 Jacob Needleman, "Tibet in America," in Needleman, *The New Religions* (London, 1972), 177.

狀態和意識自我（conscious ego）之間開闢道路、建立連結。再者，譚崔瑜伽不僅對於非我狀態和這種身不由己（impersonality）的各個發展階段都做出了詳盡論述，更以其獨特的方式散放出一道更為崇高、超越個人的意識之光。[25]

在那個年代，心理學是以行為主義、實證主義式的經驗性認識論為大宗，精神分析也逐漸成為一門顯學，而人格發展歷程的研究從頭到尾再也想不出拿嬰幼兒來做研究之外的其他路數——正是在這樣的年代裡，昆達里尼瑜伽成了榮格心目中的理論典範，為他展示了一套關於更高意識之發展歷程的說法，而這正是西方心理學一直以來幾乎付之闕如的東西。

在昆達里尼瑜伽的描繪裡，身體是由一連串的脈輪（cakras）[④] 所組成：**根輪**（*mulādhāra*）、**臍輪**（*svādhiṣṭhāna*）、**太陽輪**（*maṇipūra*）、**心輪**（*anāhata*）、**喉輪**（*viśuddha*）、**眉心輪**（*ājñā*）、**頂輪**（*sahasrāra*）。它們位在身體的不同部位，並由**氣脈**（*nāḍīs*）串聯，而其中最重要的是**左脈**（*iḍā*）、**右脈**（*piṇgalā*）和**中脈**（*suṣumṇā*）。多數的評述者都同意：這些脈輪和氣脈和當代西方生理學對於人類肉體的描繪無關，而是在描述一個精微身（subtle body）或玄祕身（mystical body）。費爾許坦說它們是「理想版本的

---

25 摘錄自榮格於 1931 年 10 月 7 日發表的演講「印度的平行對應」（Indische Prallelen），這份講稿收錄於由 Olga von Koenig-Fachsenfeld 編輯的 *Bericht über das Deutsche Seminar von C.G. Jung, 5-10. Oktober in Küsnacht-Zürich* (Stuttgart, 1932) 一書，頁 66-67；引文由本書編者英譯。本書〈附錄一〉亦收錄一篇標題相同的演講稿；關於兩場演講之間的關聯，參見本篇導讀之「昆達里尼研討會的源起」一節。

精微身結構，目的在於指導瑜伽士的觀想法（visualisation）和冥想法（meditation）」[26]。

榮格的演講宗旨是要提出一套關於脈輪的現代心理學闡釋。納蘭德拉・納斯・巴塔查亞（Narendra Nath Bhattacharyya）說明理解脈輪系統的最好方式，就是把其中的各個組成部分視為一個隨著歷史層層堆疊的歷程：

> 從歷史的角度來看，padmas（蓮花）或 cakras（脈輪）最初可能是為了研究人類生理而按照人體解剖學構想出來的……在下一個時期，受到譚崔主義認為人體是整體宇宙之縮影的觀念影響，世界上諸如日、月、山、川之類的對象就和**脈輪**連結在一起了。每一個脈輪又被認為代表著粗重和精微的元素……這和譚崔的觀念相當符合，即眾神常駐於人類的身體裡，而有志求道者必須去感受肉身之中的這些神明。這些**脈輪**後來又被構想成男性原則及女性原則的坐落之處，由男女的器官所象徵……最早主掌各脈輪的神明是譚崔的諸位女神……至於用脈輪裡的梵文字母來象徵不同元素（tattvas）的理論同樣也是從別處移植過來的。於是脈輪逐漸演變成一個極為精細且複雜的過程，而促成質的轉變更是脈輪的一大特徵。[27]

昆達里尼的形象被描繪成一條盤繞在脊椎周圍的蛇，牠睡臥

26 Feuerstein, *Yoga: The Technology of Ecstasy* (Wellingborough, 1990). 258.
27 Bhattacharyya, *History of the Tantric Religion*, 324-25.

在**根輪**這個位置最低的脈輪裡面。費爾許坦對昆達里尼的定義是：「原始大能（the primordial Energy）在小宇宙中的顯化，而這股打從天地初開便已存在的根本能量又被稱為夏克提／性力（Shakti）。昆達里尼正是和這具有限身心連結在一起的宇宙之力（the Universal Power）」。[28] 譚崔瑜伽的目標就是要透過儀式性的修持喚醒昆達里尼，並使牠／她沿著中脈向上攀升、漸次穿越整個脈輪系統。當牠／她觸及最頂端的脈輪時，濕婆（Śiva）和夏克提之間至福喜樂的合一就會發生，而這將會為人格帶來一種影響至為深遠的轉化效果。[29]

♦

榮格與瑜伽的邂逅

榮格在《回憶・夢・省思》（*Memories, Dreams, Reflections*）一書中敘述他在第一次世界大戰期間是如何「與無意識對峙」：「當時我經常心煩意亂，必須藉助練習瑜伽來排解情緒。但我的用意是要瞭解自己的內在究竟在發生些什麼，所以只要我已經冷靜下來並

---

28 Feuerstein, *Yoga: The Technology of Ecstasy*, 264.

29 參見 Gopi Krishna, *Kundalini: The Evolutionary Energy in Man* (London, 1970)。書中記錄作者昆達里尼覺醒的親身經歷並附上條理清晰的心理學式評述，讀來令人大開眼界；此版另附詹姆斯・希爾曼（James Hilman）對此的心理學評述。此外，關於修練昆達里尼瑜伽的詳盡指南，參見 Swami Satyananda, *Kundalini Tantra* (Bihar, 1993)。

且能夠重新面對與無意識的工作，我就不會繼續做瑜伽了」。[30]

在豪爾的最後一場英語演講（見本書〈附錄三〉）中，榮格講述了自己對昆達里尼產生興趣的緣由：榮格當時有位個案是在東方長大的歐洲女性，她在療程中講述的許多夢境和幻想都令榮格無法理解，直到他讀到約翰·伍鐸夫爵士的《靈蛇之力》[31]之後才恍然大悟。該書包含《人身六脈輪詮解探微》（Ṣaṭ-cakra-nirūpaṇa）和《上師的五重腳凳》（Pādukā-pañcaka）的英語譯文和詳實的註釋。[32]⑤

伍鐸夫對譚崔典籍的翻譯和評述著作等身，堪稱西方世界認識譚崔的濫觴。[33]他曾說：「全世界（我指的當然是那些對這類主題感興趣的人）都將開始談論昆達里尼和夏克提。」[34]雖然這個主題長久以來遭人訕笑，可是伍鐸夫的研究動機並非基於對此的同情或憐憫，他是這樣描述自己的初衷：「身為外國人的我們，必須把自己放到印度人的皮囊裡面，必須透過他們的雙眼來看待他們的教義和儀式，而不是用我們自己的眼睛去看。」[35]

榮格主張，昆達里尼瑜伽的象徵說明了：病患們時而表現出來的怪異症狀其實是昆達里尼甦醒後的結果。榮格認為透過對這套象徵系統的認識，那些過去被視為疾病之衍生物的毫無意義的心理歷程，就可以被理解為有意義的、象徵性的歷程，而那些莫名其妙的局部身體症狀也就能得到妥善的解釋。[36]在那個年代，生理化學取向稱霸了所謂精神／心理疾病（mental disorders）的治療方式，而百憂解之類的各種「仙丹妙藥」也不斷傳來捷報；反觀榮格對於這類疾病的心理性成因及其象徵意義如此堅持，在當年看來頗不合時宜，放在今日反而更加合適。對此，連恩（R. D. Laing）曾說：「榮

格是這領域的開路先鋒，有志追隨他的人卻寥寥無幾。」[37]

　　榮格曾經出版過一本專論印度宗教的作品，其中包含〈瑜伽

30 〔中譯註：參見《回憶‧夢‧省思》英譯本頁 201；中譯本參見頁 236（張老師出版，1997年）；此處依編者修潤後的英文重譯。〕我們並不知道榮格做的到底是什麼樣的瑜伽修持。不過福勒‧麥寇米克（Fowler McCormick）回憶了 1937 年他和榮格的一次分析談話，當時榮格推薦一套練習方法，那與哈達瑜伽中的攤屍式／大休息（śavāsana asana）相當類似：「榮格醫生說，當人承受巨大壓力時，有一件事可以為人分憂解勞，那就是先平躺在沙發或床鋪上，然後靜靜地躺著就好，靜靜地呼吸並且感覺……每次吸吐時氣息的擾動。」引自哈佛醫學院康特威醫學圖書館（Countway Library of Medicine, Harvard Medical School）收藏的榮格口述歷史檔案，〈福勒‧麥寇米克訪談紀錄〉（Fowler McCormick interview），頁 17。

31 亞瑟‧阿瓦隆（Arthur Avalon，筆名約翰‧伍鐸夫爵士）著，The Serpent Power（London, 1919）。榮格的藏書閣收藏的是該書的第一版，書中眉批無數。伍鐸夫生於 1865 年，死於 1936 年。就讀牛津大學並於該校取得專業律師資格。他是加爾各答高等法院的辯護律師，也是加爾各答大學的研究員暨泰戈爾法學教授。1904 至 1922 年間，他擔任印度政府常務委員會成員，並於加爾各答高等法院擔任陪審法官（Puisne judge）。他在 1915 年被封為爵士，並於 1923 至 1930 年間返回牛津大學，成為鑽研印度法系的資深學術人員（reader）。以上資料取自 Who Was Who, 1929-1940（London, 1941），1485。並無證據顯示伍鐸夫本人和榮格有過任何接觸。

32《人身六脈輪詮解探微》是靈性導師 Purṇanānda-Svāmī 的作品 Śri-tattva-cintāmaṇi 的第六章，成書於 1577 年。

33 海凶里希‧齊默回憶道：「約翰‧伍鐸夫爵士（本名亞瑟‧阿瓦隆）筆下的浩繁卷帙為我揭示了印度教傳統的珍貴價值。伍鐸夫是印度研究領域首屈一指的先驅者及大學者，一生提筆不輟、著作等身，正是因為他的作品，譚崔這支晚近印度教傳統的博大精深才首次得以映入世人眼中：那是一個足堪媲美吠陀時期（the Vedas）、史詩時期（the Epic）、往世書時期（the Puranâs）等輝煌歲月的偉大時代，是印度思想距今最近的智慧結晶，更是綿長傳統之中不可或缺的重要一環，為佛教及印度教的神話與象徵千百年來留下的無數難題提供了解答的鑰匙。」摘自〈齊默其人其事〉（"Some Biographical Remarks about Henry R. Zimmer"），頁 254；參見 Artistic Form and Yoga in the Sacred Images of India, translated by G. Chapple and J. Lawson（Princeton, 1984）。

34 出處同上，頁 639。

35 John Woodroffe, Shakti and Shâkta: Essays and Addresses on the Shâkta Tantrashâstra, 3rd ed.（Londo, 1929），x. 榮格的藏書閣也有收藏這本書。

36 關於昆達里尼瑜伽與意識坐落之處（the localization of consciousness）這個問題之間的關聯，參見 C. A. Meier, The Psychology of Jung, vol. 3.: Consciousness, translated by D. Roscoe（Boston, 1989）. chap. 4, "The Localization of Consciousness," 47-64。

37 R. D. Laing, The Politics of Experience and the Birds of Paradise（London, 1985），137. 榮格認為所謂的病理性經驗實際上有可能是遭人誤認的昆達里尼甦醒經驗，此一觀點後來得到李‧桑內拉（Lee Sannella）的證實及發揚，參見《昆達里尼經驗：瘋癲抑或超越？》（The Kundalini Experience: Psychosis or Transcendence?）（Lower Lake, Calif., 1992）一書。

與西方〉（Yoga and the West）（1936）和〈東洋冥想心理學〉（The Psychology of Eastern Meditation）（1948）兩篇論文，還有一篇為齊默作品《通向自性之道》（Der Weg zum Selbst）（1944）撰寫的前言，榮格也是該書的編者。[38]榮格在這主題上最為豐厚的工作成果呈現在他的各場研討會裡——以1930、1931、1932年的「西方的平行對應」（Western Parallels）研討會（見本書附錄一）和1932年的昆達里尼研討會為開端，而在1938至1939年於蘇黎世聯邦理工學院舉辦的研討會上，榮格對帕坦伽利《瑜伽經》以及《觀無量壽經》（Amitāyur-Dhyāna-Sūtra）、《Shrichakrasambhara》等幾部經典的評述[39]則是他對這領域著墨最豐之處。考量其發表形式，榮格在這些研討會上的論述都應當被視為暫時性的見解，是會與時俱進、不斷完善的工作。

1937年，榮格收到英國政府的邀請，於隔年參加印度加爾各答大學（the University of Calcutta）的第二十五屆校慶。榮格趁這機會在印度各地旅行了三個月，在此期間，他分別獲得阿拉哈巴德（Allahabad）、瓦拉那西（Benares）、加爾各答等三所大學頒發的榮譽博士學位。[40]回程途中，他將此行的所見所感寫成兩篇文章：〈印度的如夢世界〉（The Dreamlike World of India）和〈印度能教導我們的事〉（What India Can Teach Us）。[41]福勒・麥寇米克是榮格此行的同伴，他回憶了一段榮格頗有譚崔色彩的經驗：

印度幾乎每個城鎮都有為數眾多的迦梨（Kali）神廟，當我們四處參訪這些廟宇時，我們目睹了動物獻祭的證據：神殿裡面汙穢不堪──地上盡是乾涸的血跡和吃剩的紅色檳榔渣，所以紅色是一個和破壞、毀滅有關的顏色。與此同時，身在加爾各答的榮格開始做了一連串特別強調紅色的夢。過沒多久，榮格博士就染上瘧疾，於是我得把他帶到加爾各答的英籍醫院……迦梨的壞滅力量所留下的印象還為榮格帶來一個更為深遠持久的影響，即這個印象給予他的情緒性基礎使得榮格確信：惡（evil）並不是負面的事物，而是正面的事物……

---

38 本文收錄於《榮格全集》第十一卷。此外，日本學者久松真一（Shin'ichi Hisamatsu）曾於 1958 年和榮格有過一場對談，內容以〈和禪宗大師對話〉（"Gespräch mit einem Zen-Meister"）為篇名刊印出版並收錄於 *C. G. Jung im Gespräch: Interviews, Reden, Begegnungen* (Zurich, 1986) 一書，編者為 Robert Hinshaw 及 Lela Fischli。

39 *Modern Psychology 3.* 1933 年，榮格在柏林的研討會上發表一系列關於夢境分析的演講，而東西方之間的對比在其中佔據重要篇幅；齊默也在這場研討會上談論瑜伽的心理學，參見 *Bericht über das Berliner Seminar von Dr. C. G. Jung vom 26. Juni bis 1. Juli 1933* (Berlin, 1933)。除此之外，在 1933 到 1937 年間，致力於對照東西方思想的埃拉諾斯論壇（Eranos conferences）也是榮格發表包括原型、個體化歷程、煉金術等研究成果的重要舞台；如〈東西方的瑜伽及冥想〉（Yoga and Meditation in the East and the West）（1933）、〈東西方的象徵及靈修指導〉（Symbolism and Spiritual Guidance in the East and the West）（1934 及 1935）、〈東西方救贖概念之形塑〉（The Shaping of the Idea of Redemption in the East and the West）（1936 及 1937），而這類的比較在榮格後續數年間的研究中依然扮演相當重要的角色。近期發現一份榮格在蘇黎世聯邦理工學院舉辦之德語研討會的原始講稿，正在審閱階段；另有一份已定稿的文件正準備出版。

40 貝拿勒斯印度大學（Benares Hindu University）的副教務長曾於 1967 年 3 月 28 日致信 Henri Ellenberger，信中提到：「本校已於 1937 年 12 月 20 日授予榮格博士榮譽文學博士（Doctor of Letters）學位。」加爾各答大學的教務長於 1967 年 5 月 10 日致信 Ellenberger 表示；「卡爾。古斯塔夫・榮格博士已於 1938 年 1 月 7 日舉辦之特殊學位頒授典禮上，獲頒榮譽法學博士（Doctor of Law）學位，惟其當日身體不適，抱憾缺席。」信件收藏於巴黎聖安妮醫院（Hôpital Sainte-Anne）的艾倫伯格檔案館（Ellenberger archives）。

41 《榮格全集》第十二卷（1939）。關於榮格在印度遊歷期間的更多記述，參見《回憶・夢・省思》第九章，印度遊記一節。榮格經常在他的研討會和書信當中提到他在印度經歷到的奇人軼事。他自印度歸來之後，也一直和當地認識的幾位友人保持書信往來。

在我看來，在印度的這段經歷對榮格的晚年有著非常巨大的影響。[42]

榮格在〈瑜伽與西方〉一文中這樣界定自己的任務：

> 瑜伽之於印度的意義為何？對於這個問題我將保持靜默，因為我不能僅憑個人經驗去妄加評斷我根本不瞭解的事物。但我倒是可以談談印度瑜伽對於西方人的意義是什麼。我們茫無方向，近乎一種精神的無政府狀態，所以任何宗教性或哲學性的實踐方法都相當於一種「心理紀律／鍛練」（*psychological discipline*），因此也是一種「心靈保健之道」（*a method of psychic hygiene*）。[43]

因此，榮格之所以對瑜伽感興趣並非因為它是一門哲學或宗教，而是因為它是一門心理學／靈魂學（psychology），這有別於達斯古普塔的觀點。所以榮格為瑜伽下的定義也是心理學式的：「瑜伽最早原本是一種內轉（introversion）的自然過程……這樣的內轉會領人走向一種特殊的、內在的人格轉變歷程。歷經數千年的歲月，這些內轉過程又逐漸演變成各種五花八門的、有系統的方法。」[44]榮格主要關注的並不是那些正統的、架構清晰的瑜伽功法與教導，而是那些暗含在正統與架構之下、公認存在的自然的內轉過程。這樣的思路讓榮格可以順理成章地在接下來的研討會上談論正統的瑜伽派別。榮格把人在修習瑜伽時可能進入的那種內在歷程視為普世性的經驗，而為了達致這種內在歷程所採用的各類方法則

會根據文化而有所不同。[45]瑜伽對榮格而言就像是一座浩瀚廣袤的象徵寶庫，收藏著關於人類各種內在經驗的細緻描繪，尤其是個體化歷程。榮格斷言：「藉由昆達里尼瑜伽，以及譚崔瑜伽、藏傳佛教和中國道教瑜伽的象徵系統的幫助，瑜伽和分析心理學之間的平行對應性的重要意義便能昭然若揭。這些形形色色的瑜伽都擁有各自豐富多姿的象徵系統，是我在理解與闡述集體無意識（collective unconscious）時極其寶貴的比較材料。」[46]榮格的目標是要發展出一套描述內在經驗的跨文化比較心理學，因此他致力於讓自己的研究理路別於東方本地的理解，同時也必須和西方人對東方教導的挪用劃出區別——前者例如拉瑪克里希那運動（Ramakrishna movement）和羅曼・羅蘭（Romain Rolland）等倡議者所呈現的理

---

42 引自哈佛醫學院康特威醫學圖書館（Countway Library of Medicine, Harvard Medical School）波士頓分館收藏的榮格口述歷史檔案，〈福勒・麥寇米克訪談紀錄〉（Fowler McCormick interview），頁25-26。

43 引自《榮格全集》第十一卷，〈瑜伽與西方〉，段866；英譯略有更動。然而，在榮格的印度之旅結束後，他對這件事的態度就沒有那麼謹慎了，例如他說：「譚崔瑜伽在印度的風評相當不好；因為它和身體有關，尤其和性有關，因此飽受批評」（引自 Modern Psychology 3，頁42）；還有「時至今日，瑜伽在印度當地已然成了一種商業賣點，當這樣的瑜伽傳入西方，將會為我們招致不幸」（出處同上，頁69）。

44 引自榮格，〈瑜伽與西方〉，段873；英譯略有更動。

45 約翰・萊亞德（John Layard，榮格派分析師）在閱讀戈皮・克里希那關於自身靈性經驗的記述時注意到，其中對於昆達里尼覺醒的描述和他自己幾次的「昏厥經驗」（feinting experiences）〔中譯註：原文照錄，然 feint 應做「佯攻、虛晃一招」解，疑是 fainting 之筆誤〕竟然如此相似，兩人的經驗有著「非常相似的噪音和體感」；而後者當然混合了一種高度神祕、近乎靈魂之性愛的感覺，我幾乎不敢相信那種感覺是否真的曾經在我身上出現過——那次經驗是如此神聖，其結果卻宛如魔鬼。我們這些西方人實在太過欠缺真正的宗教性了，我們早已迷途失所，所以才把美善跟邪惡混淆在一塊。神聖的汙穢、聖潔的塵土，我們已經丟失了其中的純粹！」感謝安東尼・斯達德倫（Anthony Stadlen）提供這封萊亞德與他的私人書信，寫於1968年10月17日。

46 引自榮格，〈瑜伽與西方〉，段875；英譯略有更動。

解方式[47]，後者則像是神智學者豪爾的歷史－存在取向（historico-existential approach）以及凱澤林伯爵的智慧學院在靈性方面的保存與發揚工作；反觀榮格本人，他想要展現的則是一種心理學式的獨到見解。

綜觀榮格關於東方思想的論著，雖然他對上述各家的研究都曾表示過贊同及鼓勵，但他也向西方人告誡這些修練的危險性：「瑜伽的種類繁多，而歐洲人也經常對其十分著迷，不過瑜伽本質上是屬於東方的，沒有任何一個歐洲人擁有必要的耐心，而瑜伽也並不真正適合歐洲人……我們對瑜伽的研究越多，就益發明白我們和瑜伽之間的距離是多麼遙遠；歐洲人充其量只能依樣畫葫蘆，但這樣得到的畢竟不會是什麼真功夫。」[48]依榮格所見，其中的危險正是一種虛有其表所導致的瘋狂（mimetic madness）：「歐洲人在修練瑜伽的時候其實並不真正知道自己在做什麼。這會在他身上造成一種糟糕的後果，他遲早會感到害怕，而這份害怕有時甚至會導致他跨越瘋狂的邊緣。」[49]這讓榮格做出這樣的結論：「西方將會在未來幾百年間催生出屬於自己的瑜伽，而它將會是建立在由基督宗教所鋪設的基礎之上。」[50]

隨著各式瑜伽和冥想練習在西方世界如雨後春筍般四處湧現，此番言論隨之招來大量批評。然而，這樣的告誡頻頻出現在與榮格同時期的瑜伽論述者筆下，東方與西方皆然。因此達斯古普塔寫道：

一個人如果想要穩紮穩打地在這條道路上前行，並希望最終能夠抵達瑜伽的終極目標，那麼他就必須在一位資深導師嚴謹的教導之下奉獻出他的一生。假如這人真的有志於此，沒有任何一本由現代人撰寫的瑜伽著作可以為他提供這樣實際可行的指引……瑜伽本身所蘊含的哲學、心理學、宇宙學、倫理學與宗教方面的教導……都非常引人入勝，而且已在人類思想的進程中立於不敗之地。[51]

伊利亞德也寫過類似的話：

　　我們並不打算邀請西方學者們去修練瑜伽（順帶一提，許多業餘愛好者慣於表示練瑜伽是一件相當簡單隨興的事，但其實並非如此），也不打算鼓勵西方各領域的專業人士修習瑜伽功法或者接受瑜伽思想。瑜伽的功法和思想都是探索心靈的方式，我們應當專注於研究這些探索之道所獲得的結果，這樣的觀點或許才更能豐富我們、裨益我們。[52]

---

47 Romain Rolland, *Prophets of the New India*, translated by Malcolm Smith (London, 1930).

48 Jung, *Modern Psychology 3*, 17.

49 出處同上，頁 71。

50 《榮格全集》第十一卷，〈瑜伽與西方〉，段 876。

51 Dasgupta, *Yoga as Philosophy and Religion*, vii.

52 Eliade, *Yoga: Immortality and Freedom*, xvii.

關於西方世界採用瑜伽的修習方式，凱澤林也是語帶批評：

> 非常重要的是，當印度的呼吸練習隨著辨喜（Swami
> Vivekananda）⑥在美國的演講而四處風行時，不僅沒有幫
> 助任何一個美國人去到更高的境界，反而是把為數眾多
> 的人送進醫院和精神療養院裡頭……就算是最最無害的
> 練習，目前都沒有證據能證明它們對西方人的身心機能
> 來說是合適而恰當的。[53]

榮格推論西方未來將會在基督宗教的基礎之上發展出某種類
似瑜伽的東西，這和凱澤林的觀點也很類似，後者認為西方的心理
學是以基督宗教為基礎的：

印度式的概念對我們西方人來說是難以相容的外來物；多數
人都沒有辦法於內在和這些概念建立聯繫——神智學家們才剛剛
證實了這一點。除此之外，無論我們在意識上是否自認為基督徒，
但在生理上我們全部都是基督徒。因此，任何一條在基督教精神之
中延續至今的教義，都遠比最為深刻的異國教義更有可能接住我們
最深處的存在。[54]

◆

威爾罕·豪爾[55]

1881年，威爾罕·豪爾出生於德國符騰堡（Württemberg），那
時的榮格年僅六歲。豪爾自幼接受新教的神學教育，並於1906年被

瑞士崇真會（Basel Mission）派往印度傳教。豪爾和衛禮賢一樣，比起他隨身帶到印度的新教教義，他在印度當地邂逅的靈性教導反而更令他印象深刻。豪爾後來回憶道：

> 我在印度那五年的經驗，以一種我完全意料之外的方式拓展、深化了我的宗教眼界。我一開始本來是以傳教士的身分前往印度，但當我從印度回來之後，反倒成了另外一種意義上的傳教士。我學到的是：我們有權去做的僅僅是陳述那些在我們裡面的事物並為其做出見證，但我們沒有權利期待別人轉而改信我們的見解，更沒有權利試圖轉變他們的信仰。[56]

豪爾曾和他的牧師團夥伴們一起從事比較宗教研究。這也包含他在牛津大學任職的那段時間。1921年，豪爾放棄了那份職位，並在圖賓根（Tübingen）擔任大學講師一職。1927年，他成為印度

---

53 Keyserling, *he Travel Diary of a Philosophy*, 276. 1893年，辨喜在芝加哥世界宗教大會（the World's Congress of Religions in Chicago）上的演講產生了巨大影響，加上他隨後的幾場演講，使得印度思想在西方世界一時蔚為風潮。他的演講內容後經集結出版，題為《勝王瑜伽哲學：調伏內在自然：1895-96年冬季，辨喜紐約講座》（*Yoga Philosophy: Lectures Delivered in New York, Winter of 1895–96 by the Swâmi Vivekânanda on Râja Yoga, or Conquering the Internal Nature*, 5th ed. [New York, 1899]）。 另見 Eugene Taylor, *Swami Vivekânanda* 以及 William James, *Prabuddha Bharata* 91 (1986): 374-85。榮格的藏書閣裡收有幾本辨喜的作品。

54 出處同上，頁165。

55 本節生平資料取自豪爾本人著作，以及由 Margerete Dierks 執筆的詳實傳記 *Jakob Wilhelm Hauer, 1881-1962* (Heidelberg, 1986)，其中包含豪爾完整的著作年表。

56 *The World's Religions against War. The Proceedings of the Preliminary Conference Held at Geneva, September 1928, to Make Arrangements for a Universal Religious Peace Conference* (New York, 1928), 60.

研究及比較宗教學的教授，並針對相關領域著述、出版甚多。豪爾曾發表過一場名為「以心理治療鑑照瑜伽」（Der Yoga im Lichte der Psychotherapie）的演講，就是它吸引了榮格的關注。那次演講是這樣開場的：

> 我對瑜伽的瞭解足夠讓我辨識出這件事：整體而言，瑜伽是一個和西方心理治療有著驚人相似性的平行對應物（雖然兩者顯然有著根本上的差異）。但是我也很快就察覺到，若想把瑜伽的方方面面拿來與西方心理治療特有的治療方法兩相比較，我的學識實在過於淺陋，更重要的是我缺乏至關重要的實際經驗。[57]

在演講的尾聲，他講述了一些有關瑜伽的如實說明，並把瑜伽與西方心理治療之間的比較工作留給他的聽眾。豪爾在演講中以一位印度學家的姿態現身說法，並表明他渴望找到一位心理治療家來與自己對談瑜伽及心理治療之間的相似與相異之處。於是榮格欣然接受這份邀請。

學術圈對於豪爾的觀感兩極、褒貶不一。齊默回憶道：

> 我個人和榮格的接觸是從 1932 年開始的。當時，有一位印度學家無論是在學術上或性格上都非常不可靠，卻有著一股著魔似的、不按牌理出牌、由粗野的冥頑與野心構成的古怪活力。他憑著這股活力讓一票臨床醫師／精神學家／心理學家對瑜伽這個主題產生了興趣。現

在呢，在榮格和衛禮賢針對中國智慧的漫長合作之後，榮格又要從印度學家們手上接過類似的東西了。豪爾在蘇黎世搞了一個昆達里尼瑜伽的**神學院**（seminary，原文如此⑦），我在1932年春天毛遂自薦到這個論壇發表了一場演講，談論印度傳統中的各種瑜伽。[58]

反觀費爾許坦對豪爾的評論則是：「他是一位在瑜伽研究、數論派研究上都有非凡貢獻的人物……不僅對印度思想的學識淵博，同時也深諳西方文化……貫串他所有著作的核心主題是人，作為一個宗教性存有的人（man as a religious being），而豪爾本人便是一位誠懇真摯的尋道者、神祕家。」[59]邁爾對豪爾的形容則是「一位典型的枯燥無趣的德國科學家」、「一位傑出的梵語學家」以及一個「很好相處的傢伙」。[60]

---

57 豪爾，〈以心理治療鑑照瑜伽〉，講稿第1頁；由本書編者英譯。

58 Zimmer, "Some Biographical Remarks about Henry R. Zimmer," in *Artistic Form and Yoga in the Sacred Images of India*, 259-60. 齊默於1932年6月18日發表一場名為「淺談瑜伽」（Einige Aspekte des Yoga）的演講，時間早於昆達里尼瑜伽研討會。

59 Feuerstein, "The Essence of Yoga," in *A Reappraisal of Yoga: Essays in Indian Philosophy*, edited by G. Feuerstein and J. Miller (London, 1971), 6.

60 引自本書編者於1994年6月30日與邁爾的訪談。

昆達里尼研討會的源起

根據芭芭拉・漢娜的回憶錄：

那是 1932 年，印度研究專家威爾罕・豪爾當時還在圖賓根擔任該領域的教授。那年秋天他來到蘇黎世為我們主講了一場昆達里尼瑜伽的研討會。這是一個非常有趣的主題，昆達里尼瑜伽和個體化歷程之間的平行對應關係令人備感振奮、欣喜，不過，當這樣一套完美而周全的印度哲學被放到我們這些歐洲人眼前時，一如以往地，我們全都被搞得暈頭轉向、困惑不已。那時的我們是非常循序漸進地運用無意識帶領我們進入這個歷程，每一個夢都為我們再進一步揭示這歷程的更多面向，但是東方世界已經運用這樣的冥想技術好幾個世紀，從而累積了大量的象徵，這遠遠超過我們所能消化的。而且對我們來說，東方世界實在距離我們的日常生活太高太遠了，他們的目標是涅槃（Nirvana），而不是我們這個三維的現世人生。榮格當時面對的是一個茫然不知身在何方的團體，雖然大家對豪爾之於昆達里尼瑜伽的精闢闡釋非常激賞，但卻沒有辦法好好消化。所以在豪爾的講座結束之後，榮格在他的英語研討會上用前三場演講針

對豪爾的講座內容做了心理學式的評述；榮格的經驗畢竟比我們豐富得多，他這三場演講讓我們全都回魂了。[61]

在漢娜的印象中，榮格在研討會上的發表是為他那群迷失方向的聽眾做的治療性的即興諮詢。後來的評論家也多欣然採納這樣的說法。[62]但研討會當時也在場的邁爾則持反對意見，他主張，雖然漢娜認為豪爾的研討會內容相當晦澀難懂，但他卻覺得豪爾講得再清楚不過了，同時他也認為困惑茫然並不是多數人的情況。[63]此外他還表示，榮格的心理學評述是在研討會一開始就計畫好的合作——豪爾作為專家學者，負責報告學術性的哲學及歷史內容，好為榮格後續的心理學詮釋扎根、鋪路。[64]

還有一個證據可以更進一步說明榮格的發表內容並不單單只是現場的即興發揮：早在1930及1931年，榮格就已經分別針對昆達里尼瑜伽以及脈輪的象徵系統發表過演講了。[65]這些演講當中的第

---

61 Barbara Hannah, *Jung: His Life and Work: A Biographical Memoir* (New York and Lon- don, 1976), 206. 關於榮格研討會的背景概述，參見 William McGuire 為 *Dream Analysis: Notes of the Seminar Given in 1928-1930 by C. G. Jung* (Princeton, Bollingen Series XCIX, 1984) 一書撰寫的導讀。

62 Harold Coward, *Jung and Eastern Thought* (with contributions by J. Borelli, J. Jordens, and J. Henderson) (Delhi, 1991), 110–11 （此處引述的是印度版本）；John Clarke, *Jung and Eastern Thought: A Dialogue with the Orient* (London, 1994), 110.

63 引自邁爾與本書編者的訪談。有關漢娜的困惑，參見〈附錄三〉關於教條主義的討論。

64 引自邁爾與本書編者的訪談。

65 1930年10月11日，榮格以「印度的平行對應」為題發表演講（見本書附錄一）；1931年10月7日，榮格又發表了一場標題相同、內容相近的演講；這兩場演講都是以德語進行；參見 *Bericht über das Deutsche Seminar von Dr. C. G. Jung, 5-10. Oktober in Kusnacht-Zürich*, 66–73. 為了這次活動，艾瑪・榮格於10月12日致信奧斯卡・史密茲，信中提到：「好消息，研討會再次受到熱烈歡迎——儘管眼下時局如此艱困，仍然有這麼多來賓是從德國遠道參加，這讓我們相當驚訝。跟之前一樣，這次的講座也會討論幾位女性病患的畫作和幻想，不過其中全都包含『昆達里尼』的象徵。」引自 *C. G. Jung: Letters to Oskar Schmitz, 1921-31*, 94–95。

一場，應該就是榮格針對這個主題的首次公開發表（參見本書附錄一）。由於第二場演講已經廣為重製，本書便不再收錄。此外榮格還有一系列沒有標註日期的手稿，顯示他在研討會上發表的內容是經過精心事前準備的。[66]總而言之，榮格在與豪爾同台合作之前，就曾經針對昆達里尼瑜伽和脈輪的象徵詮釋發表過演講，這讓他可以在1932年的研討會上開展更進一步的論述，而非只是以此作為起點。

1931年6月13日，豪爾為蘇黎世的心理學社團發表了一場題為「瑜伽概覽」（Ueberblick über den Yoga）的演講。榮格和豪爾的書信往返，能讓我們更清晰地看見榮格積極籌辦這系列研討會的身影。關於豪爾的講座，在我掌握的參考資料當中日期最早的是榮格的夫人艾瑪·榮格（Emma Jung）於1931年10月12日寫給奧斯卡·史密茲的信件，她在信中寫道：「豪爾教授之後會來蘇黎世為我們舉辦一場為期一週的研討會，我們最近正在通信討論這件事。他建議辦在三月下旬，主題應該會是瑜伽修行吧。到時您也會來嗎？」[67]在豪爾寫給榮格的第一封書信裡，豪爾感謝榮格郵寄給他的新書：「關於接下來的研討會，我很肯定我會從您的這本書裡獲益良多。我一次又一次地感覺到，您所指引的方向將會是心理學的大勢所趨。」[68]豪爾還提到自己即將付梓的瑜伽論著[69]，信中寫道：

容我冒昧請教，您是否願意讓我把這本書題獻給您呢？[70]（您的分析心理學以及瑜伽的各個元素將會一起令西方世界受益無窮，我對這點非常有信心。）如果

願意笑納，我一拿到校閱用的稿件就馬上寄去給您。我
希望這本書最晚能在我去蘇黎世舉辦研討會之前印刷出
來⋯⋯關於我的研討會，請容我再表達一次我希望的日
期：如果方便的話，希望可以辦在4月15到30號之間，
因為那時我就可以把哲學院院長的職位交接下去了。」[71]

榮格回信告訴豪爾，得知豪爾要把作品題獻給自己的消息
時，真是令他又驚又喜，榮格還說：「我明白我的觀點和瑜伽之間
可以說是志同道合。」[72]在談到研討會的日期時，他補充道：「我

---

66 從以下幾份稿件，可以看出榮格直接將之作為研討會發表素材的跡象：（壹）一份標題
　為「譚崔主義」的手寫稿件，共三頁；（貳）一份標題為「阿瓦隆 蛇」的手寫稿件，共四
　頁，其中引用了《靈蛇之力》第一版頁1-76及210-272的正文及參考書目；（參）一份標題
　為「脈輪」的手寫稿件，共三頁；（肆）一份標題為《人身六脈輪詮解探微》對每個脈輪
　的描述」的打字稿件，共兩頁，內容不全，描述心輪的段落只講到一半就中斷了。（壹）、
　（參）這兩份稿件跟「印度的平行對應」（見本書附錄一）這場演講的內容非常貼近，榮格
　有可能就是直接照著這兩份稿子演講。此外還有一份兩頁的稿件，標題為「Tantr. Texts.
　VII Shrichakrasambhara」，榮格在蘇黎世聯邦理工學院的講座和這部典籍有關（*Modern
　Psychology 3*），這份稿子顯然就是榮格在演講前準備的；另有一份兩頁的稿件，標題為
　「Prapanchasara Tantra」，其中主要引述齊默 *Artistic Form and Yoga* 一書，頁25-87的內容。
　Prapanchasāratantram 是伍鐸夫《譚崔經典叢書》（*Tantrik Texts*, [Calcutta, 1935], in *ETH*）之
　中的第十八卷。〔中譯註：前述 *Shrichakrasambhara* 則是這套叢書的第七卷。〕

67 艾瑪・榮格1931年10月12日致史密茲的書信，參見《榮格致奧斯卡・史密茲書信集》，
　頁95。史密茲於同年年底逝世，因此未能依約出席。在史密茲的《來自無意識的童話》
　（*Märchen aus dem Unbewussten*）（Munich, 1932）一書中，榮格以追思文的形式為他自發創
　作的水獺童話寫了一篇前言。該文收錄於《榮格全集》第十八卷，段1716-22。

68 引自豪爾1931年11月29日致榮格的書信，收錄於 *ETH*。此處提到的著作極有可能是一本
　被榮格題名為《當前的靈魂問題》（*Seelenprobleme der Gegenwart*）（Zurich, 1931）的論文
　集。

69 豪爾，《解脫之道：瑜伽》（*Der Yoga als Heilweg*）（Stuttgart，1932）。

70 豪爾在《解脫之道：瑜伽》這作品裡為榮格寫了一篇獻辭，篇名為〈卡爾・榮格：人類
　新道路的探究者〉。此書和豪爾的另一本作品《薄伽梵歌新譯新解》（*Die Bhagavadgita in
　neuer Sicht mit Uebersetzungen*）（Stuttgart, 1934）都被榮格收於藏書閣中，扉頁上有豪爾
　寫給榮格的題辭。兩本書都沒有批註。

71 引自豪爾1931年11月20日致榮格的書信，收錄於 *ETH*；由 Katherina Rowold 英譯。

72 引自豪爾1931年11月30日致榮格的書信，出處同上。

很樂意將您的研討會安排在春天，如果必要的聽眾們能在那時出席的話。不過若是他們無法如期與會，我們就會把時程安排在秋天。」[73]那些必要的聽眾後來似乎確實喬不攏時間，所以榮格又寫信詢問豪爾：「順帶請教您，先前規劃的那場研討會若在秋季舉行，不知意下如何？若能如此安排，那是再好不過了。這裡的人們對這場研討會非常感興趣。還請您早日告訴我您比較方便的日期，感激不盡。若能辦在十月初，對我們來說是最合適的時間。」[74]豪爾的答覆是：「很樂意將研討會辦在秋季。我也覺得辦在十月初很好。」[75]幾個月後，榮格寫信給豪爾：

> 關於您的秋季研討會，經過社團近期的內部討論之後，我現懇請您考慮看看我們提出的方案：考量到當前的經濟局勢，籌辦研討會並不是一件很容易的事。有鑑於此，心理學社團正準備接手研討會的籌備工作，而最重要的是，為您安排的演講廳是不須收費的。我們的演講廳可以容納60個座位。在社團的會議上，我們普遍認為每位來賓的收費最好不要超過20瑞郎。會中也一致強調研討會的時程最好不要超過一週（也就是六場演講）。照這樣估算下來，假設研討會為期一週，席位售罄，最後將會為您帶來12000瑞郎的收入。[76]至於講座的流程，我的建議是演講至少一小時，並留一個小時到一個半小時的提問及討論時間。

針對以上提案細節，懇請您斟酌過後告訴我們您的看法，方案底定之後社團便可以開始籌備研討會了。

至於是不是每一場英語演講都要搭配一場相應的德語演講，我目前還沒辦法給您任何肯定的答覆。想必您也知道美國的經濟大危機吧，就連我們這裡都感受到了，來訪者的數量也因此大幅減少。對我來說，為您招徠一群英語聽眾雖然不是完全不可能的事情，但為了節省時間和心力，我會建議您每場英語演講只要包含一個小時的講談即可。至於德語研討會的部分，我會在心理學方面盡力協助。[77]

由此可見：研討會的報名費是用來支付豪爾的出席費用；此外，當時發生在美國的經濟大蕭條導致榮格英語研討會的出席人數大為減少，而會議若以雙語進行，則會讓開銷大增。同年夏天，榮格在致豪爾的信中寫道：

您研討會的消息一出，已經造成轟動。海德堡的齊默先生不久前就問我他能否與會，因為我和他有些私交，所以我答應了。另外，來自海勒勞（Hellerau）的史

---

73 出處同上。

74 引自榮格1932年3月1日致豪爾的書信，出處同上。

75 引自豪爾1932年3月22日致榮格的書信，出處同上；由本書編者英譯，中譯從之。

76 這裡的數字應該是「1200瑞郎」才對。心理學社團1933年的社員名單列出60位會員和28名來賓，其中大約有十幾位是住在瑞士境外。本書編者於1994年11月23日訪談當年曾出席研討會的塔德烏什‧萊希許坦（Tadeus Reichstein）教授，據他回憶，豪爾和榮格兩人主講的研討會都要收費。

77 引自榮格1932年3月10日致豪爾的書信，收錄於 *ETH*；由 Katherina Rowold 英譯。

畢葛柏格（Spiegelberg）先生也問我能不能來，還以您的名義作為推薦人。史畢葛柏格教授似乎是一位猶太知識分子，但我也聽到一些令人不怎麼提得起勁的風聲，所以想冒昧請教您是否樂意邀請這位先生與會？坦白說我有些為難，也有點擔心研討會的氣氛。不過我希望把決定權交給您，畢竟您應該比較瞭解這個人。[78]

豪爾系列講座的題目是「瑜伽，專論脈輪的意義」，發表於10月3至8日。榮格曾於1930年10月的6至11日以及隔年10月的5至10日，分別出席過一場德語的研討會，豪爾講座的流程和時間就是仿照這兩次研討會的經驗來安排。

應艾瑪・榮格的邀請，講座期間豪爾都客宿於榮格的住所。[79]據邁爾的說法，豪爾的德語研討會是上午十點開始、中午結束，會後還有茶敘時間。萊希許坦則表示，豪爾的演講大約有三四十人出席，而榮格演講的與會者則大約有四十到八十人，而且幾乎一票難求。他回憶道，要出席榮格的研討會是很不容易的，因為許多參加者會排拒其他想來參加的人，以便保有一種獨佔且專屬的氛圍。所以萊希許坦（諾貝爾化學獎得主）後來就直接去找榮格，而榮格也答應讓他參加。[80]每場演講結束後，榮格、豪爾和托尼・伍爾芙三人都會共進午餐。[81]豪爾的夫人將《靈蛇之力》書中的脈輪插圖放大影印出來，以作為演講時的教材。[82]

豪爾的德語及英語演講內容大致相同，不過後者比較簡短。

在他的德語演講中，豪爾發表了他自行翻譯的《人身六脈輪詮解探微》譯文，英語演講則省略了這部分。

在這系列講座舉辦期間，榮格暫停了他另一個關於幻象（visions）的研討會。榮格並於10月7日晚間發表了一場概論性質的演講，題為「譚崔象徵於西方的平行對應」（Western Parallels to Tantric Symbols）。[83]

♦

豪爾講座

豪爾的講座從瑜伽的歷史發展概論開始，並略述他的研究思路。他為瑜伽下的定義是：「事物的存在是活生生的、動態的，而瑜伽就是要在這樣的現實之中把握住該事物的真正本質及其運作法則。」[84] 豪爾主張昆達里尼瑜伽的深刻之處在於：它將現實（reality）視為「女性力量及男性力量這兩極之間的平衡」。[85] 他表示

78 引自榮格1932年6月23日致豪爾的書信，出處同上。弗里德里希・史畢葛柏格博士（Friederich Spiegelberg）曾投書《德意志彙報》（*Deutsche Allgemeine Zeitung*）（1932年，第71期）評論豪爾的《解脫之道：瑜伽》；他與夫人連袂出席昆達里尼研討會。

79 引自艾瑪・榮格致豪爾的書信，引自 Dierks, *Jakob Wilhelm Hauer, 1881-1962*, 283。

80 引自本書編者與萊希許坦的訪談。

81 引自本書編者與邁爾的訪談。

82 在蘇黎世榮格學院成立後，邁爾將這幾幅畫作捐獻給學院，它們至今依然陳列於院內（引自編者訪談）。榮格在1933年1月11日至豪爾夫人的書信裡描述這批畫作「相當令人驚豔」（very wonderful），收錄於 *ETH*。

83 "Westliche Parallelen zu den tantrischen Symbolen," in *Tantra Yoga*, 153–58.

84 參見豪爾，*HS*，頁1。

85 出處同上，頁8。

昆達里尼瑜伽的修習是按照這樣的次第：「首先要做到的是把握住內在的現實，接著會在觀想當中運用象徵來讓這份內在現實結晶化（crystallize），而下一步就是實際修持關於六個脈輪的冥想。」[86]他還將這套修習方式和帕坦伽利的古典瑜伽以及哈達瑜伽進行比較，他在前者中觀察到人會有一種棄絕自己內在神明的傾向（a tendency to lose the god in the self of man），並在後者中觀察到一種「重術不重法的傾向（a psychotechnical tendency），這會讓人遠離核心的力量，並將人帶往比較身體性甚至生理性的力量。」[87]關於這種傾向，他的解釋是這樣的：

> 人們會冥想這些象徵，並且部分智性、部分身體性地挪用其中的內容，從而達成某種靈性上的轉變；偶爾也會有人觸及某個深邃的層次，使靈魂在此發生徹底而劇烈的進展，但這種情況並不常見。對於那些從外部來處理脈輪的人，他們會遭遇的危險是他們仍然停留在這些心靈進程的半途……他們存在最深處的構造並不會發生真正的轉變。[88]

豪爾認為這正是理解昆達里尼瑜伽之道途上的一大阻礙。在他看來，克服這項阻礙的方法就是以我們自身的內在經驗為基礎去把握它：「只有在我自己裡面擁有這樣的內在現實，並且能夠審視這份從我潛意識深處來到我意識層面的現實的時候，我才有辦法理解它；如果它看似是從外部而來，那代表它肯定早就已經活在我的

意識裡面了。」[89]所以他說：「我打從一開始就徹底放過自己了，不勉強自己把印度人觀看事物的方式硬往身上套。我發現，若是不用我自己的方式、自己的視角來看待事物，我就沒辦法觸碰到內在的意義。」[90]豪爾接下來的演講，主要則是在闡述蘊含於昆達里尼瑜伽和脈輪象徵系統之中的形上學內容。

據邁爾的回憶，豪爾的德語演講台風枯燥，而且除了茶敘之外很少有可以對談的時間；反觀榮格的研討會就顯得活潑多了。[91]萊希許坦表示，豪爾是一個狂熱份子，所以講座期間其實沒有真正的討論可言，因為他「著迷於他自己的觀點」而且「只聽信他自己所說的話」；萊希許坦對榮格研討會的形容則是「令人印象深刻」（very impressive），並認為其中具有「開放討論的可能性」。[92]史畢葛柏格記得榮格「向印度學家們提了許多關於修習印度瑜伽的問題……還有關於整體西方心理學和印度思想體系之間的交互關係。有關瑜伽修行在心理學上的深度意義，我認為這場研討會仍然是至今最具代表性的一次討論。」[93]這系列講座的消息傳播甚廣。不久

---

86 出處同上，頁14。

87 出處同上，頁13。豪爾對這兩類瑜伽的區別遭到齊默的質疑，他認為豪爾過度誇大兩者之菸的差異；參見頁15-16。

88 出處同上，頁14。

89 出處同上，頁1-2。

90 出處同上，頁19。

91 引自本書編者與邁爾的訪談。

92 引自本書編者與萊希許坦的訪談。

93 引自哈佛醫學院康特威醫學圖書館（Countway Library of Medicine, Harvard Medical School）波士頓分館收藏的榮格口述歷史檔案，〈弗里德里希・史畢葛柏格訪談紀錄〉，頁1-2。

之後，漢斯・特呂布（Hans Trüb）在致馬丁・布伯（Martin Buber）的信中寫道：「我想和您聊聊豪爾的研討會。和我預想的一樣，那場研討會給予我莫大的啟發。昆達里尼瑜伽這條來自異國的道途對我們來說是一個全然嶄新的啟示，特別是**神我－真我**（'purusa'-atman）這個概念。」[94]

豪爾的演講方式似乎也影響了榮格。後者在他的研討會上，試著帶領與會者們以其自身的內在經驗為基礎來理解昆達里尼瑜伽，而這份內在經驗指的就是個體化的歷程。也就是說，榮格的觀眾所聽取的昆達里尼瑜伽說明，是經過三次過濾的──先是透過伍鐸夫的翻譯和評述，再透過豪爾，最後又透過榮格。可想而知，這三個人無論是在用字遣詞上，或在各自對於當中涉及之歷程的理解上，他們的表述都經常有所出入。這些差異於是衍生出了許多疑問。

值得注意的是：對於榮格研討會的參加者而言，他們得到的不僅僅是解釋學上的收穫，還有獨特的個人心理經驗。例如萊希許坦就記得他在研討會期間和結束之後都做了蛇夢，夢中就描繪了昆達里尼之蛇的移動；而且除了他以外「至少還有好幾位」來賓也有類似的經驗。[95]

◆

心理學與瑜伽：比較及合作的問題

豪爾講座結束後不久，他寫信給榮格；「在蘇黎世的那個禮

拜給了我許多鼓舞，而我私心希望我們今後的合作關係可以更加緊密。」[96] 這樣的心情似乎是雙向的，因為當時萊茵出版社（Rhein Verlag）的丹尼爾·布洛迪（Daniel Brody）正好邀請榮格參與一份跨學科的期刊，而榮格在致豪爾的回信中寫道：「我希望能藉這次特別的機會延續我們的合作」並邀他一同加入。[97]

講座隔年，豪爾策劃了日耳曼信仰運動（German Faith Movement）。豪爾在其著作《上帝的日耳曼願景》（Germanic Vision of God）書中宣稱，有一個獨特的日耳曼宗教（或說是印歐－日耳曼宗教）即將出現，它將會為基督教那種「外來的」閃族精神帶來解放。豪爾表示：「在1933年7月的艾森納赫（Eisenach）會議之後，日耳曼信仰運動就邁入了一個新的階段，而這絕對和導向第三帝國（Third Reich）成立的全國性運動關係密切。和後者一樣，日耳曼信仰運動也是日耳曼民族在生命層面、靈性層面上的一場大爆發。」[98] 豪爾企圖使它成為國家社會主義（National Socialism）認定的官方宗教，然而並未如願。

---

94 引自漢斯·特呂布1932年11月27日致馬丁·布伯的書信，收藏於耶路撒冷希伯來大學（Hebrew University of Jerusalem）的馬丁·布伯檔案；由本書編者英譯，中譯從之。

95 引自本書編者與萊希許坦的訪談。

96 引自豪爾1932年11月11日致榮格的書信，收錄於 ETH；由 Katherina Rowold 英譯。

97 引自榮格1932年11月14日致豪爾的書信，收錄於 Jung: Letters, vol. 1, 103。這項計畫始終未能付諸實行。布洛迪是負責刊印埃拉諾斯論壇會議紀錄，《埃拉諾斯年刊》（Eranos Jahrbücher）的出版商。

98 Hauer, "Origin of the German Faith Movement," in J. W. Hauer, K. Heim, and K. Adam, Germany's New Religion: The German Faith Movement, translated by T. Scott-Craig and R. Davies (London, 1937), 29–30.

1935年，豪爾為榮格的六十大壽祝賀文集貢獻了一篇論文，標題是〈比較印度－雅利安的自我論及康德的理性主體論〉（Die Indo-arische Lehre vom Selbste im Vergleich mit Kants Lehre vom intelligiblen Subject）。[99]

1936年，榮格在〈沃坦〉（Wotan）這篇文章中論道：若從心理學的角度解釋，德國之所以會發生這一連串的政治大變，乃是源於日耳曼舊神沃坦的復甦再起；文中就舉了豪爾和日耳曼信仰運動作為例證。[100]

1938年的3月7至12日，豪爾重訪蘇黎世的心理學社團，再次發表一系列的演講，題為「信仰的根源與宗教形式的發展」（Der Quellgrund des Glaubens und die religiöse Gestaltwerdung）。據邁爾的回憶，豪爾那場關於卐字旗象徵意義的演講「遭遇非常猛烈的批評和反彈。」[101]對於德國當時宗教和政治局勢的看法之迥異，使得豪爾與榮格等人形同陌路。[102]關於豪爾在此期間的言行，伊利亞德回憶道：「我從舒勒姆（Scholem）口中聽說豪爾仍然是一個很善良的人，因為當納粹迫害猶太人的時候，他好像收養了兩三個猶太兒童還是一個猶太女孩。舒勒姆說豪爾是極少數對納粹政權產生精神共鳴的德國學者之一，但他也說『我對此毫無異議。』」[103]

豪爾在他隨後的出版著作裡，繼續針對瑜伽與心理治療的比較研究單方面地向榮格喊話。他在〈瑜伽：一條通向自性的印度之路〉（*Yoga: Ein Indischer Weg zum Selbst*）這篇文章的開頭[104]，針對新時代運動和各式非傳統宗教的廣受歡迎提出這樣的問題：

這種東方式的「救贖之道」（way to salvation）對西方人來說是有價值的嗎？如果有，那麼它有多大的價值呢？這個問題始終游移不定並且深深困擾著我。而當西方人苦練瑜伽並且把它當成自己的「救贖之道」時，這難道不是一個錯誤，甚至一種危險嗎？這些人為何不堅守西方的科學研究、哲學省思，並把它們當成唯一能讓自己安身立命的「救贖」方式呢？在西方的玄學祕術之中，難道就沒有一條比瑜伽更為合適的通往內在的道路嗎？為什麼發展中的深度心理學和心理治療學仍不足以回應這份渴望？我們所需要的，真的是一劑來自東方的強心針嗎？這一連串的問題都是從卡爾・榮格的「心理學社團」的系列講座和學術研討會開始發想的。[105]

瑜伽曾經遭遇這樣的危險：從一套深刻內修的心法淪為一項只重皮毛的技術，而在豪爾眼中，榮格的分析心理學已然成為一

99 收錄於由蘇黎世心理學社團編輯的《情結心理學的文化意義》（*Die kulturelle Bedeutung der komplexen Psychologie*）（Berlin, 1935）一書。

100《榮格全集》第十二卷。

101 引自邁爾 1993 年 10 月 25 日致本書編者的書信。根據 Dierks, *Jakob Wilhelm Hauer, 1881-1962*，頁 297 的引述，豪爾在 1938 年 3 月 11 日的日記裡提到，他當天的演講主題是德國政治現況的精神性及宗教性背景。這有可能就是邁爾所說，遭遇激烈批評的那場演講。

102 豪爾在 1938 年 3 月 8 日的日記裡寫道：「對這些人來說，我實在是太『德國』了。」出處及頁數同上；由本書編者英譯，中譯從之。

103 引自收藏於榮格口述歷史檔案的〈米爾恰・伊利亞德訪談紀錄〉（Mircea Eliade interview），頁 11。

104 Hauer, *Der Yoga: Ein Indischer Weg zum Selbst* (Leipzig, 1958).

105 出處同上，頁 5；由本書編者英譯，中譯從之。將瑜伽和心理治療兩相比較的研究文獻眾多。參見兩篇早期研究論文：Geraldine Coster, *Yoga and Western Psychology: A Comparison* (London, 1934)；以及 Alan Watts, *Psychotherapy East and West* (New York, 1961)。

套修行功法，並已掉入和瑜伽相同的險境之中。[106]⑧豪爾在《瑜伽》（Der Yoga）一書中用了一整章的篇幅批判榮格的著作。他寫道：「榮格認為『原型』是人類與生俱來且代代相傳的，我堅決反對這套假說。畢竟這套『原型』假說的歷史─宗教性的經驗基礎實在極為單薄。」[107]關於榮格對昆達里尼瑜伽的詮釋，豪爾的評價同樣消極：「依我所見，榮格社群內部太急著想把譚崔瑜伽的神話意象和所謂的『原型』扯上關係，但這無助於徹底瞭解瑜伽，也無助於徹底瞭解原型。」[108]

然而，舉凡想要詮釋譚崔經典的任何嘗試，必然都會碰上艱鉅的挑戰，因為這些典籍本身就非常複雜費解。伊利亞德表示：「譚崔典籍經常是用一種『心機語言／暮光語言』（sandhā-bhāṣā）⑨寫成，那是一種祕密、曖昧而晦澀的語言；它們透過一套情色腥羶的用詞、一套神話式或宇宙論式的語彙來表達某種意識狀態，而哈達瑜伽式的意義或者性愛方面的意義就寓託在這之中。」[109]這就導致了以下這種情形：

> 一部譚崔典籍可以透過許多把鑰匙來閱讀，例如敬拜儀式、瑜伽、譚崔……若用「瑜伽之鑰」閱讀典籍，就是在破譯其中談論的各種不同冥想狀態。譚崔的用字遣詞經常富含情慾，但卻很難區分它們所指涉的究竟是具體的行動或單純只是性的象徵。更準確來說，所謂「具體／有形」（concrete）與「象徵」（symbolic）之間

的區別是一個需要謹慎以待的問題，譚崔式靈性操練（sādhana）的宗旨恰恰是要讓每一份「具體／有形」的經驗產生體變（transubstantiation），也就是將生理的機能轉化為敬拜的儀式。[110]

後來對榮格心理學詮釋的價值判斷標準也有所轉變，端看它是否可以被人視為一把有效的備用「鑰匙」。他的理論同時受到學界研究者及昆達里尼修習者的批評檢視。哈羅德・科沃德（Harold Coward）結論道：

> 榮格把昆達里尼瑜伽頭上腳下地倒置過來，又把他認為「沒有實際價值的多餘臆測」的最後兩個脈輪一刀砍掉，棄之不顧；然而，今日的我們已經對東方思想有了更多瞭解，恐怕很難再接受榮格這一套「通天繩戲法」（rope trick）[⑩]。榮格的「評述」實際上只是在為他個人理解的「個體化歷程」自圓其說，卻沒有實現對於昆達里尼的準確描繪；當時如此，現在還是如此。[111]

---

106 引自 Dierks, *Jakob Wilhelm Hauer, 1881-1962*，頁 298。

107 Hauer, *Der Yoga*, 419；由本書編者英譯，中譯從之。

108 出處同上。

109 Eliade, *Yoga: Immortality and Freedom*, 249.

110 出處同上，頁 252。關於「心機語言／暮光語言」這種表現手法，參見 Bharati, *The Tantric Tradition*, 164–88 的考究。

111 引自科沃德，《榮格與東方思想》（*Jung and Eastern Thought*），頁 123。榮格認為第六脈輪、第七脈輪徹底超越西方的經驗範疇，所以沒有必要深入討論其中的象徵（參見本書〈第三講〉文末）；科沃德的批評就是針對榮格的這段言論。也許還有人會說，在印度，達到六、七脈輪境界的人並不多見。科沃德的這本書中亦收錄 John Borelli 編整的〈榮格與東方傳統的附註書目〉，若要通盤瞭解榮格對於印度思想的研究，本書至今仍然是最有

如果想要以昆達里尼瑜伽本身所處的社會歷史脈絡作為理解的視角，並以此來衡量榮格研討會的價值，那麼此番批評無疑相當中肯。然而，若是從榮格與豪爾之合作的脈絡來看，這個論點就有待商榷了；榮格的目標是要闡明那些自發產生、與昆達里尼瑜伽相類似的症狀的心理學譯譯。針對這方面，榮格在一封信中表明：「東方的傳入〔傳進西方〕可以說是一個具有漫長歷史背景的心理學事實。最早的徵兆可見於埃克哈特大師（Meister Eckhart）、萊布尼茲（Leibniz）、康德（Kants）、黑格爾（Hegal）、叔本華（Schopenhauer）和馮哈特曼（E. von Hartmann）。但我們此刻談論與處理的東方並不全然是實際上的東方，而是那無所不在的集體無意識。」[112] 所以對榮格而言，在「發現」（discovery）集體無意識的道路上，西方對於東方的「發現」就是其中一個至關重要的章節。榮格對此的心理學詮釋是建立在這樣的假設上：昆達里尼瑜伽是一套表達內在經驗的系統，而這套系統也會自發性地在西方人的心靈之中現身，正如它在東方的情況；而它在東西方現身的模式雖不必然完全一致，但卻非常相似。昆達里尼研討會結束後不久，榮格的幻象研討會便繼續進行，會中的一段交流就證實了這一點：

　　索耶爾女士：但在脈輪裡面，昆達里尼不是一直都是分開的嗎？

　　榮格博士：沒錯，但在這個例子裡它們顯然不是這樣，不過這並不重要。我們必須牢牢記住昆達里尼這套

榮格論脈輪：1932 年昆達里尼心理學研討會筆記

系統是印度特有的產物，而我們這裡討論的卻是一則西方的案例材料；所以，與其假設它是一份經過數千年的歧異而變得抽象難懂的印度式材料，倒不如假設它是對我們而言實際存在的東西，這樣才是比較明智的做法。[113][⑪]

　　若將榮格的評述看作是在把昆達里尼瑜伽的用語轉譯、塞進已經事先框定好意義的心理學概念之中，這樣的觀點其實也是對榮格的誤解，因為在將昆達里尼瑜伽用語轉譯到分析心理學之中時，分析心理學也隨之改變、擴展了。基本上，是脈輪的象徵系統幫助榮格發展出一套原型式的、宗教性的心靈地形測繪學，同時為他提供了一套解說個體化歷程的語言，使他得以往返於心靈的不同地域

助益的參考書。另外，John Clarke 試圖在《榮格與東方思想：一場與東方的對話》(*Jung and Eastern Thought: A Dialogue with the Orient*) 一書中將榮格關於東方思想的著作納到高達美 (Gadamer) 詮釋學的框架之下，但這番嘗試並沒有成功。有關榮格對於東方思想之研究方法的批評，參見 Richard Jones，〈榮格與東方宗教傳統〉(Jung and Eastern Religious Traditions) 一文，收錄於 *Religion* 9 (1979): 141-55；此外也有褒揚之見，參見 F. Humphries，〈瑜伽哲學與榮格〉(Yoga Philosophy and Jung) 一文，收錄於 *The Yogi and the Mystic: Studies in Indian and Comparative Mysticism*, edited by Karl Werner (London, 1989), 140-48。

112 引自榮格1932年1月25日致 A. Vetter 的書信，收錄於 *Jung: Letters*, vol. 1, 87；英譯略有更動。關於叔本華對於印度思想的見解，參見 Schwab, *The Oriental Renaissance*, 427-35。叔本華曾經把埃克哈特大師的著作與印度的吠檀多哲學並列比較 (出處同上，頁428)。在馮哈特曼的著作《無意識哲學》(*Philosophie des Unbewussten*) (Berlin, 1870) 之中，佛教思想有著至關重要的地位。

113 Jung, *The Visions Seminar*, vol. 7, 30-31. 學者李‧桑內拉 (Lee Sannella) 在《昆達里尼經驗：瘋癲抑或超越？》一書中仔細爬梳西方世界的自發性昆達里尼覺醒經驗，並從中發現一個截然不同於東方典籍敘述的表現：「根據經典所說的模式，當位在脊椎底部的昆達里尼甦醒過來或被人喚醒之後，它會沿著身體的中軸一路向上攀升，並在抵達頭部頂端時結束它的旅程。然而，西方的臨床所見並非如此──昆達里尼的能量是從雙腳開始向上，一路從身體背部上到頭部，然後降到面部，通過喉嚨，最後來到腹部的某個終止點。」參見該書，頁106。

之間。[114]脈輪的象徵系統裡面也附帶包含了本體論式的轉化概念，這使得榮格的個體轉化理論成為可能，而這正是他一直以來著書立論的首要目標。在邂逅昆達里尼瑜伽之後，榮格在幾部論述西方宗教傳統的重要作品裡，發表了他對鍊金術以及基督宗教的心理學詮釋。[115]在這些論著中，瑜伽是榮格不可或缺的研究重心，一方面給予他一個理解鍊金術士之實踐的模型──這點可引榮格本人所言為證：「每一位學有所成的鍊金學徒都很清楚製造黃金並不是鍊金術的真正目的，而這個過程正是一種西方形式的瑜伽」[116]；另一方面，身體和陰性（feminine）在譚崔主義裡受到高度尊崇，但這兩者在正統基督教的眼裡卻是離經叛道的眼中釘，而榮格本人正是因著研究瑜伽，才得以看見身體和陰性在鍊金術之中的價值。

經驗豐厚的瑜伽士戈皮・克里希那（Gopi Krishna）曾經這樣批評榮格的闡釋：

> 在卡爾・榮格對這本書〔編按：指《太乙金華宗旨》〕的評述當中，他心心念念的盡是他自己的無意識理論，雖然這篇論著的行文看似明朗通暢，但它其實只適合用來證實榮格本人的觀念，除此之外沒有別的用處。他曾舉辦過一場昆達里尼研討會，該次會議的紀錄收藏於蘇黎世榮格學院（the Jung Institute），當時研討會上的情況也是如此。雖然與會學者眾多，但從他們表達的看法就可以肯定，現場顯然沒有任何人對於他們當時討論的古代文獻的真正重要性擁有一絲半毫的瞭解。[117]

印度對於昆達里尼瑜伽的瞭解以及榮格對此的詮釋，兩者之間的根本差異在於：諸如《人身六脈輪詮解探微》這樣的印度典籍，描繪的是由特定的儀式性修持誘發出來的、深刻而奧秘的經驗（experience）／體驗（embodiment）之變化過程；而不是在針對一個普世共通的、個體化的歷程進行象徵性的描繪。話說回來，榮格的詮釋所面對的問題，也是其他試圖將昆達里尼瑜伽轉譯成現代概念的人同樣需要克服的艱鉅挑戰。[118] 在轉譯過程中採用的字詞必然只能是個混血兒，其最終產生的混合物將再也無法被辨明到底是屬於「東方」還是「西方」。[119] 走筆至此，我們應該用榮格本人寫過的這兩段話來估量這系列研討會本身的價值：

114 關於原型的地形測繪學（archetypal topography）的相關主題，參見 Edward Casey, "Toward an Archetypal Imagination," *Spring: An Annual for Archetypal Psychology and Jungian Thought* (1974): 1–33；另見 Peter Bishop, "Archetypal Topography: The Karma-Kargyuda Lineage Tree," ibid. (1981): 67–76。

115 《榮格全集》第十一至十四卷。

116 Jung, *Modern Psychology 3*, 107.

117 參見 Gopi Krishna, *Kundalini for the New Age*, 43。關於榮格在《黃金之花的祕密》導讀所寫之評述的批判及評價，參見 Thomas Cleary 的新版翻譯兼評註：《黃金之花的祕密：經典的中國生命之書》（*The Secret of the Golden Flower: The Classic Chinese Book of Life*）（San Francisco，1991）。

118 例如戈皮・克里希那就試圖以當代後達爾文主義的理論來詮釋昆達里尼瑜伽，於是發表過類似這樣的言論：「以科學的語言來說，昆達里尼瑜伽代表的就是人類內在的演化機制。」引自 Gopi Krishna, *Kundalini for the New Age*, 87。

119 關於這類混合式概念在當代後殖民主義脈絡下的意義，參見 Homi Bhabha, *The Location of Culture* (London, 1993)。

西方的意識絕對不是人類普遍的意識。它只不過是置身在特定歷史條件之下、受制於特定地理環境的一個面向，因此只能代表一部分的人類。[120]

對於東方心理學的認識將為我們打下不可或缺的地基，使我們得以對西方的心理學做出一番客觀的批評及審視。[121]

所以在榮格眼中，西方心理學與東方思想之相遇的意義絕對非同小可，因為心理學必須仰賴這樣的交流對話，才配得上psychology（研究靈魂的學問）這個名字。[122]這場研討會凸顯了這個至關重要的難題，並試圖在心理學任務的最前線上解決這個問題；時至今日，雖然歷史局勢已和當時截然不同，也無論觀者們是否接受榮格當年提出的臨時解方，該次研討會所建構的模式仍然值得今天的我們參酌借鑑。

索努・山達薩尼

120〔中譯註：參見《黃金之花的秘密》中譯本，頁78；引文為該書〈導讀〉末段，此處根據拜恩斯女士英譯本重譯。〕

121〔中譯註：榮格曾為 Lily Abegg 的《東亞之心》（*The Mind of East Asia*）（London and New York, 1952）提筆作序，德文篇名為〈東亞不做此想〉（*Ostasien Denkt Anders*）；本文英譯後收錄於《榮格全集》第十八卷。此處引自全集段 1483 並經本書編者修潤，中譯從之。〕

122 關於西方心理學與東方思想的邂逅，參見 Eugene Taylor, "Contemporary Interest in Classical Eastern Psychology," in *Asian Contributions to Psychology*, edited by A. Paranjpe, D. Ho, and R. Rieber (New York, 1988), 79–119。

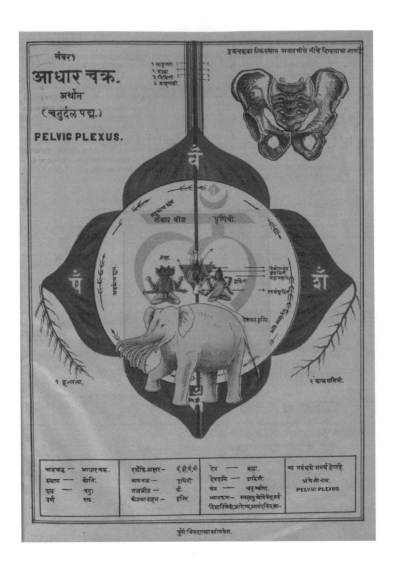

Figure 1. Image and original data provided by Wellcome Collection

榮格論脈輪：1932 年昆達里尼心理學研討會筆記

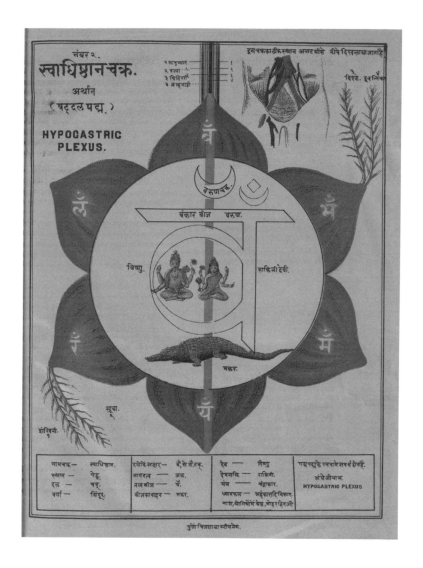

Figure 2. Image and original data provided by Wellcome Collection

Figure 3. Image and original data provided by Wellcome Collection

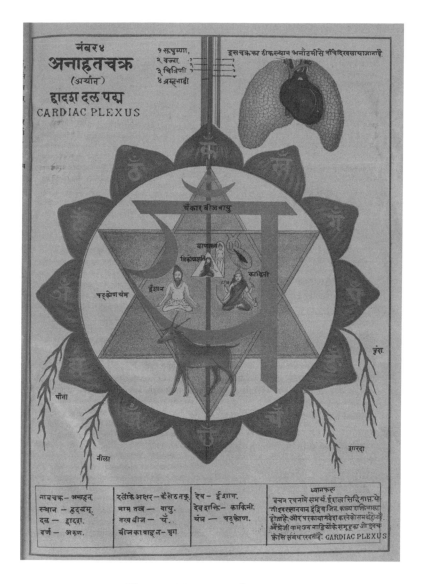

Figure 4. Maṇipūra cakraFigure

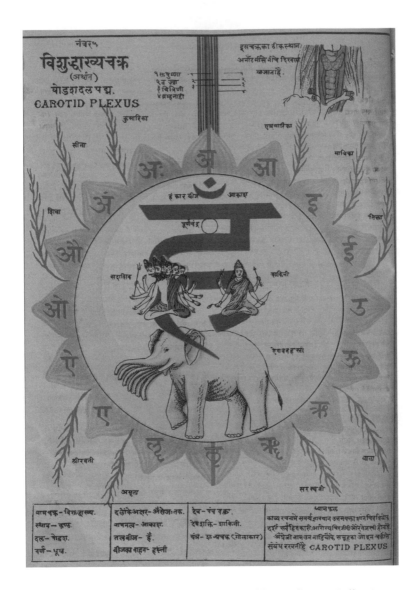

Figure 5. Image and original data provided by Wellcome Collection

榮格論脈輪：1932 年昆達里尼心理學研討會筆記

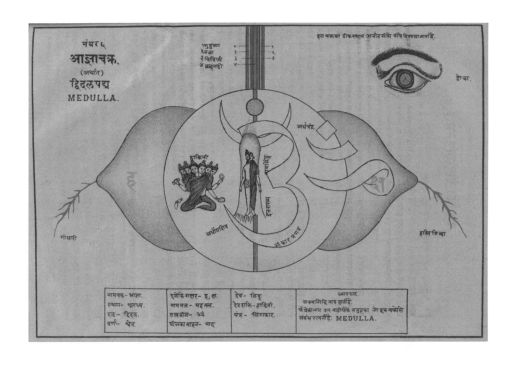

Figure 6. Image and original data provided by Wellcome Collection

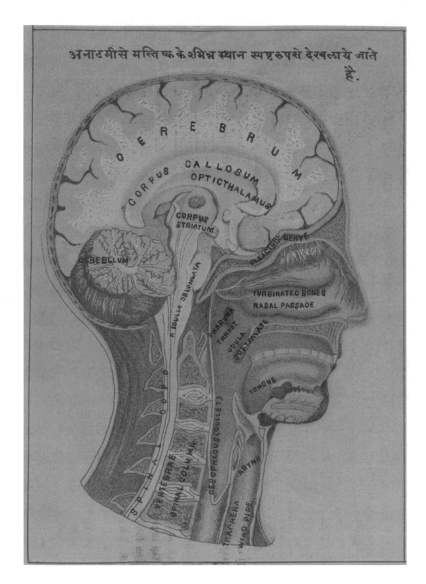

Figure 7. Image and original data provided by Wellcome Collection

榮格論脈輪：1932 年昆達里尼心理學研討會筆記

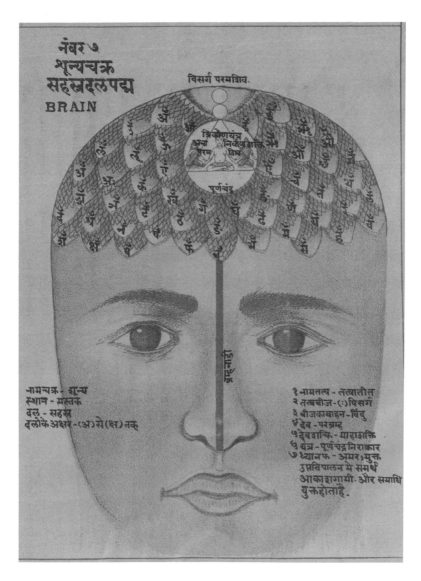

Figure 8. Image and original data provided by Wellcome Collection

第 *1* 講

1932 年 10 月 12 日

　　榮格博士：各位女士、先生，我們剛剛結束一場有關譚崔瑜
伽（tantric yoga）[1]的研討會，但在這類活動結束後，往往就會有許
多誤解隨之而來，所以你們如果有任何疑問，我希望能貢獻一些時
間在這裡和各位討論、釐清這些問題。我想即便是當時不在場的人
應該也會感興趣，因為我之前也有談論過脈輪。[2]而且我們的幻象
研討會也正好進到一個新的階段，其中開始出現一些和譚崔瑜伽相
映成趣的類比了。各位應該還記得，我們之前看過某位患者幻象裡
的第一個曼陀羅是如何在未經影響的狀態下自發性地浮現。在我們
春季研討會的尾聲，我向各位報告過那位患者的無意識自發創造的
曼陀羅意象，圓圈裡有個男孩，而那位患者試圖和他合而為一。[3]
患者想要進到曼陀羅裡面和男孩合一，從這裡就開始出現譚崔瑜伽
的象徵了。所以今天拿這個案例來討論並不算離題，它其實非常切
合這個研討會的主題。事實上，我們之前的研討會可說是在為譚崔
瑜伽心理學鋪路，我之前都稱它為曼陀羅心理學。

我想先回答貝爾沃德女士的提問，她說：「我之前的理解是，**惟我煩惱**（_kleśa asmitā_）裡面蘊藏著成為一個人格的胚芽，而**瞋恨煩惱**（_kleśa dveṣa_）則是『成為二的心願』（the wish to be two）或憎恨。」[4][①]請問豪爾博士這裡指的是人格（personality）或是個體性

---

1 關於專有名詞的選用，豪爾在他自己的研討會開場時做了這番說明：「我通常會用譚崔瑜伽（Tantra Yoga）來稱呼昆達里尼瑜伽（Kundalini Yoga），昆達里尼瑜伽的修習者都是用 Tantra 這個字來闡述它。」（引自 _HS_，1）。

2 見附錄一。關於脈輪，伍鐸夫曾說：「根據印度教的教義，這些轉輪都是意識的不同中心、生命本質能量的不同中心。」此話收錄於亞瑟·阿瓦隆（即約翰·伍鐸夫爵士的筆名）所著《靈蛇之力》（_The Serpent Power_, London, 1919, p.16）。豪爾曾把它們定義為「生命經驗的象徵，它們揭示了生命這一經驗真正的內在意義，以幫助你從靈性的角度理解、詮釋你所活過的人生。」（引自 _HS_，58）。

3 幻象的內容如下：「『我在漆黑的背景裡看見兩個金色圓圈。其中一個比較小，另一個更大的圓圈環繞在外。有個小男生躺在那個小圓裡面，姿勢彷彿是在子宮裡。』（也就是說，他是躺在中心。）『他周圍都是羊水般的液體。我想靠近那個向我伸手的孩子，但我好像沒辦法跨過外面那個圓的邊界。』」榮格對這段幻象的評述是：「曼陀羅的心理學在此就派上用場了」_Interpretation of Visions_ vol. 6, 29 June 1932, 127-28。

4 豪爾對於 _kleśa_〔本書一律中譯為「煩惱」〕的定義如下：「位在下意識之中的根系就叫做 _kleśa_……而我把 _kleśa_ 翻譯為『病恙（ailment）或導致病恙的力量』」（引自 _HS_，37）。他對 _kleśa dveṣa_ 的定義是「成為二的心願，也就是讓一個人自身的存在（being）和人格（personality）兩相對立，它就是那股驅使一個人活出真我（the self）的力量」（出處同上，頁38）；對於 _kleśa asmitā_ 的定義則是「被人視為『我』的那個角色（the character of being an ego）。**我思，我感，我經驗**——人用來進行這些活動的內在官能就稱為 _asmitā_」（出處同上，頁40）。
達斯古普塔將 _kleśa_ 定義為「苦惱／痛楚」（afflictions）。Surendranath Dasgupta, _Yoga as a Philosophy and Religion_ (London, 1924), 104.
齊默將 _kleśa_ 定義為「黏附在人的本性之上，從而限制或妨礙它顯化出真實本質的一切」，Heinrich Zimmer, _Philosophies of India_, edited ᵇʸ Joseph Campbell (London, Bollingen Series XXVI, 1953), 294. 他將 _kleśa asmitā_ 定義為「一種自然而然的感覺（sensation）或念頭（notion），『我是我；我思故我在；明顯的自我感，支持著我的經驗，是我這個人的存在真正的本質和基礎』」，而他對 _kleśa dveṣa_ 的定義則是「厭惡、反感、討厭、嫌惡、憎恨」的感受（出處同上，頁295）。
　　費爾許坦說：「_kleśa_ 為意識的超凡脫俗提供了前進的動力。它們會迫使生命進入一股焦慮感之中，迫使人去感受，去思考，去想望。它埋伏在一切苦難的根柢，它是最為根本的情緒動力以及行為動力……因此，認知上的錯誤乃是尋常人類處境的特色……這個認知錯誤的唯一解藥便是：人要喚醒、找回自性（the self），以它作為自己真正的身份認同。」Georg Feuerstein, _The Philosophy of Classical Yoga_ (Manchester, 1980), 65-66.

（indibiduality）嗎？當憎恨已經建構出了個體性，之後又要怎麼把憎恨從這之中連根拔起呢？」

這個嘛，其實 kleśa 除了有藉由分隔、分別、區辨以成為一個人格、一個自我的意思，另外也是代表憎恨（hatred）的力量；kleśas 本身就是一股迫切的驅動力（urge），而心靈能量力比多（libido）最早就是用這種自然且本能的形式出現在無意識之中；這就是力比多最簡單的顯化形式。[5]在譚崔的教導裡有一股核心的驅動力，它會將其他事物區分開來，從而催生出人格，這股力量就是分別區辨的 kleśa。如果換成西方的哲學性術語，姑且可以將它描述為一股推動個體化的驅動力或本能。

個體化的本能在生命中無所不在，因為世上的所有生命無一例外都具有其個體性。每一種生命形式都會自然而然地顯現成一個與眾不同的存在，否則生命便會無所依存。生命擁有一股與生俱來的驅動力，會促使個體盡可能趨向完善。例如一隻鳥會自然地長出牠所歸屬的特定物種的所有羽毛、體色和體型。因此，所謂的**完滿實現**（entelechia）──也就是那股促使生命完滿實現自身的驅動力──將會自然而然地促使一個人成為他自己[②]。如果可以給人一個活出自己的機會，而且過程中沒有任何會阻擋他成為命定自己的障礙、壓抑和限制，他就一定會長成專屬於自己的模樣。所以，這種蘊含著人格胚芽的**煩惱**也可以被稱為個體化的**煩惱**，因為我們所說的人格其實是個體化的一部分。即便你沒有成為那個完滿實現、充分開展的自己，你至少還是會成為一個人類，你的活法還是會帶

著一定程度的意識。當然，後者那樣的活法並非整體，只是部分，而你真正的個體性也仍然隱藏在幕後──那些顯現在表面上的部分，其實都只是「全」中的冰山一角而已。一個人未必能夠意識到自己的全部；說不定其他人看你，比你看自己要來得更清楚。所以說，個體性向來都是無處不在的。任何有生命的事物──一隻狗、一株植物、所有活著的東西都有其個體性，不過這當然不表示他們能夠意識到自身的個體性。一隻狗或許對牠自己還有一點點稀薄的概念，但恐怕沒有能力意識到牠自身所有個體性的總和。至於大多數的人類，雖然他們看起來都很像是已經經過個體化的個體，不過，無論他們擁有多少自知之明，都僅僅是認識到他們的自我（ego）而已。這是因為人們打從生命的最初階段就已經具備某種程度的個體化了，只不過人們往往並沒有意識到這一點。唯有當你對個體化的歷程帶有意識時，它才會真正發生；話雖如此，從你開始存在的那一刻起，個體性便始終都在。

拜恩斯女士：我不太明白這裡說的憎恨（hatred or *dveṣa*）是從哪裡來的。

榮格博士：憎恨就是把東西分隔開來，它就是那股分別、區辨的力量。人們墜入愛河的時候也是這樣──一開始他們幾乎跟彼此一體不分。當中有著大量的**神祕參與**（*participation mystique*），所以為了要和對方分隔開來，他們就會需要憎恨。不

---

5 榮格在評述帕坦伽利的《瑜伽經》時提到，*kleśa* 是「本能般的敦促感及逼迫感。它們是位在人類存在基礎上的強迫性機轉……對於我們存在之真相的無知，就是諸般煩惱的根源」（*Modern Pschology* 3, 16）。

久之後，這就會變成一股狂野的恨；他們會為了迫使對方拉開距離而對彼此產生非常多阻抗——如果不這麼做，他們就會繼續停留在一種共用著無意識的狀態裡，而那是他們無法忍受的情況。人們在心理分析之中也會看到這種情形。假如某位個案具有強烈的移情，過一陣子就會產生同樣強烈的阻抗。這也是某種憎恨。

　　古希臘人會說這是**恐懼**（*phobos*），而不是憎恨。他們認為世上最早誕生的東西不是**愛欲**（Eros）就是**恐懼**；根據每個人的性情不同，有人說是**愛欲**，有人說是**恐懼**。那些樂觀主義者會說愛（love）是真實的，但悲觀主義者則會說**恐懼**才是真實的。比起憎恨，**恐懼**更能把事物分隔開來，因為恐懼會讓一個人逃開，讓人遠離危險的地方。

　　曾經有位印度教徒問過我一個問題：「相較於一個憎恨神的人，你覺得一個愛慕神的人在達到究竟解脫之前，他要輪迴的次數是更多還是更少呢？」現在在座的各位會怎麼回答呢？當時的我當然選擇放棄作答。然後他說：「一個愛慕神的人得要輪迴七次才能達到完美，但一個憎恨神的人只需要輪迴三次，因為他一定會比愛慕神的人更常想到神，而且還會死纏著神不放。」這說法其實挺有道理的；憎恨是一種非常強大的黏著劑。所以對我們來說，古希臘人對於 *phobos* 的理解也許會比憎恨更能闡明分離的原則（the principle of separation）。印度一直都比希臘有著更多的**神祕參與**，而西方世界的心智顯然比東方更加分化，從前如此，現在仍然如此。由於我們的文明很大程度地仰賴於希臘先哲們的思想，所以對

我們來說，恐懼是比憎恨更為合適的說法。

　　克勞利夫人：可是在脈輪裡面最重要的手印顯然是用來驅散恐懼的。

　　榮格博士：沒錯，不過眾神也總是攜帶著武器，而沒有任何一種愛是透過武器來表達的。

　　伍爾芙小姐：豪爾博士講到這段的時候我有做些筆記，我想我知道貝爾沃德女士為什麼會覺得困惑。豪爾博士當時說的是德文的 *hasserfüllte Zweiung*（充滿憎恨的二分），但這個詞的意思其實不是從一個變成兩個；它的意思是變成一個和對象相對的主體——所以本來就有兩個東西，不是後來才二分的。[6]英文很難翻譯清楚。

　　榮格博士：德文的 *Entzweiung* 才是分離（separation）的意思。各位還有什麼問題嗎？

　　貝爾沃德女士：我的提問最想釐清的是：瑜伽士們會把憎恨的狀態視為建構個體性時的必要條件嗎？

　　榮格博士：對，而且他們不得不這麼認為，因為無論是古典瑜伽或昆達里尼瑜伽，瑜伽的整個過程自然會有要把那個具有個體性的「一」打造出來的傾向；甚至就連神明也是一，例如梵天就是個既存在又不存在的一（an existing nonexisting oneness）。

　　繼續探討原提問的下半段：「當憎恨已經建構出了個體性，之後又要怎麼把恨連根拔起呢？」

---

6 見本章註4。

伍爾芙小姐：豪爾博士之前有談到**煩惱**的兩個層面。[7]在不完美的狀態裡——也就是在**粗鈍**的層面裡——那股促使個人成為一個與對象相對之主體的驅動力會和恨意混雜在一起。但在**精微**的層面上，這同一股驅動力卻是成為一個人格的力量。

榮格博士：是的，這一整套專有名詞非常關鍵也非常容易把人搞糊塗的地方就在這裡，我們永遠都要把**粗鈍**和**精微**的層面區別開來。[8]我說的並不是**至高**（parā）的層面，因為豪爾博士是用「靈而上的」（metaphysical）來稱呼它。我必須老實說，從這裡開始我就一頭霧水了，所以我不會讓自己去冒這個險。**粗鈍**層面指的單純就是我們能看見的事物。**精微**層面則是我們只能猜想，或是根據觀察到的事實得來的抽象性或哲學性結論。當我們看見有些人奮力地鞏固他們的自我，並因此相互敵對、相互憎恨的時候，我們看見的就是他們的**粗鈍**層面，而我們察覺到的只是五種**煩惱**之中的「恨」，梵文將它稱為 dveṣa。但是我們如果來到一個更高的位置，就會突然明白那是一種愚蠢的恨意，明白其實還有一些非常重要而深刻的東西，而這一切的私人恩怨都只不過是它們的表層而已。

舉一個實際的例子：當一個人抱怨他總是和妻子處不好，和他心愛的人也處不好，彼此之間總是阻礙重重或者總是把場面搞得很難看，這時，你如果為這個人做心理分析，你就會明白他正在遭受憎恨的攻擊。他從頭到尾都和自己心愛的人們一起活在**神祕參與**的狀態裡。他總是為了其他人搞得分身乏術，直到他和他們全都混淆在一起（identical with them，認同他們），但這恰恰違背了個體化

的原則，於是接著他們自然就會產生衝突，而這是為了把彼此區分開來。我對他說：

「當然了，動不動就起爭執想必讓你非常苦惱，可是你難道沒有看清自己到底在做什麼嗎？你很愛他們，也非常認同他們，所以你心愛的那些人會被你那股理直氣壯的認同感壓得死死的，而且他們當然贏不過你。你把他們當成你自己一樣地掌握在手掌心，所以你們之間自然會產生阻抗。這樣的情況和那些人的個體性背道而馳，同時也是在違犯你自己的個體性。那些阻抗都是一種最有效、最重要的本能：正因為你們之間有阻抗、有爭吵、有失望，你們最終才有辦法意識到自己，而那時便不會再有恨了。」

那就是**精微**的層面。

如果一個人徹底明白這個道理，他一定會表示贊同並且不再擔憂。換言之，他很清楚當他有愛，他也很快就會生恨，然後他會和搗蛋鬼提爾（Till Eulenspiegel）一樣，在上坡時大笑，在下坡時

---

7 豪爾表示：「煩惱（kleśa）在心識（citta）裡面有兩種形式或層面，一是粗鈍（sthūla），代表粗糙的肉體層面……另一個則是微妙的精微（sūkṣma）層面」（引自 HS，37）；而「瞋恨（dveṣa）的微妙或精微層面就是那股把人格分離出來的靈而上力量；是那股動能創造了人格，或使人格的出現成為可能。反觀其粗鈍層面則是混雜著恨意的，如同我們在日常生活中經驗到的那樣」（引自 HS，38）。

8 豪爾表示，根據譚崔瑜伽的說法，現實具有三個層面──粗鈍、精微、至高（parā）：「粗鈍層面指的是我們可以用感官把握的這個現實……而在這層現實之下的現實就是精微層面，或者也可以說它是粗鈍層面賴以運作的動力來源；若按字面翻譯，sūkṣma 就是精細、微妙的意思（subtle or fine）」（引自 HS，26）。豪爾對於至高層面的定義則是「這些能量中心的根本要素、根本特質。因為除了那種精微的動能之外……還有一種不再可以只用宇宙能量之類詞語來理解的力量……從這裡開始，我們就走進和神明相關、和神明的內在本質相關的宗教領域了」（引自 HS，26-27）。

大哭。[9]他將會領悟生命的弔詭之處──他不可能完美無缺，他也不可能永遠從心所欲（be one with himself）。雖然我們的理想是從心所欲，是讓生命中的一切處境都絕對清晰明朗，但這是絕對不可能的──這太過單邊片面了，但我們並非只有一面而已。各位可以看見，分析歷程確實會藉由對於**精微**層面的解釋，也就是對抽象概念、理論、智慧等層面進行各種層次的理解，來將憎恨連根拔起。因此我們著實從中學到不少，例如我們現在知道一個在**粗鈍**層面看來令人苦惱的習慣，或那些不可思議、莫名其妙的歧見與爭吵，若是從**精微**的層面來看，就會是一幅相當不同的風景。

再來是第二個問題：「我們可以在心理學中找到和 tattva[10] 以及 saṃskāra[11] 相對應的概念嗎？」這個嘛，所謂 tattva（**真性**）就是事物的本質精髓，在心理學上它同樣是指一個事物的**精微**層面。**力比多**（libido，能量）就是**真性**的一個好例子。它不是一個實質的物，而是一個抽象的概念。在自然界中看不到能量；它並不具體存在。存在於自然界中的只有自然的力，譬如瀑布，或是光，或是火，或是一個化學反應。我們為此發明了**能量**這個術語，但能量本身並不存在。儘管你可以花錢向電力公司買到它，但那些可以被你用錢買來的所謂能量，其實只是一個隱喻而已。「能量」說穿了只是一個被用來描述某種物理力量、說明某種強度的抽象辭彙。能量的概念就是各種自然力量的**精微**層面，在這個層次上，自然力量已經不再顯現為實體，只有**真性**，只有本質，只有抽象。各位可以發現東方的心智是很具體、很實在的──當它推到結論或者建構起一套

抽象概念時，後者已經成了一個實體；人幾乎可以看見它，聽見它——甚至幾乎可以觸碰到它。反觀西方，我們的這個過程就顯得比較虛浮，因為當一個能量之類的概念變得廣為人知以後，大街小巷都會開始談論它。然後人們就會自然而然地以為「能量」想必是某種可以被人裝進瓶子裡的東西——既然它可以被人們買進、賣出，那它肯定是某種實實在在的東西。東方心智具體而實在的品質就是從這裡進入了西方。因為能量並非真的存在於現實世界中：可以說它只是事物遵循的某種一致性，或是各種物理過程之本身及其強度。在東方，每當有人講起**真性**，他們就會把它想成彷彿已經存在似的，而且容我提醒各位，那還是一種完全的存在——彷彿**真性**真的可以變成一個他們肉眼可見的東西似的。我不曉得有沒有人曾經見過關於**真性**的幻象，但這是有可能的，因為他們可以把任何概念拿來做視覺化觀想，不管再怎麼抽象都可以。所以說，**真性**在

---

9 這是一個榮格曾在許多場合使用過的類比；參見《榮格全集》第七卷，段47；另見 *Nietzsche's "Zarathustra": Notes of the Seminar Given in 1934-1939*, edited by James Jarret (Princeton, Bollingen Series XCIX, and London, 1988), vol. 1, 226。榮格書信集的編者提供了以下附註：「德國民間傳說中的一個著名人物，表現出狡猾的農民比城裡人及生意人更勝一籌的模樣。第一部收錄他滑稽事蹟和惡作劇的作品出版於1515年。在一個故事中，搗蛋鬼提爾和他的同伴們不一樣，在上坡時就料想到隨後會是下坡，因而歡欣不已。」 *C.G. Jung: Letters*, vol. 2, 603。

10 豪爾認為 tattva（真性）「照字面直譯就是彼性（thatness），或是德文的 *Dasheit*。彼性意味著那股隱藏在整個宇宙之間的力量，它具有某種按照特定方式創造及移動的傾向——彼與彼（that and that）」（引自 *HS*，31）。

11 豪爾將 saṃskāra 翻譯成 I 它是造作事物的造作者（the maker who make things），是它讓事物可以真正成為一個有用能工的和合物（a working compound）、一個有用能工的整體（a working whole）」（引自 *HS*，41）。他並論道：「此時此刻，我們在想什麼、我們如何坐著、我們如何說話，全都是 saṃskāra 造作而成的。假如我們認為自己此刻可以全憑己意地說話，假如我們的意識所經驗到的是這麼一回事……那全是幻覺」（引自 *HS*，42）。

東方是一種具體而實在的東西，但它對我們來說卻是處在**精微**的層面——它是一個抽象的辭彙，一個理型（idea）③。能量的概念是個很好的例子，但諸如此類的理型當然還有很多，比如重力法則，或是原子論、電子論——這些都是**真性**的對應物。而我剛剛說過，它們在心理學中的對應就是力比多，它也是一個概念。

再說到 *saṃskāra*（**造作**），如果把它理解成某個具體而實在的事物，那在西方還真的找不到它的對應物。我們沒辦法把這些東西變成具體的實物。那是一套徹底哲學性的教導，而且只有在我們相信靈魂投胎、輪迴轉世或任何先於存在的狀態的前提之下，這套教導對我們來說才會具有一定的有效性。我們的遺傳概念和集體無意識假說，可能都和 *saṃskāra* 有些類似，畢竟一個嬰兒的心智沒道理會是一張白紙。無意識心智是一個充滿各種原型意象的豐富世界。原型就是創造性幻想的前提、原則或範疇，因此也是 *saṃskāra* 在心理學上的對應物。但各位別忘了，在東方人的心智裡，*saṃskāra* 的教義和上述定義是非常不一樣的，所以我的這番比較可能會被印度教徒駁斥。不過原型意象確實是我們眼前和 *saṃskāra* 最為貼近的東西。

萊希許坦博士：我想請教有關**粗鈍**層面的問題。我認為**粗鈍**是比較生理性的層面，而**精微**則是比較心理性的層面，但後者並不一定抽象。因為人無法單靠理智去覺察到它；它是一種特定的存在，它和其他事物是相連結的。

榮格博士：您的想法很正確，不過事物的心理學層面同時也

暗含著一套與它們有關的哲學。就拿椅子舉例好了：在心理學上，一張椅子同時具有**粗鈍**和**精微**兩個層面。既然它是一個物質性的現象，那麼它的**粗鈍**層面就是顯而易見的；但它的**精微**層面就不太明顯了——它的**精微**層面就是椅子的理型。在柏拉圖關於**理想形象**（*eidolon*）的教導裡，一個事物的**理型**（*eidos*）就是它的**精微**層面。但在柏拉圖學說裡，我們還是可以看見具體化的作用：他說所有**理型**都存放在天上一個類似倉庫的地方，而一切事物都是其**理型**不完美的衍生物或仿造品。所以我們這個經驗世界的一切形式都是從理型之中派生出來的。這個觀念在談的就是事物的**精微**層面，或者也可以說是事物的心理學。在柏拉圖的理解中，所有理型都是真實存在著的，但對我們來說它們都只是心理學上的概念（concepts），甚至只是幻想（illusions）或假想（assumptions）罷了。因為即便我們假設那個存放著萬物模子的天上倉庫真的存在，我們也根本沒辦法確認這件事；光是像這樣用想的，也不會真的把東西想出來。但若換作是原始人的心智，他們就真的是心想事成（thinks a thing, it *is*）。比方說，對他們而言，夢境和這張椅子同等真實。他們必須非常小心，不能東想西想，因為想法很有可能變成現實。今天的我們依然如此——當我們說了不該說的話，就會馬上敲敲木頭。

　　狄伯爾德女士：**精微**層面可以和康德的物自身（das Ding an sich）相提並論嗎？

　　榮格博士：可以，因為康德也有用到**本體**（*noumenon*）這個字眼。**本體**就是理型，就是一件事物的精神性本質。各位都知道康德

已經是一個非常有批判性的人，而他在《純粹理性批判》[12]這本書裡說過，物自身的德文叫做 *das Ding an sich*，純然是一個從否定角度來界定概念的詞彙，根本不能保證所謂「物自身」這種東西真的存在。他之所以構思出這個概念，單純是為了表達：在這個經驗世界的背後，還有一些東西是我們完全無從言說的。不過康德也曾經在他的心理學講座上談到本體的複數形 *noumena*──也就是有許多事物在其自身之內（there are many things in themselves）──這和《純粹理性批判》的主張是相互矛盾的。[13]

克勞利女士：那難道不是一個原型（archetype）嗎？

榮格博士：是的，柏拉圖學說中的**理型**當然就是原型；archetype 這個字眼是來自聖奧古斯丁（St. Augustine），他是在柏拉圖的脈絡下使用這個詞的。就這點而言，他和同時代的許多哲學家一樣都是新柏拉圖主義者。但原型在他們看來並非一個心理學概念；理型是具體而實在的，也就是說它是一種「實質的」（hypostatized）東西，而這是一個很棒的字。各位可以看到，hypostasis 和 hypothesis 是不一樣的，前者是「實質／原理」而後者是「假設」。所謂的假設，就是我為了解釋某些事物而構思出來的一個猜想，是我捏造出來的一個觀念。但我自始至終都知道它只是我的猜想，也始終知道我的觀念還需要經過證實。某個事物的底下本來什麼都沒有，而你把另一個東西放到它的下面，這就是假設；德文的 *Unterstellung* 就是這個意思。據我所知，英文裡面好像沒有可以和它完美對應的詞彙。*Unterstellung* 可以是一種猜想，也可以

是一種略帶負面意涵的影射。話說回來，hypostasis（實質／原理）的意思就是存在於具體事物之下的某個東西，某個真實而根本的東西，其餘的一切都是建立在它之上的。

克勞利女士：請問 hypostasis 的字根是什麼呢？

榮格博士：它是源自希臘文的動詞 *histemi*，意思是站立、豎立，而 *hypo* 是指下面。希臘正教的教堂裡會有一排聖人的雕像站在聖壇後方，希臘文稱之為 *ikonostasis*，這個字也用到同一個字根。聖人的塑像或畫像就叫做 *ikon*，而 *ikonstasis* 就是讓這些聖人的塑像或畫像站立的地方，通常是一個可以擺放雕塑的底座，或是一面可以掛畫的牆。提出一項原理（to make a hypostasis）就等同於發明一個懸在半空中的思想主題，它的下面並沒有基底／根據（basis），但你卻認為它有，並宣稱這是一條貨真價實的原理。比如你發明了一個叫做**真性**的觀念，然後再憑空說它絕非僅是一個空穴來風的字眼。你會說所謂**真性**是事物賴以存續的本質，說它是一個真切而實在的東西——它是某種在下方站立著、支撐著的東西。任何原理都一定包含著這樣的設想：有個真實不虛的東西就在那裡。原始人質樸的心智一直都在建立原理／豎立真實（always

---

12 參見康德《純粹理性批判》第二版，頁266及其後（Immanuel Kant, *Critique of Pure Reason*, 2nd ed., translated by Norman Kemp Smith [London, 1929], 266ff`）。

13 1898年，榮格在卓菲幾亞社群（Zofingia Society）發表題為〈論思辨探究〉（Thoughts on Speculative Inquiry）的演說時批評康德的物自身概念；他認為康德在可被認識的現象界和不可認識的本體界之間做出的區分太過死板，亦認為當今科學已經讓本體界逐漸被人認識。參見《榮格全集》補充卷 A 中的〈卓菲幾亞演講〉（*Zofingia Lectures*），段195-99。榮格也曾評述康德談論心理學的幾場演講（*Vorlesungen über Psychologie* [Leipzig, 1889]），參見《榮格全集》第七卷，〈自我與無意識的關係〉（The Relations between the Ego and the Unconscious）一文的註釋7。

hypostatizing），而即便到了現在，每當我們出現一點迷信的心理，我們也是在做一樣的事。

戴爾先生：是重力的原理使蘋果墜落。

榮格博士：沒錯，是你設想出這樣一個東西，然後再說是它讓蘋果掉下來的。或者，比方康德曾經在他有關上帝這個設想的著名討論裡說過：「真有上帝，但也沒有」（God is, God is not.）——就是說，每當有人說這世上有上帝，康德也會附和，但即便他這樣附和也並不代表世上就真的有上帝。他可以說有上帝，但搞不好其實沒有。然而當你建立原理／豎立真實並且宣稱世上有上帝，你就已經假定上帝是真實存在的。你已經造出了上帝，並讓他可以來到現實之中。一個人可以單憑幾句話就讓最不幸的情況一語成讖。這就是阿尼姆斯在做的事，也是人們一向在阿尼姆斯裡面掙扎的原因。「噢，我以為……」然後房子就燒掉了，因為你以為自己是在房子外面生火。但不幸的是，房子已經被燒掉了。

拜恩斯女士：所有的捷思法原則（heuristic principles）應該都有可能變成是在建立原理／豎立真實吧？

榮格博士：它們確實會有這樣的危險，這是肯定的。一旦一個假設（hypothesis）的適用性已經得到證明，它自然就會變成一個真理（truth）、一個原理（hypostasis）——然後我們就會徹底忘記它其實只是一個假設，是我們刻意、任意構想出來的理論。

克蘭菲爾德博士：佛洛伊德的性欲理論本來可以被稱為一個假設，後來卻變成一個原理。

榮格博士：那套理論經過一定數量的事實證明了它的論點，後來就有人以為它是真理。不過呢，概念（concepts）才是我們此刻要談論的主題，而譚崔瑜伽裡面還有更多內容有待我們從心理學角度去做更深入的闡述。

索耶爾女士：當豪爾博士談到脈輪時，只有每個脈輪裡面的蓮花圖會被他稱為曼陀羅。我們不能說整個脈輪就是一個曼陀羅嗎？

榮格博士：可以，脈輪偶爾也會被稱為曼陀羅。豪爾博士當然沒有像我們這樣為曼陀羅添上一層特定的意義。他會用 *padma*（蓮花）或脈輪來稱呼整幅畫面。[14] 其實 mandala（曼陀羅）這個字本身就是指圓環或圓圈，例如它可以是一個魔法圈（magic circle）或一個循環。有些吠陀的經文是由一系列章節組成，這些連貫的章節就被叫做曼陀羅；像是第三曼陀羅・第十章・第十五節——這種時候「曼陀羅」單純就是這些主題相近之章節的合稱。

索耶爾女士：但他也曾經把一個四方形稱為曼陀羅。[15]

榮格博士：他是把那個四方形稱為曼陀羅沒錯，而四方形中的任何東西當然也都是一個曼陀羅，各位在藏傳佛教的圖畫裡也可以看到一模一樣的情形[16]：畫裡的曼陀羅和蓮花都位在畫的內部，

---

14 豪爾表示：「梵文的 *cakra* 就是圓形，不過脈輪也被稱為 *padma*，也就是蓮花的意思」（引自 *HS*，61）。

15 豪爾在描述根輪這個中心時，提到它是「大地的四方形或曼陀羅（square or mandala of the earth）」（引自 *HS*，71）。

16 英編按：這幅插圖亦翻印於《榮格全集》第九卷第一部，見〈關於曼陀羅象徵〉一文的插圖1；另見《榮格全集》第十二卷《心理學與煉金術》，插圖43。〔中譯註：該圖從東南方鳥瞰供奉純陽祖師呂洞賓的純陽殿，殿之四壁即構成一個曼陀羅。參見《黃金之花的秘密》中譯本的扉頁插圖。〕

那些神廟和寺院裡的迴廊、方壁也都是，全體（the whole）被魔法圈圍繞著；諸神被畫在它們的上方，下方則是山巒。曼陀羅這個字眼已經對我們有著特定的意義，但印度人並不是這樣看待它，它只是眾多延達拉（Yantras）的其中一種而已[17]，那是藏傳佛教和譚崔瑜伽中用來崇敬神明的一種儀具。而且各位別忘了，在印度很少有人知道譚崔學院——你可以隨便去問幾百萬個印度人，然後沒有任何人知道那是什麼。這就像是你在瑞士訪問一群體面的市民，請他們說說對於經院哲學有多少瞭解，這些人可以告訴你的東西想必很少，而印度人對於譚崔瑜伽的反應也會是如此。而你如果去問一個印度人「曼陀羅是什麼」，對方會說曼陀羅就是一種圓形的桌子，或是任何圓形的東西。但曼陀羅對我們而言是一個特定的專有名詞。即便是在譚崔學院的架構裡面，曼陀羅對他們的意義和我們認為的也有所不同。藏傳佛教對它的認知也許和我們最為貼近，不過藏傳佛教的經典一直到最近這些年才被譯介到西方，可能還不到十年，所以很少有人知道這種來自西藏地區的宗教。其中最重要的文獻應當就屬由約翰・伍鐸夫爵士翻譯的譚崔典籍《Shrichakrasambhara》。[18]

巴爾克博士：豪爾博士說過，在第二脈輪的水域裡，一個人會毫無保留地陷入生命之中，[19]不過那個水域卻是在我們上方的高處。這樣的詮釋令人難以置信，因為當一個青少年毫無保留地投入生命時，他就像是從高處墜入低處似的。

榮格博士：當你提出這樣的問題時，你就是在扮演世間魅惑

者（the world bewilderer）的角色。[20]你在這裡碰觸到的確實是最容易把人搞糊塗的部分，因為當你嘗試將這些材料轉譯成心理學語言時，你就會困惑得如墜五里霧中。就拿看似非常單純的根輪[21]來說：以心理學而言，根輪位於會陰。各位都自認對於會陰有著充分的瞭解，但它在心理學上究竟代表什麼呢？你們會把它想成腹部最下面的區塊，認為它和性之類令人反感的東西有關。但這並不是根輪；根輪與此截然不同。或許我們應該先來看看第二脈輪。[22]

在脈輪的系統裡，這片有著海怪的大海的位置是比較高的；但在現實中，我們會發現大海總是位在我們心理的低處——我們總是要往下進入無意識。因此，所謂的根輪肯定和我們以為的是很不一樣的東西。你們曾經進到根輪之中嗎？你們也許有些人會說自己曾經進入無意識、進入海洋，而且曾經在裡面見過利維坦

---

17 齊默這樣描述它：「在為數眾多的表徵性神聖圖形（yantras）之中，這種具象的神聖圖形（pratimā）〔英譯按：齊默把曼陀羅也包含在內〕僅是其一而已」*Artistic Form and Yoga in the Sacred Images of India*, translated by G. Chapple and J. Lawson (Princeton, 1984), 29。〔中譯註：另見〈附錄一〉註釋2。〕

18 這份文本事實上是由 Kazi Dawa-Samdaq 翻譯並編輯：*Shrichakrasambhara: A Buddhist Tantra, Tantrik Texts*, vol. 7 (London, 1919)。這套典籍是由伍鐸夫統籌編輯，他也為這卷文本寫了一篇前言。榮格的圖書館收藏了該系列的第六卷，於1914至1924年間出版。榮格在1938至39年於蘇黎世聯邦理工學院演講時，針對這份文本提供了一段延伸性的評述，見 *Modern Psychology* 3, 42-120。

19 豪爾將第二脈輪臍輪描述為「我們自由恣意、輕率無慮地活著的那份生命，我們只是將自己拋到生命的水流之中，任憑自己被生命之流承載著，並在發生於我們身上的一切之上漂浮著」（引自 *HS*，75）。

20 這是《人身六脈輪詮解探微》中用來描述昆達里尼的字眼，見本書附錄四，第十節。

21 豪爾將 mulādhāra（根輪）描述為「維繫事物根部的脈輪。它是土的領域，是男人及女人創造力量的領域……是世界的基礎」（引自 *HS*, 68）。

22 在臍輪的繪畫裡，有一隻神話中的海怪摩迦羅（makara）出現在水面上。見附圖三。

（leviathan）。我們就假定你們真的已經完成了夜海之旅，也已經和巨大的海獸搏鬥過。那意味著你們曾經身在臍輪之中，也就是第二脈輪的水域之中。不過，這就表示你們也曾身在根輪之中嗎？這是一個相當困難的問題。聽完我對根輪的理解以後，各位也許會深感困惑。是這樣的，根輪是一個完整的世界；每個脈輪[23]都是一個完整的世界。各位或許還記得我為你們展示過一位患者的畫作，畫中的她被一棵樹木的根系絆住，而她的上半身正在向光伸展著。[24]請問各位，當這名女子身在樹根之中，她是位在哪個脈輪呢？

聽眾回答：根輪。

榮格博士：是的。那這反映在現實中可能會是什麼情況呢？

漢娜小姐：會不會是自性的沉睡呢？

榮格博士：自性在這時想必是睡著的。那麼，在什麼場域裡，自性會沉沉睡去但自我卻是有意識／醒著（conscious）的？當然就是在**這裡**——在這個有意識／醒著的世界裡，我們全都是有理智、有教養的人，都是旁人眼中適應良好的個體。一切都順暢地運行著；我們按時去吃午飯，按時赴約，在這樣的狀態下，我們都是完美無瑕的尋常市民。我們肩負著特定的義務，無法在精神官能保持正常的情況下輕易脫身；我們必須履行扛在肩上的責任。所以我們全都身在根系之中，我們都立於自己的「根部支持」之上。（根輪的梵文 *mulādhāra* 直譯成英文就是 root support。）我們都是用自己的根系穩穩紮入這個世界——當你從客運售票處買了車票，或在戲院買了門票，或是付小費給服務生時——那就是你所

碰觸到的現實。而自性在這個時候是睡著的，這表示所有和神明相關的一切也都在沉睡。

聽完這段出人意料的敘述之後，我們就必須來檢視一下這番詮釋究竟是否恰當。我也不太有把握。我甚至相信豪爾教授一定會當場反駁我。有鑑於此，我們勢必需要大量的心理學佐證才能讓這番詮釋可以被西方人的心智接受。假如我們缺少不斷努力試誤的膽量與決心，就想把東方的象徵吸納到我們西方人的心理之中，我們就只會遭其毒害而已。因為它們具有恐怖的附著性。它們會抓住無意識並且黏著我們不放。但是對於我們的系統而言，這些象徵都是來自體外的**異物**（*corpus alienum*），我們心靈原本自然的成長與發展都會遭到它們的抑制，彷彿一種異常增生或是中毒反應。所以一個西方人必須以英雄般的態度奮力精熟這些事物，奮力去做一些能夠與這些象徵抗衡的事情，好讓自己不受它們的影響。各位也許沒有完全聽懂我現在所說的內容，但請把它視為一個假設。而它不僅是一個假設，它甚至是一個真理。關於東方象徵可能會造成多大的危害，我已經見識過太多案例了。

如果我們把根輪看作是根系，是我們賴以立足的土地，那麼它必然就是我們的意識世界，因為我們存在於斯，我們站立在這片

---

23 豪爾將脈輪定義為「生命經驗的象徵（symbols of the experience of life）」（引自 *HS*，58）。

24 ［1932年版編按：參見《黃金之花的祕密》，註釋5。］收錄於《榮格全集》第十三卷的插圖 A5。這幅繪畫也被翻印於〈關於曼陀羅象徵〉一文中，見《榮格全集》第九卷第一部的插圖25。不過這段描述似乎更接近克莉絲汀娜‧摩根（Christiana Morgan）的一個幻象，榮格曾在1931年2月25日討論過這個幻象。*The Visions Seminar*, vol. 2, 77.

土地之上，而且這片大地有著四方四隅。我們就身在大地的曼陀羅之中。而且我們用來描述根輪的一切，都同樣可以用來描述這個世界。根輪就是人類受制於本能、衝動、無意識，以及受制於**神祕參與**之處，它也是我們身陷黑暗與無明之處。我們不幸地成為周遭環境的受害者，理智在此幾乎毫無用武之地。的確，當天下太平時，假如沒有出現重大的心靈風暴，也許我們還可以運用一些技巧來應對黑暗。然而，只要一場戰爭或革命之類的風暴來襲，我們所做的一切就會毀於一旦，而我們也將頓失方向。

除此之外，當我們置身於這個三維的時空之中，說著有條有理的話語並且做著顯然充滿意義的事情時，我們都不具有個體性——我們只是海裡的魚。第二脈輪只會在某些時刻被我們隱隱約約地體會到。有些人偶爾會突然想去一趟教堂，因為有某個東西在禮拜天的早上發揮了作用，讓他感受到一股溫和的渴望／敦促感（a gentle urge）；也有些人是在一年當中的某一天浮現這種感覺，像是在耶穌受難日（Good Friday）那天。還有很多人是會突然感受到一股想要走入山林、走入自然的渴望／敦促感，而當他們去到那裡，又會出現另一種情緒。現在講的這些情況，就是睡美人淺眠欲醒的時刻；無意識裡面有某種無法言說的東西開始啟動了。在人們心底，有一股奇怪而陌生的渴望／敦促感迫使他們去做一些柴米油鹽以外的事。所以我們可以假定：自性沉睡之處，也就是心靈中非屬自我的部分沉睡之處，就是世上最平凡無奇的那些地方——火車站、劇院、居家生活、工作場合——在這些地方，眾神都在沉

睡；當我們身在這些地方，我們理智（或不理智）的程度就和不具意識的動物沒有兩樣。而這就是根輪。

若是這樣，那麼下一個脈輪——臍輪——想必就是以大海作為象徵的無意識了，而這片海裡還有一隻巨大的利維坦，正威脅著要讓人屍骨無存。此外，我們也必須記得這些象徵都是由男人編造的。古代版本的譚崔瑜伽顯然是出自於男性之手，所以可想而知，其中蘊含了大量的男性心理。因此，第二脈輪裡面會有一個巨大的半月形也就不足為奇了，它當然是一個女性的象徵。此外，所有脈輪都是蓮花（*padma*）的形狀，而蓮花就是**優尼**[25]——*padma* 其實就是祭司用來暗指女性生殖器**優尼**的暗語。

索耶爾女士：豪爾博士曾說，那個新月並不是女性象徵；它是濕婆（Śiva）的象徵。[26]

榮格博士：對東方人來說是這樣沒錯，而且假如你拿這些東西去問一個印度人，跟他說你可以把根輪放在比臍輪更上方的位置，對方是說什麼都不會接受的。他們的觀點絕對跟我們不一樣。假如你向他們問起有關太陽的類比的事，對方一樣也會否認，儘管你可以向他們展示其中確實存在著太陽的神話。

克勞利女士：他們的象徵和我們絕不可能相同；他們的神明都存在於現世之中（their gods are in the earth）。

---

25 豪爾對這個脈輪的繪畫表現的描述如下：「圖的中央是一個圓形，那是一個花苞，其中包含著一個白色蓮花的曼陀羅……圖中還有一個半月形，一樣是白色的」（引自 *HS*，74）。

26 豪爾曾經說過「臍輪圖中的新月是代表濕婆」，對此，索耶爾女士提問道「新月不是通常都是女性的象徵嗎？」豪爾回答：「在印度不是這樣。新月在印度向來都是代表濕婆的符號」（引自 *HS*，84）。

榮格博士：沒錯。在印度當地，不在現世的印度教徒反而才是正常人，這是我們必須留意的差別。所以如果你吸納同化了這些象徵，如果你進到了印度式的心理之中，你會正好上下顛倒，於是一切就全亂了套。他們的無意識位在上方，我們的無意識卻在下面。一切都是相反的。我們地圖上的南方是在下面，但他們的地圖卻是南方在上、北方在下，東西方的位置也因此對調了。這是截然相反的兩種世界觀。

言歸正傳，無意識所有具有代表性的特質，都可以在第二脈輪找到。因此我們可以假定，我們透過根輪根植於世、存在於世以後，接著就會走出一條通往水中的道路。我認識一個男人，他沒有接受心理分析，但這類內容卻很頻繁地出現在他的夢境裡面，而且每次都是同樣的主題。夢中的他發現自己正沿著一條道路前進，或說那是一條小巷或小徑，有時徒步、有時搭車——夢境總是從這樣的移動開始——然後他總是會驚嘆不已地發現這些路途最終一定都會通往水中，也就是第二脈輪。

這就是為什麼所有祕儀團體的第一個要求往往都是要進到水裡，進到浸洗的池子裡。因為首先必須穿越水域，穿越可能被水中怪獸吞噬的危險，才能踏上那條能引領人們通往更高境界的道路。反觀今天的基督教洗禮儀式，我們可以說那已經不同於以往了——今天的人們在受洗時並沒有面對這樣的危險。拉文納（Ravenna）的東正教洗禮堂裡有許多馬賽克鑲嵌壁畫，其年代可以追溯到西元四世紀或五世紀初期，受洗在當時還是一個充滿奧祕

的儀式；各位如果去研究這些壁畫，會看到牆上描繪著四幅場景：其中兩幅描繪的是在約旦河中受洗的基督；第四幅則是在狂風暴雨的湖泊中溺水的聖彼得，一旁則是正在拯救他的救世主。[27]浸洗禮就是一場象徵性的溺斃。俄羅斯有某些教派為了要讓它感覺更加真實，會把人浸在水裡很久，甚至偶爾還會有人真的因此溺斃。新的生命、新的嬰孩就是從這場象徵性的死亡當中誕生的。入教者在浸洗之後經常會被餵食乳汁，就像崇拜阿提斯（Attis）的祕儀團體一樣，領完浸洗禮的人會連續八天被以乳汁餵食，彷彿他們是剛出生的嬰兒，他們隨後也會獲得一個新的名字。[28]

所以，臍輪當中的象徵意義是舉世共通的，也就是用水來為人施行洗禮，其中也包含被水溺死或被海怪吞噬的危險。當一個人在水底向前行，並在水中碰上了利維坦，那裡若沒有成為他的重生之地，便是他的葬身之地。而假如這個類比可以站得住腳，那麼接下來關於太陽神話的類比也可以說得通，因為整個浸洗重生的故事就是包含在太陽神話裡面。各位都知道，午後的太陽會變得越來越

---

27 榮格在《回憶・夢・省思》中針對這個經驗做過說明（以下詳見張老師版中譯本，頁358至360）。他在文中提到，他曾經拜託一位即將前往拉文納的好友替他代購那幅鑲嵌畫的紀念品，但那位好友卻發現榮格說的那幅壁畫根本就不存在。阿妮拉・賈菲（Aniela Jaffé）在附註中提到，榮格把這次經驗解釋為「無意識從他的思緒之中瞬間迸現的、有關啟蒙儀式原型的嶄新創造。在榮格看來，無意識之所以會這樣幻化出真實的最根本原因，是因為他的阿尼瑪把她自己投射到加拉・普拉希達皇后（Galla Placida）身上了。」榮格在《回憶・夢・省思》裡對這幅馬賽克鑲嵌畫的回憶，和本書提到的略有出入；丹・諾耶爾（Dan Noel）在其著作（Harvest: Journal for Jungian Studies 39 (1993); 159-63）裡討論了這些差異，讓讀者可以重新評估這整起事件，詳見該書〈試論榮格的拉文納幻象〉（A Viewpoint on Jung's Ravenna Vision）一文。
28 榮格曾於《轉化的象徵》針對阿提斯神話做過一番詮釋。《榮格全集》第五卷，段659-62。

老邁、衰弱，接著在海中溺斃，然後它會下降到西方的海洋之中，從水底穿行而過（夜海之旅，the night sea journey），並在早晨從東方升起，重獲新生。所以我們可以將第二脈輪稱為洗禮的脈輪，抑或是重生的脈輪／毀滅的脈輪——端看洗禮過後的結果是生還是死。

關於這個脈輪，我們還可以再多說一些。第二脈輪鮮豔的紅色是可以理解的。根輪的紅色比較暗沉，那是血的顏色，是晦暗激情的顏色。但臍輪的這種朱紅色（vermilion）包含了更多的亮光，而且如果我們願意假定第二脈輪真的和太陽有些關聯，這種朱紅就可以說是日升或日落時的陽光——也就是黃昏或黎明時分的陽光色澤，那是一種略帶水氣的紅。而在通過第二脈輪之後，我們就可以來熟悉如何顯化這份重生過後的生命，那是光輝的顯化、熱烈激昂的顯化，而那就是所謂的太陽輪（maṇipūra）。[29]但在我們開始談論這個脈輪之前，我們先把第二脈輪講完。在東方，他們真的認為這些脈輪是在上方，而不是位在人們的腳下。我們之所以把根輪放在上面，是因為它代表我們的意識世界；之所以把第二脈輪放在根輪底下，則是因為它代表我們的情感，因為我們西方人確實是從上往下發展的。東西兩方的情況恰好上下顛倒；我們西方人是從意識世界出發，所以我們可以說西方人的根輪並不是位在腹部的最下方，而是在上方、在頭部。這麼一來，各位就會發現一切都被上下顛倒了。

索耶爾女士：但在無意識裡面都是一樣的。

榮格博士：啊，這裡就碰觸到無意識的「殊途同歸」（*les extrêmes se ouchent*）之處了。所有事物在這裡都是既是且否，而根輪在這裡也是既在上方又在下方。在譚崔的脈輪系統裡面，還有一個脈輪也是這樣的情況，那就是眉心輪（*ājñā*）[30][④]這個位置最高的中心。眉心輪和根輪兩者的共同點、呼應點是什麼呢？這是非常重要的問題。

費茲女士：是夏克提和濕婆的合一。[31]

榮格博士：是的，在根輪之中，昆達里尼是以睡美人的狀態和林伽合為一體[32]，而上方的眉心輪之中也是同樣的情況，女神（*devī*）在這裡已經回歸男神身邊，兩者也再次合一。他們再次回到充滿創造力的狀態，但其形式已經和先前截然不同。因為他們曾在下方合一，所以他們在上方也能合一。因此，這兩個脈輪是可以相互替換的。

在我們試圖將這套系統納為己用的過程中，我們一定要很清楚自己的立足點是在哪裡，如此才有可能將這樣的東西吸收同化。

---

29 豪爾是這樣定義太陽輪的：「梵文 *maṃi* 是珍珠或寶石的意思，*pūra* 則是完滿或豐盛的意思，所以我們可以說太陽輪就是滿是珍珠的寶庫，或滿是寶石的寶庫」（引自 *HS*，68）。

30 豪爾把 *ājñā*（眉心輪）這個字定義為「督／視導／指揮／命令」(command)；意思是一個人明白自己該做什麼，而人必須要有知識（德語 *Erkenntnis*，英語 knowledge）才能行事……這若是用英語來說，就是 acknowledgement。這是一個人對自己應做之事的命令（command），是一個人對自己所做之事的承認（acknowledgement），就像在說某件事情是他的職責或責任」（引自 *HS*，69）。〔另見書末譯註。〕

31 豪爾曾如此描述眉心輪：「優尼和林伽在此是合一的，女性力量和男性力量也是合一的，它們並沒有分開」（引自 *HS*，90）。

32 豪爾曾如此描述根輪：「這裡再次出現優尼和林伽，而昆達里尼在這裡是沉睡的。這裡的優尼是紅色，林伽則是深棕色，這代表著最為滿盈的情慾生命。這裡的紅色和心輪裡的紅色是不一樣的；在心輪裡面的情慾力量是以一種比較崇高的形式存在，但在根輪這裡的情慾就真的是指紅塵俗世之中的那種情慾」（引自 *HS*，92）。

對我們來說，這套系統很顯然是整個顛倒過來的；我們不是向上進到無意識之中，我們都是往下走——自古以來，無意識對我們而言就是深淵冥府。古代的祕儀團體經常是在地底舉辦集會。人們可以在古代基督教教堂的祭壇底下發現建於地底的地下聖堂。密特拉教也有同樣的概念，他們稱之為 *spelaeum*（地穴、洞窟），祭祀密特拉神的祕密儀式就是在這樣的洞穴裡舉行。古代祕儀一向都有一個在地底建造的場所，或者真的是一個岩洞。崇拜阿提斯的團體就是在岩洞裡舉行祕儀。基督在伯利恆誕生時的那個岩洞，據說曾經就是一個 *spelaeum*。[33] 這就令我們想起，今日羅馬的聖彼得像佇立的地方，就是阿提斯祕儀團體過去舉行牛血浸禮（*taurobolia*）的場所。除此之外，阿提斯祕儀團體的高階祭司們會被冠上爸爸（Papas）的稱號，而今日的教宗——在當時還只是一個羅馬教區的主教——也同樣會被人稱為父親。阿提斯本身是一個死而復生的神，昭示著真實歷史的延續性。

鮑曼先生：豪爾博士曾經提到，人類有兩條通往無意識的路——一條往左，一條往右。其中一條路會讓人遇到怪獸，並被牠吃掉；另一條路則可以讓人從大海怪的背後繞過去偷襲牠。[34]

榮格博士：它們是印度修行體系裡的計策。面對這些材料時，我們假如可以掌握一個大概的輪廓並稍微將其消化吸收，就應該要心滿意足了。我已經解釋過為什麼無意識之於東方人是在上方，之於我們卻是在下方。所以我們就可以將整個系統反轉過來，彷彿我們是從根輪一路往下，彷彿根輪才是位置最高的脈輪中心。

我們當然可以像這樣把根輪擺到最頂端，不過就算這樣，我們還是可以說我們是在往上走。

索耶爾女士：我們在英語的幻象研討會上曾經討論過很多幻象，其中的第一個案例是先往下走，然後才往上。我不太明白您為何可以改變這個順序。

榮格博士：當你從根輪裡面出發時，你就是往下走的，因為根輪在當時已經是在最上面了。

索耶爾女士：可是根輪是在地底下呀。

榮格博士：不是的，根輪是屬土沒錯，但它並不一定是在地底下。這是措辭導致的誤解。我們是在大地的上面（on the earth），也是在地球的裡面（in the earth）。那位女病人的畫作雖然剛好身在地底、被樹根糾纏，但她其實只是被她的個人生活纏住，所以才用被地下樹根糾纏的意象來呈現自己被生活責任、家庭關係之類事務纏身的狀態。對她而言，接受心理分析當然是由下往上走。基督教的洗禮儀式雖然是把人往下浸到水裡，但這和儀式本身會使人往上提升並不衝突。基督畢竟不是往上爬進約旦河裡的。

克勞利女士：您不認為東方對於無意識的概念和我們有所不同嗎？兩者畢竟是不同種類的無意識。

---

33 1937年，榮格在〈左西摩斯的幻象〉（Visions of Zosimos）這篇文章中寫道：「阿提斯和基督擁有許多雷同之處。根據傳統說法，伯利恆的基督誕生之地過去曾經是一座阿提斯神殿。近期出土的考古發現證實了這項說法。」見《榮格全集》第十三卷，段92，註6。

34 參見本書附錄三，註釋5。

榮格博士：是的，他們對無意識的概念是截然不同的，但是在此討論東方人的無意識概念到底是什麼模樣其實並沒有意義，因為我們並不知道。

克勞利女士：但您可以藉由閱讀梵文典籍——比如吠陀典籍——來得知東方人的無意識概念究竟是什麼樣子吧。

榮格博士：我確實閱讀過許多文本，但其中沒有清楚的線索。我唯一知道的是，他們看待事物的方式和我們非常不一樣。舉個例子：我曾經和一位印度的專家針對曼陀羅、脈輪有過幾次書信往返。他告訴我，它們都和醫學有關，只有解剖學上的意義，並沒有什麼哲學上的意義。這類的觀念完全不曾進到他眼中的世界。他是一個曾經讀過各種梵文典籍的人。我和他私底下並不認識，只知道他是一名大學教授，在孟加拉的達卡（Dacca）教書。

克勞利女士：和我們一樣，東方也有各式各樣的人。

榮格博士：那是當然——他們也有許多各自不同的觀點，而整體來說，東方對於這些事物的觀點和我們是非常不一樣的。他們並不知道什麼是無意識，對於我們所謂的意識也完全不瞭解。他們眼中所見的世界和我們完全不同，因此，我們充其量只能盡可能地試著用我們自己的語言來理解他們對世界的看法。正因如此，我才會嘗試從心理學的觀點切入。我很抱歉讓各位聽得一頭霧水，但是你們如果想要直接照著字面去理解這些內容，你們肯定會更加困惑。（奉勸各位最好不要。）假如你直接用那些東方術語來思考，你就是以西方人的頭腦和心智來建造一套看似印度、實則不然的系

統，但此舉萬萬不可——你只會讓自己深受毒害。所以說，如果我們真的想要理解東方——而我想這是我們不得不做的事，因為我們和東方有著相似的無意識結構——我們就必須以西方自己的語言加以詮釋。根輪就是這裡，就是現世，就是凡俗的日常生活，就是神明沉睡之地；這是我們必須清楚體認，或至少要放在心上的事。接著你就會進到無意識裡面，或者套句左西摩斯說過的老話——你是進到調酒爵（*krater*）[35]裡面——而那意味著你已來到一個比過去更高的狀態，因為你在那裡觸及了另一種樣貌的活法。而你唯有靠著已經被喚醒的昆達里尼才能去到那裡。[36]

接著我們就得談談昆達里尼了——談談她究竟是什麼，以及她到底要怎樣才能被喚醒。[37]各位還記得，豪爾博士之前說過是某些來自上方的騷動讓昆達里尼醒了過來，他還說人們若要喚醒她，就必須擁有一份淨化過的精神，或淨化過的**覺性**（*buddhi*）。[38]也就是說，你只有在喚醒這條蛇之後才有可能進到第二脈輪；而你必須

---

35 榮格曾在〈左西摩斯的幻象〉一文提到調酒爵。「調酒爵顯然是一種用來進行奧妙工序的容器，它是一種浸禮池或浴盆，人們會在這種容器當中受浸，從而轉化為一個屬靈的生命。」參見《榮格全集》第十三卷，段97。

36 榮格曾在一篇名為 "Die Beschreibung der beiden Centren Shat-chakra Nirupana" 的德文手稿裡寫道：「在根輪中，昆達里尼是沉睡的。這股潛伏的活動力會顯現在外界。藉此，人就會被綁縛在表象的世界上，並且相信他的自我和自性是沒有區別的。昆達里尼是被封印的意識，而它醒來之後就會回頭去找它的主人。它是和個體意識相對的『世界意識』（world-consciousness）」（摘自該手稿第2頁，由本書編者英譯，中譯從之）。

37 豪爾對昆達里尼的定義如下：「這裡所說的昆達里尼和男人的情慾力量完全無關，它是女性力量的某種形式，它是絕對純粹的知曉；在女性力量之中存在著一股知曉的力量、一股動能，它和情慾毫無關係，而它必須得到解放，並和男性力量發展到極致之後的知曉動能合而為一」（引自 *HS*，97）。

要有正確的心態，才有可能喚醒這條蛇。若用心理學的語言來表達，這段話的意思就是：我們靠近無意識的唯一途徑就是帶著一顆純淨的心、一份正確的態度前進，途中還得倚靠昆達里尼這份來自上天的恩典。在你裡面有某種東西，某種你內在的渴望／敦促感，它必定會引領你靠近無意識。假如缺少這股內在的動力，那就只是虛情假意罷了。因此，你的內在必定會有一道指路的火光，必定會有某個說不上來的東西在刺激著你，逼得你不得不穿越水域前往下一個脈輪。而那就是令人難以言喻的昆達里尼，它可能會以恐懼、焦慮的樣貌現身，也可能會是一股生氣蓬勃的興致；無論如何，它都是一種凌駕在你意志之上的東西。要不是這樣，你就不會涉水前行了。你會在遭遇到第一個關卡的時候就掉頭離開，你會在看到利維坦的那瞬間逃之夭夭。然而，如果是那道指路的火光、那份渴望／敦促感、那份渴求掐著你的脖子，你就沒辦法轉身逃跑了，你勢必要面對挑戰。

接下來我想給各位看的案例，出自於一本著名的中世紀作品《尋愛綺夢》（*Hypnerotomachia* 或 *Le Songe de Poliphile*）[39]，我之前也有引用過這本書。這本書寫於十五世紀，作者是一位出生於知名羅馬家族的基督教僧侶。我們可以說他走進了無意識之中。《尋愛綺夢》的開場和但丁《神曲‧地獄篇》（*Inferno*）很像，只不過是用截然不同的用語來表達。作者描述自己在黑森林裡旅行時迷失了方向。對於當時的人們來說（尤其是義大利人），黑森林仍舊是他們的世界盡頭，是有獨角獸棲居其中的未知之境，它就像現代人眼中

的非洲中部雨林一樣陌生而蠻荒。他在那片黑森林裡迷路時，有一隻狼出現在他面前。起初他是害怕的，但是後來他卻跟著那隻狼走到一處山泉，並喝下那裡的泉水——這是領受洗禮的暗喻。然後他來到一座古羅馬城鎮的廢墟，在穿過城門之後，他看見許多雕像和有著特殊象徵含意的銘文，他以心理學的觀點而言，他引用的這些銘文是書中最有趣的部分。接著他突然害怕了起來；一切突然變得很不對勁。他想要再次穿越城門往回走，但當他一轉過身，卻發現有一頭龍獸（dragon）坐在身後，阻擋了他回去的路；這下他無路可退，只能往前了。這頭龍獸就是昆達里尼。各位可以看到，用心理學的語言來說，昆達里尼就是迫使你踏上最偉大冒險的那個事物。我會說「噢，真該死，我到底為什麼要做這樣的嘗試啊？」但如果我回頭了，這場冒險就會從我的生命之中徹底消失，從此我就只剩一個滋味盡失的空洞人生。正是這樣的追尋讓生命顯得鮮活有味，而這就是昆達里尼；這就是那股神聖的渴望／敦促感。舉例來說，中世紀的騎士之所以要像海克力士那樣完成偉大的勞役、達致非凡的功業，之所以要大戰惡龍、解救處女，全都是為了他的夫人

---

38 豪爾對 buddhi〔中譯註：中文音譯為「菩提」，意近「覺性」、「智性」〕的定義如下：「覺（buddhi）是由純粹的悅性（sattva）所組成，而悅性即是構成世界的基礎元素之中輕盈光亮的那部分；覺是認知／智性活動以及洞見的基礎」（引自 HS，96）。伊利亞德表示，buddhi 是數論派瑜伽來講述智性（intellect）的用語。參見 Mircea Eliade, Yoga: Immortality and Freedom, translate by Willard R. Trask（Bollingen Series LVI; reprint, London, 1989), 18。

39 琳達‧費茲曾經引用、詮釋過《尋愛綺夢》這部作品，並由 Mary Hottinger 英譯（Bollingen Series XXV; reprint, Dallas, 1987）。榮格還為這幾篇文章寫了一篇前言，一併收錄在《榮格全集》第十八卷中。參見該書，段 1749-52。〔中譯註：琳達‧費茲是本書德文版編者之一，亦是本次研討會成員。〕

（Lady）──她就是昆達里尼。此外，當利奧（Leo）和霍利（Holly）前往非洲尋找永生女王（She）[40]，並被她推上最不可思議的冒險旅途時，那也是昆達里尼[⑤]。

克勞利女士：阿尼瑪？

榮格博士：沒錯，阿尼瑪就是昆達里尼。[41]這就是為什麼儘管印度人把第二脈輪裡的新月詮釋為男性的象徵，但我卻堅持認定它是女性的象徵；因為水是重生的子宮，水是浸禮的容器。月亮是一個女性象徵，這是理所當然的；此外，我家還有一幅來自西藏的畫像，那幅畫把濕婆描繪成女身樣貌，在亂葬崗的屍體之上手舞足蹈。總歸而言，月亮向來都被認為是亡者靈魂的容器與歸處。亡者的靈魂會在死後遷徙到月亮上，月亮再把祂們生產到太陽之中。她原本是被亡魂充滿的──也就是懷孕的滿月──然後她會把亡魂生出來、交給太陽，讓祂們在太陽那裡獲得新的生命。（這是一個摩尼教的神話。）所以月亮就是一個重生的象徵。而且月亮並不是位在第二脈輪的上半部，而是在下面；它像是一個杯子，靈魂們要獻給上方的太陽輪和心輪的供品就在杯中流轉著。也就是說，太陽的神話在這裡再次出現了。

40 引自萊德・哈葛德（Rider Haggard）的《她》（*She*, London, 1887），榮格對該書的討論參見 *Analytical Psychology*, 136-44。

41 榮格之所以會有這番將昆達里尼視為阿尼瑪的詮釋，可能有一部分是受到《靈蛇之力》的 影響，書中有一段描述昆達里尼的段落：「她……正是人們口中所謂的「內在女人」（Inner Woman），『外面的女人對我而言還有什麼用處呢？我自己裡面就有一個內在女人了』」 （1st ed., 272）。在該書的翻印本上，榮格在這幾句話底下重重劃線；榮格也把這整段話 引用到關於《人身六脈輪詮解探微》的德文手稿中；此外他還有一篇名為〈阿瓦隆 蛇〉 （Avalon Serpent）的手稿，當中再次引用了這段話的最後一句：「我自己裡面就有一個內 在女人」。在 1950 年的〈關於曼陀羅象徵〉一文中，當榮格談到一位年輕女子畫的曼陀 羅，畫中出現一條盤蜷著的蛇，他如此評述這條蛇：「牠正在試圖去到外面：這是昆達里 尼正在甦醒，代表這位病人那屬於地下與陰暗世界的本性漸漸活了過來……在實務上， 這就表示一個人開始能意識到自己的本能本性。」《榮格全集》第九卷，第一部分，段 667。

第*2*講

1932年10月19日

榮格博士：今天我們要繼續深入探討脈輪。各位應該還記得我上次跟大家預告過，這次會為各位分析根輪的象徵屬性。各位可能已經注意到，我們在分析這些象徵時，基本上就是遵照解夢的方法：我們會先綜觀所有象徵，然後試圖看出它們整體而言顯示出什麼樣的意義。透過這樣的方式，我們得出了這樣的結論：根輪就是我們個人在這現實世界的意識經驗的象徵。

請容我針對這個論點再多說幾句：屬土／大地的符號是根輪的一大特徵；根輪中央的四方形就是大地，那頭大象則代表著承載負重的力量、生理上的能量或者力比多。而其梵文 *mulādhāra* 字面的意思就是「根部的支持」，同樣說明這個脈輪即是我們自身肉體性、物質性生命存在於世的落地之處、扎根之處。居住在根輪裡的諸神都處在沉睡狀態，這是它另一個非常重要的屬性：這時的**林伽**還只是一個胚芽，而昆達里尼這位睡美人雖然蘊藏著一整個世界的可能性，不過一切都尚未實現。所以照這個情況來看，人類似乎是

其中唯一積極能動的力量；反觀脈輪內部的諸神，或說是其中非屬個人、不具自我的各種力量，則完全發揮不了作用——它們實際上什麼事都沒做。而這恰恰就是我們現代歐洲人的意識狀態。此外，根輪還有另一個沒有在繪畫象徵上顯現出來的屬性，但我們可以從印度人的評述當中得知——這個脈輪可說是位在骨盆腔內部，這就讓整件事頓時有了截然不同的意義，因為這麼說來，根輪就成了一個位於我們身體裡面的東西，於是我們便可以由此得出一個先前沒有的結論：根輪就是我們的意識世界。在印度人的評述之中，意識世界居然是被放在軀幹內部，這在我們看來是一件相當令人詫異的事。

針對這番評述，我們完全可以用看待一位病患對於夢境或幻象的聯想的方式來理解它，而當這位患者有了某個想法，他對它的聯想可能會是：他的肚子裡有個東西。現在問題來了，為什麼他會這樣說呢？此刻我們存在於肉體之中，存在於這個三維的時空之中，而我們的存在說不定真的和這個聯想裡的象徵有著某種關聯。說不定，「腹部」的隱喻其實可以用來表達人類存在的某種處境——彷彿人類是身在一個肚子裡面。而「人類身在一個肚子裡」這種隱喻最有可能的詮釋是：在人類存在或發展階段的最初，我們都曾經待在母親的肚子裡。從這觀點來看，這個象徵所蘊含的概念便昭然若揭：我們的存在本身以及這個世界本身有如一個子宮，而我們不過是這個子宮裡的某個開端、某個起點，就連胚胎都算不上；我們只是一批有待萌芽發育的種子，就像子宮裡的卵子一樣。

當然了，這個隱喻只是用來說明印度人是如何看待我們身處的世界——對印度人來說，他們也許只把自己的意識世界視為一座育苗場罷了。

這些內容其實已經一腳踏入哲學的範疇了。誠如各位所見，這套看法可以和基督教哲學相提並論，兩者都認為個人於此現世的存在只是暫時的。這個狀態、這個世界並非我們應該久留之處；我們只不過是暫時被播撒到這個地球／這片大地上（planted on this earth），目的是要讓我們在這裡日漸茁壯、越變越好，而我們將會在死亡之後化為天使。在伊斯蘭世界裡也有和這非常相似的觀念。還記得我曾經在開羅的某座哈里發陵寢裡和一位阿拉伯人聊天。那座陵墓的建築風格非常精緻華麗，堪稱美輪美奐。他注意到我對此十分讚嘆，於是對我說：

> 你們這些歐洲人真的很有意思。讚嘆這座建築是*我們*才會做的事，因為這是我們的信仰。你們信仰的是鈔票、汽車和鐵路。可是究竟何者比較有智慧呢？是蓋一棟撐不了多久的房子，還是蓋一棟天長地久的房子？假如你知道自己只會在一個地方待上短短幾年，之後你就會搬到另一個地方長住五十年，那麼，你會為了這短短幾年打造家園，還是為了那五十年呢？

我很肯定地回答他「為了那五十年」。然後他說：「這就是我們在做的事——為我們死後的永恆打造家園，因為那裡才是我們

會長居久留的地方。」[1]很多人都有這樣的觀念，無論是印度教徒、基督徒還是穆斯林。根據他們的看法，根輪只是一個暫時的過渡，而萬事萬物都是起始於這片萌芽的園地。這顯然跟現代人所相信的恰恰相反。我們成天翻閱報紙，關心世界的政治與經濟，我們深信這就是再真實不過的真實，彷彿世間的一切都取決於我們如何應付貨幣機制和整體經濟局勢之類的東西。我們都為此相當瘋狂，彷彿關注這些東西乃是天經地義之事。但這世上還有數不清的人抱持著和我們截然不同的世界觀，世界之於他們與我們的意義根本不可同日而語，而且像我們這樣的人其實只佔少數。我們這種人在他們眼中才是真的荒唐可笑，因為我們都活在一個自己幻想出來的世界裡。這麼說來，這套瑜伽哲學的觀點其實才是哲學世界、宗教世界普遍抱持的態度。其實把根輪視為一個短暫無常的現象，是個相當普遍的觀點。

　　諸如此類的哲學探討和我們的目標沒有太大關聯，可以姑且擱置不談。這話題的確很有趣，但不應該讓它耽誤我們研討會的進行。因為我們必須理所當然地認為：眼前這個世界就是事物真實發生的世界，它就是唯一的世界，而且此界之外也許別無其他世界——畢竟沒有任何經驗可以向我們證明他界的存在。這個近在眼前的現實世界與我們切身相關，它才是我們應該關心的世界；而且我們也不得不說，即便世上真有其他永恆的事物秩序，那些能夠為其代言的神明也都在呼呼大睡。他們毫無用處，他們毫無意義。雖

1榮格曾於1926年旅行至開羅，他對這趟旅程的回顧收錄於《回憶‧夢‧省思》第九章的北非遊記，但該書並未提及這則軼事。

然如此，我們還是可以同意：位在這個意識場域正中央的是一批不知名的胚芽（germs of something），它們代表著另一種截然不同的意識，可是這些胚芽目前還沒有被活化。所以如果放到心理學的層次來看的話，顯然，即便是在我們自以為清楚明瞭、不證自明、平凡無奇、「不過如此」（"nothing but"）的意識裡面——即便是在這樣的意識場域裡面，都有一道不知名的火光，指向生命的另一種概念。

　　放眼世界，全球各地的人類其實都有類似的觀念，前面所說的只不過是這種普世風行之觀念的其中一種陳述方式而已；這套近乎人類共識的觀念認為，在我們尋常意識裡面的某個地方存在著某種東西。這個東西可能是沉睡的神明，也可能是一顆胚芽，是它讓我們和古往今來的所有人類能夠從一個截然不同的角度看待這個由根輪所代表的世界；這種不同的觀看角度甚至讓人們可以把根輪擺放到人體軀幹的最底部，也就是事物起源之處——意思是，在大宇宙那浩瀚無垠的軀體之中，這個世界是坐落在其中的最低處、起源之處。也就是說，我們之所以能在宇宙漫長的歷史與演化進程當中佔據最顯耀的位置，正因為我們確實是一座用來育苗的園圃，而一切宏偉而重要的事物都高懸在這座苗圃之上，未來、未竟——正如我們在腹部低處感受到的那些無意識內容，它們會緩緩升起，來到表面，從而成為意識。說到這裡，我們便可以確信：這正是我們所要追求的，千真萬確、真實不虛。只要無意識內容還停留在身體低處，停留在肚子裡面，它就會對我們的心理功能造成干擾。它

原本只是一顆小小的胚芽，但現在它已經是一個胚胎，而當它觸及意識之後，就會漸漸以一株茂盛大樹的模樣被人看見。

各位如果用這樣的觀點來看待根輪的象徵，就會從喚醒昆達里尼這件事上充分理解瑜伽修行的宗旨。喚醒昆達里尼的用意就是要把神明從這個現世分離開來，並讓他們變得積極能動；如此一來，便能為事物開啟一套嶄新秩序。這個現世在神明的眼中比兒戲還不如；它只是土地裡的一顆種子，只是一份隱而未現的可能性。我們的整個意識世界只不過是一顆未來的種子。一旦你成功喚醒了昆達里尼，她就會開始脫離那區區的可能性，而你也必然可以開創出一個嶄新的世界，一個和現世完全不同的永恆世界。

說到這裡，相信各位便能明白我為何要針對這個主題說這麼多。

在之前的研討會上我們討論過一系列的幻象，各位應該還記得我總是再三強調那些幻象並非個案，而是一種非個人的普遍經驗；也曾向各位解釋過我為何總是盡量避談那位案主的個人資料，因為重點在於她的幻象本身，她的個人背景其實並不重要。她那一系列的幻象可以是任何人的幻象，因為它們都屬於非個人層次，它們呼應的是昆達里尼的世界，而不是根輪的世界。它們表達的其實是昆達里尼的發展歷程，而不是某位張三李四的歷程。話說回來，一個高明的分析師當然還是可以從這些素材裡面，分析出這位案主人生中的一連串事件，但那僅僅是從根輪的視角來看——換句話說，那只是運用我們的理性視角將這個世界看成絕對真實的世界。

可是如果站在昆達里尼瑜伽的立場來看，這樣的視角其實一點意思都沒有，因為現世只是因緣聚合的偶然罷了[2]，若從另一個視角來看，根輪其實就是一個虛幻的世界——這就好比從根輪心理學或我們現世的理性觀點來看，神明的世界、非個人經驗的世界也都像是一場幻覺一樣。

我之所以堅持這樣詮釋根輪的象徵，是因為這能讓各位充分地理解非個人經驗的意義為何，而人類心理中的二元性（duality）甚至是兩面性（duplicity）的意義也能因此變得格外清晰。這兩個面向在人類心理之中彼此交錯，構成一個令人困惑的矛盾。從個人的面向來看，屬於個人的事物才是唯一具有意義的東西；但從心理學的另一個面向來看，它們卻毫無意義、毫無價值，既無用又虛幻。正因為有這兩個面向的存在，人類才能具有基本的不一致，具有從另一種視角觀看的可能，於是才能批判、判斷、認識、理解。因為當你只能從單一視角觀看某個東西的時候，你和它就是完全一致的——你無法比較它，你無法區辨它，你無法認識它。你如果想要瞭解它，就一定要有一個位在它外面的觀點。所以那些天生喜歡問問題、擅於找出許多事物的不一致之處的人，正是能夠產生最偉大見解的人，因為這份喜歡發問的天性使得他們可以從其他角度觀看事物，也讓他們可以藉由比較來判斷事物。假如缺乏一個位在世界之外的立足點，我們就不可能對這世界做出判斷，而宗教經驗的象徵給予我們的正是這樣的立足點。

話說回來，假如現在的瑜伽士或西方人成功喚醒昆達里尼，

從而開啟的也絕非一個個人性的發展歷程，那必然是一個非個人的發展歷程，它能夠對個人狀態造成影響，這是經常發生也相當有利的情況，但並不必然如此。昆達里尼被喚醒之後會出現許多非個人經驗，而你不應該對這些經驗產生認同，否則你很快就會嚐到可怕的後果——你會變得膨脹，你會把一切搞砸。這是經驗無意識時最艱難的挑戰——人會對無意識產生認同，然後變成一個傻瓜。你絕對不能對無意識產生認同；你一定要讓自己保持在外、保持抽離，還要客觀地觀察所發生的一切。但是你隨後就會發現：在那非個人、非人類的秩序之中發生的所有事情都帶有非常棘手的特質，若不是它們緊抓著我們不放，就是我們會緊抓著它們不放。當昆達里尼向上爬升的時候也是這樣，它會拉著我們一起往上，彷彿我們是它運動的一部分；這在昆達里尼剛剛甦醒時尤其明顯。

我們**確實是**其中的一部分，因為我們裡面都包含著諸神；祂們是位於我們內在的胚芽，是位於根輪之中的胚芽，而當祂們開始移動，就會帶來一股地震般的效應，那會自然而然地撼動我們，甚至把我們的家園震垮。當那股震盪來臨時，我們會被它帶著走，並且會理所當然地認為我們正在向上移動。不過，一個人是憑著自己向上起飛，還是被一陣震波或巨風抬舉向上，這兩者當然是截然不同的情況。因為飛翔是一個人自主的行動，而且他還可以安然

---

2 幻象研討會於 1932 年 11 月 2 日接續舉辦，榮格於當天重申此番言論：「各位知道我必須盡可能避免談論到我們病患的個人生活，因為那條路是行不通的；一旦你開始把她看作是一個個人、個案，你就會漸漸迷失方向。這些幻象不能用個人性的方式來理解，因為如此一來，它們就會頓失意義，淪為單一個人主觀的愚思妄想了」The Visions Seminar, vol. 7, 7。從心理學角度為昆達里尼瑜伽所做的補述，顯然是為了要在教學上更能直指核心。

無恙的再次降落；但當一個人是被帶著向上，那就並非個人所能掌控，而且還會在被抬上去一陣子之後以一種最淒慘的方式被拋下來——那完全就是一場災難。所以各位可以看到，我們應該將它們視為超出人類範疇的經驗來處理，而不是對其產生認同，這樣才是比較明智的做法。這不僅是最安全的做法，也是絕對必要的做法。否則你會陷入一種膨脹狀態，而膨脹就是一種精神失常，只是形式比較輕微，聽起來也比較沒那麼嚴重而已。而你如果繼續膨脹到極限甚至炸裂，那就成了思覺失調症。

　　當然，對我們來說，這種非個人之心靈經驗的觀念是相當陌生怪異的，要接受這樣的觀念也確實非常困難，因為我們都深深被灌輸了「我們的無意識是屬於我們自己的」這樣的想法——我的無意識、他的無意識、她的無意識——而我們的成見是如此地根深蒂固，幾乎難以撼動。即便我們不得不承認確實有一種非我經驗存在，我們也得花一段時間才能明白那究竟是什麼。這就是為什麼這些經驗會是不為人知的祕密；它們之所以會被稱為怪力亂神（mystical），正是因為一般人的世界無法理解這些東西，而人們會將自己無法理解的東西稱為怪力亂神，好讓一切眼不見為淨。可是重點在於：人們稱為怪力亂神的事物本身都不會是什麼明白易懂的東西。因此瑜伽之道、瑜伽哲學之所以一直都是祕密，倒不是因為人們一直刻意祕而不宣的關係。因為當你需要「保守」一個祕密的時候，它就已經成了一個公開的祕密；你知道它、瞭解它，其他人也知道它、瞭解它，那麼祕密就不再是祕密了。無人能理解的祕密

才是真正的祕密。人們對於真正的祕密甚至根本無話可說，而昆達里尼瑜伽就是一種這樣的經驗。當這類型的經驗發生在一個人身上時，人會自然地傾向把它當成祕密收藏起來、閉口不談，因為一旦和別人談論這些經驗，就會讓自己暴露在遭人誤會、曲解的巨大風險之中。就算發生在你身上的經驗恰好和早已記載在教義裡的形式相符，只要那份經驗最初的印象依然生動鮮活、栩栩如生，你心裡就會一直覺得自己最好繼續把它隱藏起來。你會感覺到這些經驗與旁人格格不入，感覺到它們可能會對這個根輪世界所深信不疑的事物帶來最具毀滅性的影響。

因為根輪世界深信不疑的事物絕對是不可或缺的。至關重要的是：你要保持理性，你要相信我們這個世界是真實不虛地存在著，你要相信當今的世界是有史以來最好、最棒、最理想的模樣。你必須如此認定並且深信不疑。否則你就會和根輪斷了聯繫——你會永遠在這世上失根，你甚至根本不會出生。世上有許多人其實都還沒出生。他們看似都活在這裡、行走如儀——然而事實上他們還沒出生，因為他們都身在一片玻璃牆之後，他們還在子宮裡頭。他們只是暫時從上界普羅若麻（pleroma）獲得假釋來到這裡，很快就會再回去他們原來的地方。他們並沒有和這世界建立連結；他們是懸浮在半空中；他們神經質地過著一種暫時性的人生（provisional life）。這些人會說：「現在的我活在一種這樣或那樣的處境裡。要是我的父母可以照我的心意做這做那，我就留下。然而他們要是做出一些讓我不喜歡的事，我就馬上去死。」各位看出來

了嗎，這就是所謂暫時性的人生，一種有條件的人生，這種人的生命依然長著一條粗如船纜的臍帶，依然和普羅若麻、和輝煌光燦的原型世界連結在一起。此刻對這人最重要的是他應該要出生，他應該要來到這世上——否則他就無法領悟自性為何，也錯失了這世界的意義。那時他就必然會被拋回熔爐之中，重新出生一次。

關於這點，印度教徒有個非常耐人尋味的理論。形上學並不是我的專長，但我必須承認形上學裡包含大量的哲學。各位都知道，入世（be in this world）對人來說非常重要，唯有入世，一個人才能真正實現他的究竟圓滿，讓生命本具的胚芽徹底茁壯、開花結果。若不入世，人就永遠無法啟動昆達里尼，永遠無法出離解脫。你只會被拋擲回去，不會發生任何改變；這趟人生就是一個毫無價值可言的經驗。你必須相信這個世界、必須根植於世，哪怕你不得不去相信最最荒誕可笑的事情，你也要盡己所能地去做——比方說，你要去相信這是一個無比重要而且真實不虛的世界，無論這紙條約到底值不值得相信，你都得對它深信不疑。或許它是無稽之談，但你就是必須相信它，必須把它當成一種近乎宗教的信條，而這僅僅是為了在這紙條約上頭留下你的簽名，以此留下你曾經存在於世的痕跡。因為你應該要在這世上留下一些痕跡，宣告你曾經來過這裡，宣告此處曾經有過風風雨雨。如果你從來沒有留下這樣的痕跡，你就不曾領略過你自己；那顆生命的胚芽就彷彿是落在一層厚厚的空氣上頭，被風懸在半空。它永遠碰觸不到土地，所以也永遠無法長成一株植物。但你如果碰觸到你棲居其中的現實，並在其

中待個幾十年光陰，從而留下了你的痕跡，那就可以開啟非個人的歷程。各位都知道新芽必須破土而出，而那道非個人的火光假如從來都沒有被種進土裡，它就不會長出任何東西；裡面永遠不會出現**林伽**或是昆達里尼，因為你還一直停留在創世之前的無限之中。

現在，假如你像我說的那樣成功活出了你的完滿狀態，這時新芽就會破土而出；換言之，從這個世界——這個被印度人視為虛妄的瑪雅世界——出離解脫的可能性就此萌芽了，這可以說是一種去人格化歷程（depersonalization）。因為在根輪的層次，我們都是混為一體的。我們都被糾纏在樹根裡，而我們自己就是那些樹根。樹根由我們而生，糾纏因我們而起，我們深植塵土之中，我們別無他處可去，因為我們在生，即是在世。有人認為我們可以讓自身得到昇華，徹底擺脫物質性，化為純然精神性的存在——這樣的觀念只是一種膨脹。很遺憾，這只是絕無可能的無稽之談。因此我們必須發想一套新的對策，於是我們才會使用非個人（impersonal）這個字眼。未來我們也許會再想出其他術語來描述同一件事。

誠如各位所知，印度人並不會用「個人／非個人」、「主觀／客觀」、「自我／無自我」這樣的說法。他們會用**覺性**（*buddhi*）〔音譯**菩提**〕或昆達里尼來描述，前者是在描述個人的意識狀態，後者則是另一回事；但是他們無論如何都不會對這兩者產生認同從而混淆為一。他們永遠不會出現「我本人就是昆達里尼」這樣的想法。恰恰相反，正是因為印度人對於人類和神明之間的天差地遠有

著深刻且充分的認識，所以他們才能經驗到神聖。反觀我們的神明，與其說祂們只是意識上的抽象概念，倒不如說祂們比較像是存在我們體內的胚芽或功能。當我們內在的神聖事物發揮功能時，就跟胃部、結腸或膀胱裡的神經叢沒什麼兩樣，它們彷彿只是來自地下世界的擾動。我們的神明都陷入昏睡，只會在大地的深處／地母的臟腑之中（in the bowel of the earth）翻攪而已。[3]因為在意識上，我們對於上帝的觀念既抽象又遙遠，以至於西方人幾乎不敢談論到神。神已經成了一個禁忌，或說祂已成了一枚磨損到難以兌換流通的錢幣。

話說回來，在瑜伽的脈輪系統當中，昆達里尼象徵著非個人生命的發展歷程。因此，它同時也是一套啟蒙象徵、一套創世神話。接下來我想跟各位分享一個例子。這是一則普韋布洛族的神話，其中提到人類起初是發源自大地深處的一座漆黑洞窟。後來人們找到一根很長的木棍，長度足以搆到洞窟頂端的開口處，木棍上還長了許多狀似階梯的樹瘤，於是人類就踩著這根棍子向上攀爬，於是來到上層洞窟的地板；但第二個洞窟依然是漆黑一片。然後又過了一段漫長的歲月，人們再次用那根木棍搆到洞頂，再次往上爬，就這樣來到了第三層洞窟。然後人們又再次經過了漫長的歲月，再次用木棍往上爬，就這樣來到了第四層洞窟；這個洞窟裡面雖然有光，但那只是一道稀微晦暗的光。從這個洞窟頂端的開口出去以後就是大地的表面，而這是人類第一次抵達地表；但那裡依舊是一片漆黑。後來人們終於學會如何製造出一道明亮的光，而太陽

和月亮就是用那道光芒打造出來的。

各位可以看到，這則神話用非常美麗的方式描述了意識的出現，描述意識是如何一層一層地向上升起。那一層層的洞窟就是脈輪，是意識自然生長的各個嶄新世界，每個世界都比前一個更高。而這就是所有啟蒙祕儀團體共有的象徵：先是從根輪之中醒來，然後進入水中，在浸禮池中面對危險的海獸，面對那股大海般的吞噬性。

接下來，如果你能順利穿越危險，就會抵達下一個脈輪中心：太陽輪（manipūra），梵文字面上的意思是「珠寶滿盈」。這是一個屬火的中心，是太陽真正升起的地方。現在太陽已經出現了；人在領受浸禮之後迎來了第一道曙光。這和阿普列烏斯（Apuleius）筆下記載的伊西斯（Isis）祕儀團體中的啟蒙儀式非常相似，受啟蒙者會在儀式的尾聲被拱上祭壇，並被教眾當作太陽神赫利歐斯（Helios）一般地頂禮崇拜；神格化（deification）總是會緊接在浸洗儀式之後。[4] 受洗後的你宛如新生、脫胎換骨，也得到了一個截然不同的名字。

天主教的聖洗聖事非常美妙地表達了這個過程。嬰孩會被神父捧在手中，其他教士則會帶著點燃的蠟燭緩步上前，對著孩子

---

3 榮格在1929年的〈評述《黃金之花的祕密》〉一文中寫到：「諸神已然變成疾病；宙斯不再統管奧林帕斯群山，而是成了太陽神經叢的主宰者，並為醫生們的診療室生產出各種稀奇古怪的標本」（《榮格全集》第十三卷，段54）。關於這段經常被人引用的話的重新審視，參見 Wolfgang Giegerich, "Killings," *Spring: A Journal of Archetype and Culture* 54 (1993): 9-18。

4 Lucius Apuleius, *The Golden Ass*, translated by Robert Graves (London, 1959), 286.

說：「我將這永恆之光授予你」(*Dono tibi lucem eternam.*)——這句話的意思就是「此刻我把和太陽及聖神的關聯授予你」。你領受了永垂不朽的靈魂，而那是從前的你不曾擁有過的東西，於是從此以後你就是一個「新生的人」(a "twice-born")了。當耶穌在約旦河領洗時，他便領受了自己的使命以及上帝的聖靈。領洗後的耶穌已然成了基督，因為基督(Christus)字面上的意思就是受膏者(the anointed one)。基督也是一個「新生的人」。此刻的他已經不再是那個名叫耶穌的木匠之子，亦不再是一介凡夫了。此刻的他是基督，是受膏者，他的人格並不屬於單獨的個人，或者說那是一個象徵性的人格；他再也不是一個可以被歸屬於某某家族的販夫走卒。他屬於這整個世界，而這點隨著基督的生平故事日漸明顯：「屬於世界的基督」這個新的角色，遠比「約瑟和馬利亞之子耶穌」這個過去的身分更為重要。

所以說，一個人就是從太陽輪這個脈輪開始辨識出神性。從這裡開始，人們逐漸成為神聖本質的一部分，逐漸擁有一份永垂不朽的靈魂。此刻的你已然成為神聖與永恆的一部分，不再置身於線性的時間與三維的空間之中；此刻的你是隸屬在一個四維的萬物秩序之下，時間在此延伸擴展，空間在此蕩然無存——此處沒有時空，只有無垠無盡的永恆。

這個年代久遠的象徵遍及世界各地，並非只能在基督宗教的洗禮和伊西斯祕儀的啟蒙儀式裡看見。例如在古埃及的宗教性象徵裡，死去的法老會前往地下世界，然後登上一艘太陽船。各位可

以看到：人若要觸及神聖，就必須逃離生而為人、存於現世的虛妄與徒勞，逃進一個不會朽敗的存在形式之中，從而實現生命的永恆。法老會登上那艘太陽船，徹夜旅行，戰勝蛇怪，最後隨著拉神（Ra）一同升起，永永遠遠地凌駕於天空之上。這個觀念在隨後的數百年間得到擴充，後來就連法老的親信貴族也可以順利登上拉神的船。所以，法老的陵墓裡面之所以可以發現許多木乃伊被埋在一旁，就是因為人們希望被葬在王陵裡面的所有死者都可以跟著法老一起重生登天。我在一個最近剛剛出土的埃及墓穴裡親眼目睹一幕令我動容的場景。那是一個貴族的墓。就在他們正要將墓穴封起的那一刻，有個工人順勢把一個剛剛過世不久的小嬰兒放到了墓門內側；他被裝在一個小得可憐的蘆葦籃子裡，放在身旁的只有寥寥幾件嬰兒衣物。他也許是那位工人的孩子吧——工人趁機把嬰兒放到貴族的墓穴裡面，這樣一來，當審判之日來臨時，孩子也許就能跟著那位墓主一起死而復生、升上天空。工人對於自己庸碌而平凡的一生沒有絲毫怨言，可是，他希望至少能讓他的孩子去到太陽身邊。所以用「珠寶滿盈」來稱呼第三脈輪，可說是相當中肯。它是太陽的無盡財富，是人在領受洗禮之後所獲得的取之不盡、用之不竭的神聖力量。

　　當然了，這一切都是象徵。我們接著就來談談心理學的詮釋，這並不像〔豪爾的〕象徵或比較研究那麼容易。[5] 從心理學觀點

---

5 此處是和豪爾的詮釋方法相比。（括弧由中譯者附加。）

理解太陽輪的難度高出許多。在心理分析實務中，假如有人夢見自己在受洗，或是在夢裡走進一個浴池或水域，你會知道它的意義是什麼：他們正在被推壓到無意識裡面，並在無意識中得到洗淨；他們一定要走進水裡，才能讓自己煥然一新。可是我們並不知道他們潔身沐浴之後會發生什麼事。在你和無意識建立聯繫並彼此熟悉之後，究竟會發生什麼事呢？這是很難用心理學的語言解釋的。在座的各位有什麼想法嗎？容我提醒一下：這不是一個很好回答的問題，因為基於西方心理的慣性，我們會很習慣給出一個抽象的答案。

萊希許坦博士：我們可以說，舊的世界此刻正在著火，燃燒殆盡。

榮格博士：這個答案不算抽象，但這是大家都知道的事，您回答得相當保守。

萊希許坦博士：過去的慣性和習氣正在逐漸燒毀。

榮格博士：說得真好，我們對於世界的認知與思維的確會經歷劇烈的轉變，可是即便如此，仍然不足以證明你已經到了太陽輪。

萊希許坦博士：可是太陽輪不是火焰的象徵、燃燒的象徵嗎？

榮格博士：這個嘛，太陽輪其實是摧毀壞滅的象徵；它確實是一個能量泉源，但它的意義不僅如此。不過您說得沒錯──凡是談到火焰，就必定和事物的毀壞有關；光是說到「火」這個字，就足以在人心中撩起和毀壞相關的意象。而您剛剛的問題正好觸碰到

西方人習於抽象的慣性底下的恐懼；每當我們不想去觸碰某個太過熾熱的事物時，我們就會很容易趨於抽象。

漢娜小姐：可是如果不去觸碰那些燙手的事物，人就沒辦法看見對立面吧？

榮格博士：是的，您說到重點了。但您描述得稍嫌籠統，還可以再說得更仔細一些。

索耶爾女士：那位女病人在幻象裡去到一個地方，她必須在那裡站立在火焰之中，這時，天上的星辰就墜落了。[6]於是非個人的事物就此展開。

榮格博士：這是很好的聯想，我們可以從這裡找到聯繫的線索。

伯汀娜博士：它不是一種更加全然活著的能力嗎？一種更燦爛熱烈、更有意識地活著的能力？

榮格博士：我們都認為自己現在活得很有意識，活得熱烈燦爛。那麼，在你漸漸熟悉無意識並且開始認真看待它之後，又會帶來怎樣的效應呢？各位有發現嗎——我們習慣不去認真看待無意識，而是發明出一套避邪式理論（apotropaic theory），告訴自己無意識「只不過是」這樣或那樣的東西，譬如認為它「只不過是」嬰兒時期的記憶或被壓抑的願望等等。我們怎麼會接受這套和現實情況其實相差甚遠的理論呢？

---

6 參見 *The Visions Seminar*, vol. 5, 9 March 1932, 114。

克勞利女士：〔那個效應〕就是逐漸熟悉陰影的部分吧。

榮格博士：這也是一個很方便的說法，但它具體是什麼意思呢？

希格女士：孤立（isolation）。

榮格博士：孤立確實是熟悉陰影之後可能的結果，而陰影就是人的對立面，就是一切會把人逼進孤立之中的可怕事物。

克勞利女士：「欲求」（desirousness），人們內在的所有陰暗面。

榮格博士：是的，慾望、情慾……情緒的世界徹底爆發了。在我們和無意識打交道的過程中，我們的性欲、權力欲，以及人性之中的所有邪惡都會蠢蠢欲動。然後你就會突然看清自己的嘴臉。這就是人們害怕無意識、否認無意識存在的原因，就像小孩子在玩捉迷藏一樣。像是有個小朋友躲在這扇門後，嘴裡說著：「這扇門的後面沒有人喔，不要往這裡看！」於是我們就得出了兩套令人驚豔的心理學理論，這扇門後什麼都沒有，別看這裡，這裡沒有什麼重要的東西。[7] 這兩者都是避邪式的理論。但你終究會看到有些東西躲在門後，你必須承認門後確實存在著這樣的力量。於是你開始編造抽象的說法，為它編出一套厲害的抽象符號，而且談論它的時候總是扭扭捏捏、躲躲藏藏。航海的人永遠不敢說出這樣的話：「這天殺的大海！這片黑壓壓的大海總是狂風暴雨，我們的船都被它搞爛了！」相反地，為了不要激起那些駭人的風浪，為了不要激怒那些可怕的風魔，他們會說：「這和藹又仁慈的大海呀……」你不會對著大主教指名道姓，你會用「尊上」或「陛下」來稱呼他。

你不會直接說是教宗頒布了一道愚蠢至極的通諭，你會說那是梵諦岡幹的好事。或者，你不會直接點名那些該死的騙子，你會用威廉大道（Wilhelmstraße）、唐寧街（Dowing Street）、奧賽堤岸（法語：Quai d'Orsay）來代稱。①你會用拐彎抹角的方式避免直接提到那些人事物。這也是西方科學使用拉丁文、希臘文的目的。它們是效果絕佳、能令魔鬼害怕的護身符，因為魔鬼不懂希臘文。這就是我們為什麼會像您剛才示範的那樣，用這種迂迴抽象的方式說話。

　　所以第三脈輪其實就是這樣——你進到一個滿是火焰的世界裡面，一切都在其中被燒得滾燙。剛領洗完的你馬上就進到地獄了——這就是物極必反的補償原則。我們也在這裡看見東方式的悖論：烈火地獄同時也是金銀寶窟。然而激情（passion）是什麼，情緒（emotion）又是什麼？第三脈輪是火焰之源，是能量最豐沛的位置。一個沒有火力和熱度的人根本成不了大事，只是一個三心二意、荒唐可笑的人。他必須帶著滿滿的熱情行事，即便看似像個傻瓜也在所不惜。生命的某處必定要有火焰燃燒，否則就沒有明亮的光，沒有溫暖，沒有任何東西。不得不說，這確實令人非常難堪；它充滿痛苦，充滿衝突，而且顯然是在浪費時間——不管怎麼說，它都牴觸人的理性。可是被喚醒的昆達里尼卻會告訴你：「它是金銀寶窟，它是能量之源。」對此，赫拉克利特（Heraclitus）說得相當中肯：戰爭乃是萬物之父。

7這裡指的是佛洛伊德的精神分析理論和阿德勒的個體心理學。

第三脈輪是情緒的中心，它位在太陽神經叢（plexus solaris）的位置，也有人認為它位於腹部中央。我曾經和各位說過，我關於昆達里尼瑜伽的第一個發現就是：這些脈輪真的都和我們所謂的心靈坐落之處（psychical localizations）有關。這麼說來，太陽輪是第一個坐落在我們能夠有意識地覺察其心理經驗的部位的脈輪。我有個朋友是普韋布洛族的酋長，這個故事我之前已經講過了，但請容我再講一次：他認為美國人都是瘋子，因為他們深信自己的思想是在腦袋裡面。他說：「但我們都是用心來思考（but we think in the heart）」。那就是心輪（anāhata）。[8]此外，有些原始部族的心靈是坐落在肚子裡面。這對我們來說也是成立的；確實有某些類型的心理經驗是會發生在腸胃道裡。所以人們會說「有些事情令我牽腸掛肚（something weighs on my stomach）」。假如有個人非常憤怒，他可能會出現黃疸的症狀；假如他非常恐懼則可能會腹瀉；而他假如處在一股非常糾結的心情裡，也許就會便祕。這些都是心靈坐落在腹部的明證。

用肚子思考意味著：在人類歷史的某個階段中，意識曾經非常黯淡，以至於人們只能覺察到那些會干擾到腸胃功能的心理內容，其餘的一切都被忽略與遺忘了；後者因為對人沒有影響，所以就如船過水無痕。在今日澳洲中部的原住民部落依然可以看見那個階段留下的痕跡；為了讓族人理解一件事物，他們會舉行非常耐人尋味的儀式。我跟各位說過，當地人會在儀式中激怒男子；我們在所有原始部落中都可以看到這類儀式的變體。就拿打獵來說，他們

一定會先舉行一套完整的儀式，讓大夥全都投入到打獵的心緒狀態之中，接著才會正式出獵；如果心緒沒有到位，他們就不會出發。他們一定要先被某種事物激起興奮之情，而且還不能只讓腸胃興奮，必須要讓全身上下都進入狀態才行。

五十年前就有學校老師奉行原始教育法，我本人也曾親身經歷過。老師教我們背誦英文字母表的時候手裡會拿著一根教鞭。我們八個男孩子坐著同一張長椅上，而那位老師拿著一根用三條柳枝編成的教鞭，長度足以一口氣揮在八個人的背上。他邊教邊打——「這個是A（啪），這個是B（啪）」。在座的各位想必都知道，這就是透過激發生理知覺來教育孩子的老方法。那其實不會非常痛，因為當他的鞭子同時揮在八個人的背上時，你會嚇得畏縮身子，所以感覺不會太強烈。但這會令人印象深刻；我們那群男孩子全都正襟危坐，專心聽講。「拜託你們行行好，專心聽我上課好嗎」——如果老師是這樣教課，根本不會有人聽，他們只會覺得這個老師蠢到不行。但當老師把鞭子甩在他們身上，並說「這就是A」的時候，他們馬上就記在腦海裡了。

基於相同的理由，古代的啟蒙儀式在傳承部落祕密以及奧祕知識的同時，也會在受啟蒙者的身上施加痛楚。他們會在傳授的同時施加劇烈的疼痛。有種做法是先用刀子劃傷他們，再把灰燼搓揉到刀傷裡面；有些部落則是會讓受啟蒙者沒得吃、沒得睡，或是把他們嚇得半死。在那之後長老們才會給予教導。而正因為教導是伴

8豪爾如此描述 *anāhata*（心輪）這個字：「心的蓮花，意思是不曾受傷或堅不可摧。」

隨著生理上的不適或痛苦，傳承的內容將會讓受啟蒙者牢記不忘、刻骨銘心。

誠如先前所說，腹部是第一個可以被人類意識到的心靈坐落之處；我們的意識無法到達比腹部更深的部位——古代人的心靈有可能坐落在他們的膀胱嗎？對此，至少我不曾找到任何原始心理學上的證據。心靈的下一個坐落之處是心臟，這點無庸置疑，現代人的心靈就依然在心臟部位運作著。例如我們會說：「你是記在腦子裡了，但你沒放在心上（you know it in the head, but you don't know it in the heart）」。從腦袋到心的距離非常遙遠，兩者可能相距十年、二十年、三十年，甚至一輩子。因為你的腦袋有可能早在四十年前就知道某些事情，但你卻從來沒有把它們放在心上。只有在你的心明白了這些事之後，你才會開始真心在乎。從心到太陽神經叢的距離也很遙遠，而再往下你就會被逮住了，因為人在太陽神經叢以下的部位毫無自由可言。那裡完全沒有風／氣的元素：你只是一堆骨骼、血液和肌肉；當你來到腸道裡面，你只能像一條沒有腦袋的蚯蚓那般運作。但當你在心臟裡面，你就是身在地表之上；橫膈膜就像是大地的表面。只要你還待在橫膈膜以下，即便是在太陽輪的層次，你就仍然身在來自地心的可怕熱力之中。那裡只有情慾的火、渴求的火、妄念的火。這就是佛陀在瓦拉那西（Benares）說法時提到的火，他說：整個世間都在火焰裡頭，你的耳也是，你的眼也是，你到處傾瀉著欲望的火，而那是來自虛幻的火，因為你所渴求的一切都是虛妄。然而，情緒能量的釋放依然具有極大的價值。

所以，當人們開始和無意識日漸親近時，經常會進入一種意想不到的狀態——被埋藏多年的情緒會突然浮上檯面，令他們怒火中燒或者悲從中來，然後開始為了發生在四十年前的事情哀悼、哭泣。這種情況表示他們顯然太早從那些生命階段之中抽離、跳過了；雖然他們忘記了，但那埋藏在地下的火焰其實從未熄滅。他們並沒有意識到這件事，但當他們觸及下層脈輪時，就會被帶回那個地下世界並開始覺察到那團依然炙熱的火焰。就像被掩埋在灰燼之下、遭人遺忘的炭火，只要把灰燼撥開，就會看到底下依然有著明滅閃爍的火星。麥加的朝聖者也有這樣的說法：他們會先用灰燼把火埋在底下，而當他們幾年之後從聖地歸來，灰裡的火依然靜靜燃燒著。

現在當你進入太陽輪之後，你就會開始觸及比較上面的層次，這將會帶來一番徹底的轉變。[9]太陽輪坐落在人體的橫膈膜下方，這位置本身就象徵著此刻即將發生的這番轉變。向上跨越橫膈膜之後我們就會來到心輪，也就是心臟的中心或氣息的中心，因為心臟不僅被肺葉包覆著，心和肺的活動與功能也和彼此密不可分。我們必須用非常純真、直觀的方式來理解這件事。在原始人的經驗裡面，心和肺是一樣的東西。從生理學的角度來看，兩者也確實息息相關。我們多少可以理解太陽輪在心理學上的意義，而接著我們就要飛身一躍來到心輪。在心理學上，在你墜入地獄之後會

---

9 榮格在 "Die Beschreibung der beiden Centren Shat-chakra Nirupana" 這份手稿裡將太陽輪描述為「肉體凡軀的中心、食肉動物的中心」（頁二，本書編者）。

發生什麼事呢？在你身陷激情或本能或欲望的漩渦之後會發生什麼事呢？

克勞利女士：通常會出現一種物極必反的補償作用；某些相反的事物將會匯聚成形。來到極端之後，接著可能就會出現一些幻象，或是其他更不具個人性的東西。

榮格博士：是的，一種極後反償（enantiodromia），也就是可能會有一些非個人的事物在這時現身。換句話說，這時的人已經不再認同於自己的欲望，不再和欲望一體難分了。現在我們反而應該煩惱這些內容要怎麼訴諸言語，因為多數人的認同依然停留在太陽輪，對他們來說，要理解比太陽輪更高層次的事物是極度困難的。所以我們得先繼續討論象徵才行。如我之前所說，下一個脈輪和氣息有關。橫膈膜就相當於大地的表面，所以在進入心輪的過程中，我們顯然是處在一個從地上被舉起、抬升的狀態裡。這裡發生了什麼事？為什麼我們會進入這個狀態呢？各位要知道，在太陽輪的層次時，我們還不明白自己身在何方；我們其實依然身在根輪裡頭，至少我們的雙腳依然站立在根輪之上；但在心輪這裡，我們的雙腳已經從大地的表面被舉了起來。現在的問題是：究竟是什麼東西可以真的把一個人從地上抬起來呢？

邁爾博士：是風。

榮格博士：沒錯，在脈輪的象徵系統裡是可以這麼說；不過還有另一個會對我們更有啟發的答案。

伯汀娜博士：是某種蒸餾（distillation）作用嗎？

榮格博士：這個回答挺好的，直接把我們帶到煉金術的象徵系統裡面了。煉金術士把這個過程稱為昇華（sublimation）。不過我們還是回到今天討論過的象徵系統吧。各位還有什麼想法嗎？

阿勒曼先生：是從地平線升起的太陽吧。

榮格博士：是的，在埃及的象徵系統裡，人會從地平線升上天空。如果把人等同於太陽，那你也會乘著太陽船跨越地平線並駛過天際。太陽擁有一股至高無上的力量。如果你是法老身邊的一名親信，太陽就可以把你提升到一個近乎神明的位置。回到脈輪的系統裡，和太陽之間的聯繫會把人從太陽輪向上抬升，進入一個雙腳離地的騰空狀態。風也可以做到這件事，因為在原始信仰裡面，神靈（spirit）本身就是一種風。

因此，在許多語言裡面「風」和「神靈」是同一個字，譬如拉丁文裡的 spiritus 意指神靈／精神，而 spirare 則是吹氣或呼吸的意思。拉丁文 animus 字面上的意思是「精神」，而它源自於希臘文裡的風（anemos）；另一個希臘字 pneuma 也同時有「靈」和「風」的意思。阿拉伯語的 ruch 是指神明的風或靈魂；希伯來語的 ruach 也是聖靈和風的意思。風和精／神／靈（spirit）之間的關聯在於自古以來人們都認為：人之有神，與呼吸息息相關，尤其是人在呼氣、吐息時吹出的風。當一個人吐出最後一口氣，他的精／神／靈便離開那具身體了。所以，把人向上帶離地表的可以是太陽，也可以是一股奇妙的神風。而我們可以在哪裡同時找到這兩者呢？各位也許還記得我曾經記錄過一個非常耐人尋味的案例。

索耶爾女士：您是說原始部落的人們會在自己的掌心吹氣，然後把氣獻祭給太陽嗎？

榮格博士：那個例子是人類對於太陽的認同，這是兩件不一樣的事。我是說我曾經在書裡發表過一則案例，其中就有談到風和太陽是一樣的。

鮑曼先生：太陽有時候會被認為是風的起源之處。

榮格博士：是的，您還記得我那位精神失常的男病人。他看見太陽長著一根類似管子的東西，垂在空中晃呀晃的。他把那根管子稱為「太陽的陽具」（sun phallus），風就是被那根管子晃出來的。這便說明太陽就等同於風。[10]

鮑曼先生：我想起一則希臘神話，說是人們會在太陽升起之前聽見某種聲音。

榮格博士：您說的是埃及的門農（Memnon）這號人物。因為根據希臘人的傳說，門農是黎明女神奧蘿拉（Aurora）的兒子，所以他會在太陽升起、曙光乍現的時候發出某種聲音問候他的母親。但這個傳說其實沒有談到風跟太陽的關係。各位請注意，脈輪的象徵已經告訴我們心輪這裡會發生什麼，但那並不是心理學的語言。我們目前為止都在討論神話，所以照理說，我們應該要能明白心輪的象徵在心理學上是什麼意思才對。人是怎樣從太陽輪這個充滿個人情緒的世界被向上舉起的呢？

漢娜小姐：當人進到一種心理膨脹的狀態，自認為神的時候。

榮格博士：如果是極端的膨脹案例，確實有可能如此；但我們

現在討論的是一般人的情況。我們目前假設昆達里尼是按照正常的次第往上攀升，因為這個次第是古人集結數千年經驗以後得出的結論。

鮑曼先生：人會在充滿情緒的時候試著表達（express）自己，例如透過音樂或詩歌。

榮格博士：您的意思是透過口腔發出某種聲音（utterance）吧。可是情緒總是會製造出聲音。就算你還被卡在自己的情緒裡面，你也隨時可以表現出各式各樣的聲音。能把人向上帶離情緒的，必然是某種比情緒更高的東西。

梅里希女士：所以是人開始思考了嗎？

榮格博士：正是。

萊希許坦博士：據說 *puruṣa*（**神我**）[11]是在心輪誕生的，所以或許可以說：自性的身影就是在心輪這裡第一次被人更加完整地看見。

---

10 1912年，榮格在《轉化與力比多的象徵》（*Transformation and Symbols of the Libido*）裡引述其學生 Johann Honegger 在一位病患的幻覺裡發現的事：「這位病人看見太陽裡有一根所謂『直挺挺的尾巴』(up-right tail，也就是狀似勃起的陰莖)。當病人前後擺動自己的頭，那根太陽的陰莖也會隨之前後擺動，然後就起風了。這個詭異的妄想式觀念實在太難理解，困擾了我們好長一段時間，直到後來我接觸到密特拉教敬拜儀式中的異象，這才恍然大悟。」參見《榮格全集》補充卷 B，〈無意識的心理學〉，段173；英譯略有更動。1927年，榮格提到那位病人是在1906年觀察到太陽的陰莖，他的學生則是1910年才讀到 Albrecht Dietrich 的《一場密特拉教敬拜》（*Eine Mithrasliturgie*, Leipzig, 1903）這本書，因此排除了潛隱記憶復甦（cryptomnesia）或者遠距傳心（telepathy）的可能性，從而為集體無意識的存在提供了證據。《榮格全集》編者在編按中提到，榮格後來才知道發行於1910的那本書其實是第二版；初版早在1903年便已發行。編者並補充：該名病人在1903年之前便已入院。參見《榮格全集》第八卷，段319-21。

11 伍鐸夫將神我 (*puruṣa*) 定義為「一個有限意識的中心——意識是受限於悅變惰三性，也受限於三性所生的心 (Mind) 與物 (Matter)。通常說到神我……指的就是具有肉體和感官的有情眾生 (sentient being)，也就是一切有機的生命體。」參見亞瑟·阿瓦隆《靈蛇之力》（*The Serpent Power*, London, 1919, p. 49)，「約翰·伍鐸夫爵士」(Sir John Woodroffe) 是阿瓦隆的筆名。蘇蘭達拉納斯·達斯古普塔則將神我定義為精神 (spirit) 和意識本身 (consciousness itself)，分別參見 *Yoga as Philosophy and Religion* (London, 1924)，頁3、頁173。

榮格博士：對，不過這件事在心理學上會如何呈現呢？我們現在必須把討論帶回心理學的事實上面。

萊希許坦博士：那就是說，雖然在這個當下，那個東西還不屬於個人層次，可是我們已經漸漸能夠意識到它了。

榮格博士：是的，你開始具有理性，開始思考，開始對事物進行反思，也就開始從完全情緒化的狀態之中漸漸抽離、漸漸撤退。你不再放肆地順從自己的衝動，而是開始構想某種儀式，某種能讓自己跟情緒分庭抗禮，或能讓你實際克服情緒的儀式。你能讓自己在狂亂的情緒風暴當中突然靜止下來，然後捫心自問：「我怎麼會這樣？」

我們可以從這個脈輪的象徵看見這點。各位可以在心輪裡面看到一個小小的人形，那就是神聖的自性或*神我*，這個「我」不會全然受制於因果關係和區區的人性，也不會受制於那股盲目向下亂衝的能量之流。[12] 人們往往會在自身的情緒之中徹底迷失自己、耗盡自己，他們的一切最終都會被情緒燒個精光，唯獨剩下一堆灰燼，此外別無所有。精神病患者的情況也是這樣：人們會陷進某個特定的狀態裡面難以自拔。他們會在自己的情緒裡面引火焚身然後爆炸。然而，人其實是有可能從這個狀態脫身的；而自從一個人終於發現這點的那一刻起，他才真正稱得上是一個「人」。太陽輪只是一個中繼站而已，此時的人還是身在人性的子宮之中，極度受制於不假思索的衝動。但當人來到心輪，就會出現一番新的氣象；這時的人已經具備讓自己向上抽身、靜觀種種情緒發生的可能性。

他在自己心中發現了身形極其微小的**神我**,「小甚芥子,大甚須彌」。[13] 在心輪的正中央,濕婆再一次以**林伽**的形式出現,而那團小小的火焰則是代表著第一次以胚芽模樣出現的自性。

戴爾先生:若用心理學的術語來說,您剛才描述的這個過程就是個體化歷程的開端嗎?

榮格博士:對。剛才說的就是從各種情緒之中抽身撤退的過程;你已經不再認同於情緒,不再跟它們攪成一團。如果你能順利地憶起自己,如果你能順利地把你自己和迸發的熱烈情感區別開來,那你就能發現自性;你的個體化也就從此展開了。所以個體化歷程就是從心輪出發的。可是,人在心輪也非常容易陷入膨脹。個體化不是要讓你長出自我(ego)、長成自我,那只會讓你變成一名個人主義者(an individualist)。誠如各位所知,一名個人主義者的個體化是不會成功的;他就是一個在思想上特別精煉的自大狂而已。而個體化恰恰是要成為那個不是自我的我(becoming that thing which is not the ego),而這就是最弔詭的地方。所以沒有人能明白自性到底是什麼,因為自性恰恰就是那個你所不是的東西,那個不是自我的東西。自我這時會發現它和自性有著某種鬆散的連結,而它其實只不過是自性的一個附屬品罷了。自我原本一直都待在下方

---

12 關於 puruṣa 這個梵文用語的翻譯,榮格在他對帕坦伽利《瑜伽經》的評述裡提到:「杜森(Deussen)是用『脫離一切客觀事物的知識主體』(das von allem Objectiven freie Subject des Erkennens)來描述它。我對這個定義心存質疑——它太過邏輯化了,但東方並不講求邏輯;東方講究的是觀察與直觀。所以始源的人(primeval man)或光亮的人(luminous man)才是對 puruṣa 比較恰當的描述」Modern Psychology 3, 121。

13 《伽陀奧義書》(Katha Upanisad2. 20-21);《榮格全集》第六卷也有引用這句經文,該處的 puruṣa 被改寫成「自性」(Self),參見《榮格全集》第六卷,段329。

的根輪裡面，這時卻忽然察覺到遙遠上方的第四層樓裡的某個東西，也就是位在心輪裡面的自性。

現在呢，假如有誰誤以為自己同時居住在地下室和四樓，還自認為是**神我**本尊，這人就是個瘋子。德文有個很貼切的字可以用來形容他：*verrückt*（瘋子／離開原位移往他處），他不再立足於現實，而是坐在一處空中樓閣、雙腳騰空晃蕩。我們只能看見他想讓人看見的**神我**，只能看見那雙晃來晃去的腳。然而我們終究不是**神我**；它只是一個用來表達非個人歷程的象徵。自性就是一種極度非個人、極度非主體的東西。如果你是身在自性之中行住坐臥，你就不再是你了——這就是你在那個狀態下會經驗到的感覺。你的舉止會彷彿你自己是個陌生人似的：你買了東西卻彷彿不是你買的，你賣了東西卻彷彿不是你賣的。或者也可以用聖保羅的話來說：「現在活著的不再是我，乃是基督在我裡面活著」[②]；意思就是他的生命已然成了一種非屬主體的生命，那已不再是他本身的生命，也不再是他個人的生命，而是一個更浩瀚偉大的「我」的生命——這個更大的「我」就是梵語所謂的**神我**（*puruṣa*）。

所有具有一定文明程度的原始部落幾乎都會發現心輪。也就是說：他們已經擁有理性、能夠思辨，也已經不再那麼蒙昧野蠻。這些部落會有各種繁複的儀式——他們越接近原始，儀式就越繁複。他們需要透過這些儀式來防範太陽輪層次的心理狀態。他們發明了各式各樣的規矩，比如各種魔法圈，以及與外人交涉或談生意的形式；這種種儀式都是專門用來預防太陽輪的情緒爆炸的心理學

技術。在和原始部族談生意的時候，某些規矩是絕對不能疏忽的——那些言行舉止在我們看來也許非常多餘，可是如果你沒有入境隨俗、事事照著規矩來，你就壓根別想和族人們談成任何事。

例如，這些原始部落必定會有一套絕對不容出錯的階級制度；所以負責出面交涉或談判的一定就是部落中最有權力的那個人。假如我是向部落提議交涉的主事者，我一定會坐在一張椅凳上，我以外的其他人都要坐在地上，而且他們一來就要立刻坐下。族長身旁會有幾個拿著鞭子的隨從，要是任何人沒有立刻坐下，馬上就會被他們鞭打。當交涉開始時，主事者還不能馬上開口說話，而是要先把火柴、香菸之類的禮物傳下去分送給眾人，而且族長一定要分到比部落族人更多的香菸，因為權力位階在那個當下必須要被強調，這樣才能凸顯出族長高高在上的地位。[14]這些都是用來應對太陽輪的儀式行為，而唯有當這一切都在靜默之中完成以後，這位提議交涉的外人才能開口說話。我必須先說出這句話：「我有一門**生意**（I have a shauri）」，然後談判才會開始。這點非常重要，我一定要先講出這句咒語讓在場的所有人都被定住才行——所有人都不能說話，所有人都只能靜靜地聽。接著我會說出我的**生意**，然後才輪到我的合作夥伴開口講話；但他必須用小到幾乎聽不見的音量說話，而且還不能從地上起身。如果有人講話太大聲，馬上就會有人拿著鞭子過來。任何人都不許大聲說話，因為那會讓情緒外

---

14 榮格曾於 1925 至 1926 年間與肯亞的艾爾貢尼族（Elgonyi）交涉，收錄於《回憶‧夢‧省思》第九章的內容與此處的描寫大致相同。

顯，而只要有情緒外顯，就可能會有打鬥和殺戮的風險。所以也不許攜帶任何武器。最後當交涉進入尾聲時，來談生意的人一定要說 *shauri kisha*，意思是「現在談判結束了」。

有一次，我還沒講出這句話就準備要站起身子，這時我的領隊連忙快步走到身邊對我說：「現在還不能站起來！」而在我說了那句 *shauri kisha* 以後，大夥便相安無事了。只要我講出咒語，我就可以離開了。我必須要先宣告「現在，這個魔法圈已經解除了」，這樣一來，我的離席才不會讓人懷疑是不是有誰冒犯了誰，或者懷疑是不是有誰掉進了狂野的情緒裡。貿然離席是非常危險的事，任何場面都有可能因此發生，甚至可能會出人命，因為不照規矩起身的人必然是個瘋子。原始部落有時會發生這樣的事：他們跳舞跳到興奮過頭，於是開始殺人。像是薩拉辛（Sarasins）家族的那對表兄弟就曾經遇過這樣的事。他們當年到西里伯斯島（Celebes）進行田野調查時，就差點死在那些原本對他們非常友善的當地人手裡。[15]當地人本來是要為他們展示戰舞，結果卻渾然忘我地投入到戰鬥的情緒之中，然後就發狂似的把他們手裡的矛槍射向兄弟倆。幸虧二人僥倖逃過一劫。[3]

如各位所見，我們還非常接近太陽輪的心理狀態，所以心輪的力量相形之下還是十分微弱的。我們至今還是要對其他人行禮如儀，才能避免太陽輪的情緒爆發。

---

15 指人類學家保羅・薩拉辛（Paul Sarasin）與弗里茲・薩拉辛（Fritz Sarasin）的遠地考察。參見 *Reisen in Celebes ausgeführt in den Jahren 1893-1896 und 1902-1903*, 2 vols. (Wiesbaden, 1905)。

第*3*講

1932年10月26日

　　榮格博士：今天我會繼續探討脈輪。各位應該還記得，上次我們主要是在討論從太陽輪來到心輪的轉變過程。經過連續四個階段的轉化，某種始於根輪的東西終於在心輪獲得一番成就了。我們還可以如何描述這四個階段呢？

　　萊希許坦博士：四大元素。

　　榮格博士：正是。下層的這四個脈輪都有各自歸屬的元素——根輪屬土，臍輪屬水，太陽輪屬火，心輪屬風。所以我們可以將整個過程視為元素的轉化之旅，元素中的揮發性或揮發物質會在途中逐漸增加。而我們接著就會來到喉輪（*viśuddha*）[1]，也就是屬於乙太（ether）的脈輪。那麼，乙太到底是什麼呢？各位知道物理學對於乙太的看法嗎？

1豪爾對 *viśuddha*（喉輪）的形容是「潔淨者」(the cleansed one) 或「淨化」(cleansin)（引自 *HS*，69）。

某位聽眾回答：它滲透在萬物之間。

索耶爾女士：人無法觀測到它。

榮格博士：為何不行？既然它滲透在萬物之間，它不是應該隨處可見嗎？

戴爾先生：因為它無法被測量；它是一種意念（a thought）。

榮格博士：是的，你無法在人腦以外的地方找到乙太；它是一種概念性的基礎物質（substance），不具備任何物質（matter）應該擁有的質量。它是一種不是物質的物質，而這樣的東西必然只能是一個概念。那麼，當人來到高於前四個脈輪的喉輪中心時，會到達什麼樣的境界呢？

克勞利女士：一種更有意識的境界，也許是抽象意念的境界？

榮格博士：是的，人會來到一個抽象的領域。人會就此離開從前的經驗世界，一腳踏入概念世界的範疇。不過「概念」（concepts）又是什麼？我們可以用什麼方式言說概念的本質？

克勞利女士：透過心理學嗎？

榮格博士：不妨姑且稱之為靈性心理學（psychical psychology）；它可以從科學角度表達靈性的事物。我們在喉輪觸及的現實是一種靈性現實；它是一個由靈性物質構成的世界——如果「靈性物質」這種說法可以成立的話。喉輪是一個屬於靈性現實的世界，我想這是已經是最貼切的說法了。所以另一種可以用來解釋脈輪系統的觀點是：物質不斷向上攀升，由粗糙而精微、由凡俗

而靈性。我們現在看到的從土元素開始一路轉化為乙太的過程，就是印度哲學最古老的要素之一。五大元素的概念是數論派哲學的一部分，其年代早於佛陀，至少可以一路追溯到西元前七世紀。後來出現在印度的所有思潮，譬如《奧義書》，全都是發源自數論派哲學。所以，這套五元素說的起源可以無止盡地往回推，根本無從考究它確切的年代。而它又是譚崔瑜伽學說的重要部分，由此可見，後者同樣年湮代遠。此外，元素逐級轉化的概念，也凸顯出譚崔瑜伽和中古歐洲煉金哲學之間的相似性。兩者在各自的時代悟出相同的道理，於是我們可以從中發現如出一轍的觀念：粗糙低下的物質可以被轉化成精神性的精微物質，而這代表的正是人類的昇華。

既然說到脈輪的煉金術層面，我想請各位仔細留意太陽輪這個火之中心的象徵。各位應該還記得，太陽輪象徵繪畫〔中央三角形的外側〕畫著三個像是把手的形狀──我們姑且稱之為握把──豪爾教授假設性地把它們解釋為卍字符（swastika）的一部分。[2]但是我不得不說，我從來沒有見過只有三隻腳的卍字符。希臘是有一種稱為三足螺旋（triskelos）的造形，但我不知道印度是不是也有這種東西。希臘的三足螺旋是在西西里島（Sicily）的古錢幣上發現的，年代介於西元前四百年至二百年之間──當時的西西里島還隸屬於大希臘（Graecia Magna）的幅員之下，是在希臘人統治之下一個相當繁榮的大城邦。希臘字 triskelos 大概就是指一種三隻腳

---

2 出處同上，頁75。

的東西；然而 sawastika 卻是一種用四隻腳奔跑的東西。所以我猜想：畫中那些形狀應該是附著在太陽輪的三角形上面的握把。它們是鍋子的握把，人可以握著它們把鍋子舉起來——我覺得這個想法比較說得通，而且還可以從煉金術的角度來解釋。因為太陽輪就是火焰所在之處，所以它可以是一間廚房或一個胃袋，亦即烹煮食物的地方。人們會把食材塞進鍋子或肚子裡，讓它們在其中被血液加熱。如此一來，烹煮過的食材就可以被人們消化。

烹飪就是消化前的準備工作，是一種預消化（predigestion）。例如，木瓜樹在非洲是有妙用的，因為木瓜的果實和葉子都富含蛋白酵素，成分類似人類的胃液，可以讓食物得到充分的消化。當地的黑人不會把生肉拿去煮熟，而是會拿兩三片木瓜葉把生肉包在裡面，這樣能讓肉先被分解掉一部分；這就是一種預消化。總歸來說，烹飪技術就是一個預消化的過程。我們把自身消化能力的一部分轉移到廚房去了，所以廚房就是每個家庭的胃袋；預備食物本來是我們胃袋的工作，現在則是由廚房代勞。我們的嘴巴也是一個預消化器官，因為唾液裡面也含有消化用的物質。牙齒的機械性動作就是一種預消化，因為咀嚼食物就是在把它們切碎，而這正是我們在廚房裡做的事——把蔬果之類的東西切碎。所以廚房就是人體消化道的投射，這種說法一點都不為過。此外，廚房也是事物發生轉化的煉金場所。

因此，太陽輪可說是專門消化物質、轉化物質的中心；於是我們可以預期下一個脈輪就是轉化之後的成果。事實上，太陽輪正

好位在橫膈膜下方，而橫膈膜就是胸腔的心輪與腹腔的下三輪之間的分水嶺。

所以位在太陽輪之上的心輪[3]就是嶄新事物發生之處；這個脈輪裡面充滿的不再是粗糙的物質，而是一種全新的元素：風／氣（air）。就連火焰也被理解為一種粗糙的物質，因為比起幾乎看不見、摸不著的風／氣元素，火元素顯得更加厚重凝滯、可見可觸。雖然火元素也非常靈動不羈，但它有著明確可見的外觀，某種程度上是可以被人觸摸到的；反觀輕盈無比的風／氣元素，幾乎無形無狀、看不見、摸不著──除非它以風的形式吹撫到你身上。和躍動而熾熱的火焰相比，風要來得溫柔多了。

所以當你越過橫膈膜，就是越過看得見、摸得著的事物與幾乎看不見、摸不著的事物之間的那條界線。而心輪裡面那些看不見的事物全都是屬於心靈的事物，因為心輪就是充滿人們所謂感受（feeling）和意念（thought）的領域。感受是心的特徵，意念則是風／氣的特徵。心輪與呼吸息息相關；所以人們自古以來就把靈魂、意念和呼吸劃上等號。

例如在印度有個習俗：在父親臨終時，長子必須一直守在身邊，以便及時吸入父親呼出的最後一口氣，也就是父親的靈魂，藉此延續亡父的生命。斯瓦希里語（Swahili）[①]有個字叫 *roho*，意思就是臨終者的喘息聲；德文將其稱為 *röcheln*，而其中的字根 *roho*

---

3 豪爾如此描述心輪：「這朵心蓮就是人對生命有了根本洞見的脈輪；它就是我們所謂最高意義上的創造性生命」（引自 *HS*，90-91）。

一樣也是靈魂的意思。毋庸置疑，這個字是取自於阿拉伯文的 *ruch*，意思是風、呼吸、精神／神靈，這個觀念可能也是源自於臨終者的喘息聲。所以精神／神靈或心靈事物觀念的起源，可能就是呼吸或者風／氣。我之前也跟各位說過，精神、心智的拉丁文是 *animus*，而這個字和希臘文裡的風（*ánemos*）一模一樣。

感受一向都和心臟脫不了關係，因為心臟會被感受的狀態影響。綜觀世界各地，感受都被認為和心臟有關。如果你沒有感受，你就沒有心；如果你沒有勇氣，你就沒有心，因為勇氣顯然也是一種感受狀態。我們平時也會說「要放在心上」（take it to the heart），或是要「用心」學習某件事情（learn something "by heart"）。學習當然是要運用大腦，但如果你不把學習這件事放在心上，你就學不起來。唯有當你用心去學一件事情的時候，你才能真正學會。換句話說，假如那件事和你的感受無關，假如它沒有下沉到你的身體裡直到觸及心輪中心，它就依然具有高度的揮發性，也就有可能輕易地飛走。為了把它留住、記牢，它勢必要和頭部下方的脈輪中心產生關聯。我上禮拜有跟各位描述過以前老師們的教學方法，他們之所以要拿著鞭子教書，就是為了激起憤怒、痛苦的感受，藉此讓學生們牢牢記住那些字母。如果字母沒有和疼痛聯繫在一起，學生就記不住它們。這點在原始人類身上顯得格外真切：若不透過這樣的方式，他就什麼都學不會。

唯有在體認到心思感受和道德觀念都具有能夠左右我們人生的力量以後，我們才會真正明白它們的重要性。在原始部落裡，這

份認知最早是體現在長老要將部落的祕密傳授下去的時候；長老會一邊教導受啟蒙者，一邊讓他們承受痛苦與折磨，藉此讓他們牢記在心。長老也會同時教導他們一些道德價值，以防範太陽輪的情緒之火所導致的盲目舉止。

對於價值和觀念的認知是從心輪開始的，也就是說：心輪確實是心靈事物出現的開端。當一個人在文明或個人的發展進程提升到某個程度之後，就可以說他已經來到心輪，而他會在這裡初步地瞭解心靈事物存在的真實性，並且開始隱約明白它們的力量。

舉例來說：假設有位案主來做心理分析，而他正處在太陽輪的階段，在此完全淪為自身情緒和激情的獵物。我說：「可是你真的應該要更理性一點；難道你沒看見自己幹了什麼好事嗎？你把身邊的關係搞得一蹋糊塗。」這時不論我說什麼都沒用，他完全聽不進去。然而，我說的這些道理後來會開始產生一股拉力；這就說明他已經跨越橫膈膜的分界線了——他已經來到心輪。各位請注意：價值、信念、普遍觀念都是心靈層次的事實，在自然科學裡頭是找不到這些東西的。我們沒辦法用捕蟲網捉住它們，也沒辦法在顯微鏡底下看到它們。它們只有在心輪裡面才能被人看見。話說回來，根據譚崔瑜伽的說法，人們會在心輪初見**神我**：那是人的精髓所在，是至高無上的人，是所謂的原初之人，而祂從心輪開始變得可見。所以**神我**就等同於心思、意念、感受、價值的心靈本質。當人認知到感受、認知到觀念時，他便是看見了**神我**；這是你第一次瞥見那個存在於你心理或心靈之中的存在，瞥見那個不是你的你

——你被包含在祂的存在之內，而祂比你更浩瀚、更重要，只不過祂是以一種徹底心靈性的姿態存在著。

　　如各位所見，我們其實可以談到這裡就好；目前的討論幾乎已經涵蓋了人類發展的全貌。因為在座的我們都深信心靈事物具有一定的重要性，也深信整體人類已經發展到了心輪的階段。例如，世界大戰就讓人們著實上了一課，瞭解到最具重要性與影響力的事物都是不可估量、無從量化的，公眾的輿論或心靈的感染力就是血淋淋的案例。整場戰爭就是一個心靈現象。假如你試圖尋找導致戰爭的根本原因，你會發現它完全不能用人的理性判斷或經濟上的需求來解釋。人們可以聲稱德國是迫於需要才向外擴張並且發動戰爭，也可以聲稱法國是因為感受到威脅才不得不粉碎德國，然而事實上根本沒有誰的性命真的危在旦夕——每個人都有足夠的錢，德國的出口總值一年高過一年，德國當時的擴張已經足夠滿足國內的一切所需。人們提到的所有經濟上的理由沒有一個能說得通，它們全都無法解釋戰爭的現象。講到底，正是那些不為人知的心靈因素導致戰爭在不得不發生的時刻發生了。人類的所有重大運動都是始於心靈因素；經驗就是我們的老師，使我們學會相信心靈。譬如戰後的我們假如對民粹心理感到恐懼，那也是天經地義的事情。在這個節骨眼上，任誰都會把這份恐懼攢在心中細細思量。又譬如說，從前的人們根本不相信廣告會有什麼價值；現在呢，看看廣告可以發揮多大的作用！又或者，從前怎麼會有人相信每隔兩週送到眼前的區區幾張薄紙——以前叫做 gazettes，現在我們叫它

newspapers ——居然會成為能夠左右世界局勢的力量？人們現在已經把新聞輿論視為一股能夠撼動世界的力量；這已然成為一個心靈上的事實。

所以可以說：我們的文明已經進展到心輪的階段——我們已經戰勝了橫膈膜。我們已經不同於荷馬時代的古希臘人，我們的心靈再也不是坐落於橫膈膜之下了。現在我們深信意識必然坐落在軀幹的上半部，或者坐落在頭腦裡的某個位置。我們已經在心輪裡面獲得一份更加遼遠的視野，也開始能覺察到*神我*，可是我們還沒辦法對心靈存在的真實性堅信不疑，也就是說，我們還沒觸及喉輪的層次。現在我們所相信的，依舊是這個由物質和心靈力量建構而成的物質世界。而且對我們來說，心靈的存在或實在性和宇宙學、物理學上的任何觀念依舊是八竿子打不著的兩回事。我們還沒找到可以連接心理觀念和物理觀念的那座橋樑。[4]

因此，從集體的角度而言，我們還沒走完從心輪到喉輪的這段路程。所以關於喉輪的內容當然會讓我們感到相當困惑。每當談到喉輪，每當我們試圖理解它可能的意義時，我們就彷彿一腳踏進了撲朔迷離的未來之中。因為在喉輪這裡，我們觸及的是超越現實世界概念的範疇，也就是來到乙太的範疇。我們正在試圖達成一份

---

4 榮格曾和物理學家沃夫岡・鮑立 (Wolfgang Pauli) 合著《對自然與靈魂的詮釋》(The Interpretation of Nature and the Psyche) (Bollingen Series LI, 1955)，此即榮格搭建心一物之橋的嘗試。關於這個主題，特請參見由 C. A. 邁爾編輯的《鮑立與榮格：1932-1958書信集》(*Wolfgang Pauli und C.G. Jung: Ein Briefwechsel 1932-1958*) (Berlin, 1992)。

超越皮卡德（Picard）教授的成就。[5]他最多只到達大氣的平流層，存在於那裡的物質確實已經極其稀薄，但那依舊不是乙太。因此我們必須建造一種規模非常巨大的火箭，才能把我們發射到太空。喉輪是一個由抽象概念和價值構成的世界——在這個世界裡，心靈存在於心靈本身之中；心靈現實就是唯一的現實；物質在此其實只不過是一層稀薄而虛幻的外皮，其中包覆著一個遼闊無垠的宇宙，亦即心靈現實，而那才是真實存在的現實。

　　例如，原子的概念或許就可以被視為喉輪中心的抽象思考的對應物。要是人類的經驗真的可以觸及這樣的層次，我們就能在此把**神我**看得格外清晰透徹。因為當我們來到這個層次時，**神我**就真正成了萬事萬物的中心，而不再是一抹蒼白的浮光掠影，我們可以說祂就是終極現實（the ultimate reality）。各位發現了嗎？在最抽象的物理學觀念和最抽象的分析心理學觀念之間，一旦我們找到能夠接通兩邊的那座象徵之橋，我們就能觸及這般境界了。假如我們能夠建造出這座橋樑，那我們至少就能抵達喉輪之外的那扇大門。這是必要的條件。我的意思是：在建出橋樑以後，通往喉輪的那條路徑將會就此敞開，於是我們就能集體性地觸及喉輪。不過現在的我們距離這個目標還十分遙遠。因為誠如方才所說，抵達喉輪正意味著我們要全然地明白這件事：心靈的本質或實在（psychical essences or substances）才是這個世界賴以存在的根本要素，而這並非透過思辨得來的推論，而是**透過經驗體認到的事實**。你可以針對眉心輪和頂輪思來想去[6]，或者隨便你要想些什麼都行，但那都不會有絲

毫的幫助；你當然可以對這些東西進行深思，可是假如你不曾有過實際的經驗，你終究到不了那裡。

接下來我要向各位報告一位男性個案，他就是從太陽輪層次邁入心輪層次的實例。這個男人是一個誇張到難以言傳的外傾者（extrovert），讓我印象深刻。他始終堅信有個完美的世界存在於某處——他從來不知道它究竟在哪裡，反正永遠不在此時此地——他堅信那裡有著真正的幸福，而他一定要把那份幸福追求到手。所以他理所當然地成天跟在女人後頭，因為那些他還沒能認識的女人身上永遠都懷抱著人生與幸福的祕密。每當他看見街上有女人在跟別的男人聊天，心裡總是嫉妒得不得了，因為那個女人搞不好就是自己的真命天女。跟各位猜想的一樣，這位案主從來沒有掌握住幸福。他追求成功的次數越來越少，最後讓自己成了一個徹底的糊塗蛋。隨著年紀漸長，他遇見真命天女的機會也漸漸變得微乎其微。於是大徹大悟的時刻來臨了。他開始接受心理分析，不過初期一無所獲，直到後來發生了這件事：有一天他走在街上，一對年輕情侶

---

5 奧古斯特‧皮卡德（Auguste Picard）是一名瑞士籍物理學教授，任教於比利時布魯塞爾大學。1931 年 5 月 27 日，皮卡德搭乘一具特製的熱氣球升空，這是他首次抵達平流層進行科學觀測。1932 年 8 月 18 日，他從蘇黎世附近的杜本多夫（Dübendorf）機場升空並完成他的第二趟飛行。參見他的《雲端之上》（Au dessus des nuages）（Paris, 1933），另有 C. Apcher 翻譯的英譯本《天地之間》（Between Earth and Sky）（London, 1950）。

6 豪爾指出頂輪（sahasrāra）是一個「千軸之輪」或一朵「千瓣蓮花」（引自 HS，69）。伊利亞德則表示：「修練譚崔的終極目標就是濕婆和夏克提的最終合一（unmani），而這正是在頂輪實現的；而昆達里尼也在穿越六個脈輪之後，於頂輪結束牠的旅行。我們要特別注意的是：頂輪已經不再屬於肉體的層次，而是已經歸屬於超越的層次——這也解釋了為什麼典籍的作者通常會說『六』脈輪而非『七』脈輪。」參見 Mircea Eliage, Yoga: Immortality and Freedom, translated by Willard R. Trask (Bollingen Series LVI; reprint, London, 1989), 243。

迎面走來、彼此親密地交談著，這時他的心臟突然一陣抽痛——
她就是我的真命天女！接著那股痛感又瞬間消失。片刻之後，他
便出現一份無比清晰的洞見，讓他突然領悟到：「好吧，他們會相
親相愛，他們會攜手同行。她的幸福已經有人照料了，所以我再也
不用把這件事攬在自己身上了，謝天謝地！」

　　這是發生了什麼事？其實他只是向上跨越了橫膈膜的界限而
已，因為身在太陽輪激情之中的人都是盲目的。當他看見這樣一
對情侶來到面前，心裡當然會想著「我好想要，我恨不得我就是那
個男人」；但他其實是對太陽輪產生認同，並和其中的激情混成一
團，這時的他和野牛沒什麼差別。他恨不得從自己的臭皮囊裡跳出
來，再鑽到別人的皮囊裡；但這當然是不可能的事，所以只好抱怨
連連。可是在他突然領悟到自己不是那個男人的剎那，他就揭穿了
幻象的帷幕，揭穿了那份莫名其妙的認同，深刻瞭解到自己並不等
同於那個男人。不過，他對那個男人依然隱約懷抱著某種程度的
認同感，因為對方還是在「替他」照料女子往後的人生，並沒有被
徹底拋到一邊去；換言之，案主的存在這時不僅只限於他個人的存
在，也成了那個年輕男人的存在。案主繼續過著自己的人生，他的
心願則由那個男人替他完成。所以案主其實還是身在其中，並沒有
從中脫身。

　　這則案例為我們顯示了高於或超越太陽輪的心靈是以怎樣的
姿態存在著。在此，心靈恰恰只是一個意念——有形世界裡的一
切毫無改變，每一顆原子都好好待在原本的位置。唯一有改變的事

情是：心靈的實在（psychical substance）開始參與這場遊戲。如各位所見，僅僅是一個意念、一個難以言喻的感受、一個**心靈事實**（a *psyhical fact*），就足以讓他的整個心境、整個人生從此徹底轉變，還讓他得以跨越到心輪，進入那個心靈事物發源的世界。

我們接著要來討論從心輪到喉輪的路程。這段路跟前面說的相當類似，但又更上一層樓。各位請注意，在心輪這裡，意念及感受和外在的人事物是難分難捨的。例如，對一個男人而言，他的感受會和某個特定的女人混為一體；一個女人的感受則會和某個特定的男人混為一體；如果是一個科學家，他的思想則會和這本書或那本書混為一體。所以無論是情感還是心智，心輪總是和外在條件息息相關。因為思想永遠會有一個特定的認同對象——譬如科學、哲學、美學——因此，思想向來都是專指的。至於感受，則是會和某個人／事／物一體難分。人們之所以生氣，肯定是因為有個人做了這樣或那樣的事情，是因為這樣或那樣的外在條件。也就是說：我們的情緒、我們的價值觀、我們的思想、我們所堅信的理念，全都和我們所謂的外境（facts）或對象（objects）相伴相生。它們無法獨立出現、獨立存在，而是如我方才所說，永遠都和具體的外境交織在一起。

話說回來，想要一個人完全沒有任何在事實上站不住腳的信念或感受，有時只是一個美好的理想。在人們必須跨越太陽輪來到心輪的時候，身旁往往要有人教育他們：他們的情緒要有真憑實據，不能僅憑臆測就對著別人罵天咒地；此外，還要給他們一個不

能無理暴走的絕對理由。自己的一切感受都應當建立在事實之上
——這是人們著實需要學習的一課。

　　然而在跨越心輪、前往喉輪的路途上，這些教誨全都要被打
破。人們甚至應當接受「個人的心靈事實和外在事實一點關係都沒
有」。譬如當你對某個人或某件事感到憤怒時，無論你的憤怒多麼
合情合理，你都要承認／接受這份情緒並不是由那些外在事物所
引起。憤怒本身只是一個兀自生滅的現象。這就是我們所說的「從
事物本身的主觀層次觀之」（taking a thing on its subjective level）。假
設有人曾經冒犯到你，後來你夢見他，並在夢中再次感受到那股憤
怒。這時我就會說：「那個夢把這份憤怒在現實世界中的意義清楚
地告訴我了。」但你會反駁說那個人幹了這樣那樣的好事，所以你
會感受到這樣的憤怒、對他抱持這樣的態度，簡直再合理不過了。
然後，這時我會先對你表示贊同，說你講的一切都非常有道理，然
後再畢恭畢敬地說：「現在你又重新經歷了這股憤怒，而且你依然
如此明理，那就讓我們來對這個夢省思一番吧，因為從這夢裡可以
詮釋出你的主觀狀態。你認為那個男人簡直是你的窄路冤家，但他
其實就是你自己。你把自己投射到他身上，你的陰影在他身上顯
現，所以他才會讓你這麼生氣。」當然，人們通常不會樂於接受這
樣的可能性，但當分析歷程在一段時間之後發揮出效果，人們就會
漸漸明白這個說法極有可能就是真相。我們可能都和自己最最痛恨
的敵人沒什麼兩樣，換言之，我們最大的敵人就在自己裡面。

　　假如你已經來到這個階段，你便已開始脫離心輪；物質的、

外在的外境與心靈的、內在的心境，這兩者本來是個緊密難分的合一體，然而此刻你已經成功將其溶解了。你已經開始將這世間的遊戲視為一場專屬於你的遊戲，開始將出現於外在的眾人視為你個人心靈狀態的代言人與反映者。今後無論任何事情發生在你身上，無論你在外在世界遭遇到任何經驗與冒險，也都是為你量身打造的經驗。

舉例來說，心理分析並非取決於分析師是個怎樣的人。分析是專屬於你的經驗。你在分析當中的經驗並非因我而起；你本身是個怎樣的人，就會經驗到怎樣的分析。分析歷程雖然是你我一起走過，但你所經驗到的都是你個人的經驗。不是每個人都會在分析中愛上我，不是每個人都會對我所說的尖銳言論感到冒犯，也不是每個人都會欣賞我那種充滿戲劇張力的表達方式。在每一場分析裡我都是同樣的我、同樣的榮格博士，然而不同的案主會有各自不同的分析歷程，也會有專屬於他們個人的分析經驗。每位個體都與眾不同，因此每場分析都是獨一無二的，即便對我來說也是如此。無論面對什麼樣的個案，我一直是我，一直是同樣的那個人，不過隨著眼前案主的不同，每一次分析對我而言都是截然不同的經驗。不過案主相信的當然不是這樣；他們相信自己的分析歷程之所以會長成這樣或那樣，全是因為有我身在其中的緣故。他們不會看見分析同時也是他個人的主觀經驗。「分析只不過是一種私下的調情」或者「分析只不過是　種私人的對談」──只要患者依然是用這樣的觀點看待分析，他們就無法從中獲得自己理應獲得的東西，因為他們

並沒有透過分析照見自己。當他們開始真正把分析視為自己個人的經驗，就會明白陪伴他們參與這場遊戲的榮格博士充其量只是個小配角。他不是他，他只是患者眼中看見的他、患者心中認為的他。他只是一個被你用來披掛外衣的鉤子；他雖看似真實存在，實則不然。其實你看見的他，也只是你個人主觀的經驗而已。

如果你能把這件事看清楚，你就已經走在通往喉輪的道路上了；因為在喉輪之中，人世間的整場遊戲都會變成你個人主觀的經驗。世界本身成了心靈的鏡中倒影。譬如當我說這個世界完全是由心靈意象構築而成——你碰觸到的一切和你經驗到的一切全都是由意象構成，因為意象是你唯一可以感知與覺察的東西；當你用手觸摸這張桌子，你也許會覺得它是貨真價實地存在著，然而你真正經驗到的，其實是從觸覺神經傳導到大腦的一連串神經訊號；可是說到底，你真正經驗到的甚至也不是神經訊號，因為就算我把你的手指切掉，你還是可以感覺到自己的手指②，因為末梢被切斷的神經還是會依照原本的方式繼續運作，它沒有其他的運作方式；甚至就連你脖子上的這顆腦袋也只是一個意象罷了——當我講出這種駭人聽聞的言論時，我就是站在通往喉輪的路上。假如我有辦法把在座的所有人向上帶進喉輪的世界，你們肯定會上法院告我——所以但願我做不到——因為那是乙太的世界，那裡沒有任何人類能夠呼吸的物質，所以你們會完全喘不過氣，你們會在那裡窒息而死。當我們朝著喉輪邁進，就是逐漸來到一個真空的空間；在此，地球上的凡人根本不可能呼吸。所以這似乎是一趟極其嚴峻的冒險之旅。

當我們在此談論這些脈輪時，我們絕對不能忽略實際的繪畫象徵；它們可以給人無數的教導。我想請各位把注意力放到先前未曾討論過的動物象徵上。各位都知道脈輪有一系列的動物象徵，首先就是根輪裡的大象。這頭大象支撐著大地，代表那股支持著人類意識的巨大動能，代表那股驅使我們打造出這樣一個意識世界的力量。大象對印度人而言就是力比多被馴化後的象徵，可以和馬在西方的意象相對應。牠代表意識的驅動力、意志的力量，亦代表一個人行其所欲的能力。

第二脈輪的動物則是海獸摩迦羅，也就是利維坦。換言之，在從根輪跨越到臍輪的過程中，那股先前一直滋養著你的力量開始展現出一種截然不同的品質：它在世界的表層是大象，來到世界的深處則成了利維坦。大象是地表之上最巨大、最強壯的動物，而利維坦則是水面之下最巨大、最恐怖的動物。但兩者其實是同一種生物：事實證明在你來到第二脈輪之後，原本驅使你進入意識並讓你能在意識世界裡頭維繫性命的那股力量，將會從此變成你最難纏的對手。因為你必須在臍輪這裡脫離凡塵俗世，因此，你的一切執著罣礙都會成為你最大的敵人。一旦進到無意識裡面，你在現世最美滿的恩賜就會變成你最可怕的詛咒。所以摩迦羅就是徹底的翻轉：牠是先前給你支持、給你滋養的一切事物，但牠也是會把你吞吃入腹的水中大象、水中巨龍——就像慈愛的母親一手把你扶養長人，但她在你往後的人生中卻會變成一個要把你吞回肚子裡的吞噬母親（a devouring mother）。假如你無法擺脫母親的影響，她就會讓

你的人生寸步難行——她曾經支持童年及青春期的你活了下來，然而當你步入成年，你就必須擺脫這一切，因為母親的力量此時已然成了你的阻礙。因此，對於為了追求不同意識狀態而企圖脫離現世的任何人來說，都有一頭大象棲身在水的世界或無意識之中；而牠隨後就會化作一頭與人為敵的地府猛獸。

太陽輪裡頭的象徵動物是曲角公羊，而公羊是印度火神阿耆尼（Agni）的聖獸。這和占星學有關。公羊或牡羊座是由火星主宰的星座，而火星是一顆激情、衝動、魯莽、暴躁的火紅行星。對此，阿耆尼是個相當合適的象徵。公羊和大象代表的力量是一樣的，但其形式已經不同以往，而且再也不像大象的神聖力量那般絲毫不容撼動。太陽輪裡的公羊是一種獻祭用的動物，而且是一種體型相對嬌小的犧牲——牠不是公牛那樣龐大的犧牲，而是比較小的犧牲，牠還代表著人的激情。這就表示：將人的激情獻祭出去並非多麼高昂而可怕的代價。現在，那頭與你為敵的黑色動物已經變小，不再像棲身於第二脈輪深淵之中的利維坦那麼巨大；換言之，危險的程度已經減輕了。比起被無意識滅頂、溺斃的風險，你個人的激情所帶來的危害實在不足為懼；相較於為了激情受苦受難，一個人若是對自己的激情毫無意識，那才是真正的災難。牡羊／公羊的象徵也表達了這一點；牠只是一種嬌小的獻祭動物，已經不具備大象或利維坦那樣強大的力量，所以你不需要對牠心生恐懼。當你能夠對自己最根本的慾望或激情有所覺察時，你就已經穿越最危險的關卡了。

下一隻動物是羚羊（antelope）或瞪羚（gazelle），那股原初的力量於此再次轉化。羚羊和牡羊之間的差異並不大，牠們都生活在地表上——兩者的區別在於牡羊是一種經過馴化的雄性肉羊，還會被人拿來當成犧牲，羚羊則不然。羚羊完全不具攻擊性，反而是一種生性害羞、善於逃跑的動物——牠的腳程飛快，一溜煙就跑不見了。當你遇上一群瞪羚，牠們逃之夭夭的姿態一定會讓你讚嘆不已。牠們根本是用飛的——牠們會大步躍起，蹬向空中。非洲有一種羚羊，一蹬可達六到十公尺之遠，彷彿牠們有長翅膀一樣，簡直不可思議。牠們也是優雅而溫和的動物，有著極為修長而纖細的四肢。只要稍微有點風吹草動，牠們馬上就會腳不沾地、像鳥一樣地飛逃而去。所以瞪羚具有一種類似鳥類的品質。牠們身輕如燕、來去如風，極少碰觸地面，只會這裡踩個幾步、那裡蹬個幾下。牠們是生活在陸地上的動物，但卻幾乎已經擺脫重力的限制。用這樣的動物來象徵諸如意念或感受這類心靈實在的動能、效率與輕盈，真是再貼切不過了。羚羊已經失去土元素的部分重量，而這也表示：在心輪之中的心靈事物是一種善於逃竄、難以捕捉的東西。當我們這些醫師談到要找出一個疾病的心因性要素是極為困難的事情時，正是在說它們具有如同羚羊一般無法捉摸的品質。

　　戴爾先生：請問在您看來，羚羊和獨角獸可以相提並論嗎？

榮格博士：我認為兩者確實非常相似，而且各位應該都知道獨角獸是聖靈（the Holy Ghost）的象徵——所以牠可以被視為羚羊在西方的對應物。[7][3]

索耶爾女士：獨角獸的形象源自於犀牛，這點或許也可以拿來比較。

榮格博士：是的，獨角獸的傳說逐漸被人遺忘，犀牛卻一直存活到現在。獨角獸並非真實存在的生物，但犀牛確實曾經在這片土地上休養生息。例如在某個東歐國家——我記得是波蘭——的一個瀝青坑裡，就曾經發現過一具保存良好的犀牛遺骸。牠是一種生存於冰河時期的歐洲犀牛。[4]所以當年生活在歐洲的人類確實親眼見過犀牛，而獨角獸很有可能就是從那時遺留至今的殘響。我們當然無法證明這個說法是否正確，不過它至少跟我們現在討論的主題非常呼應——也就是從笨重的大象一路轉化為溫柔優雅、身輕如燕的羚羊的過程。

剛才提到，羚羊是疾病的心因性要素非常貼切的象徵。而醫學界發現心因性要素的過程，恰好也和從太陽輪跨越到心輪的過程非常類似。我記得很清楚，我當年的教授曾經說過類似這樣的話：「話說，其實精神失調也會導致某些病症，人的想像力當然也會對疾病造成某些影響，一個人只要心煩意亂，就可以產生各式各樣的症狀」。人們本來以為心靈只是肉體的某種產物，其本身彷彿泡沫或氣味那般虛無飄渺，而所謂的「病由心生」根本就是無稽之談，疾病不過就是生理機能失調罷了。就連佛洛伊德都不認為真有心因

性的致病要素這麼一回事。在他看來，心靈只是某種生理性的東西，心靈在肉體的生命之中不過就是個跑龍套的。佛洛伊德堅信如此，或說他認為應該如此──心靈就是大量的化學作用，所以心靈的一切都可以追溯到肉體的生理化學，譬如賀爾蒙或天曉得什麼東西的作用。醫學界直到現在都還不明白疾病可由心生的道理；有朝一日，當他們終於發現心因性的致病要素時，想必將會蔚為佳話。不過人們首先要有這樣的認知：心靈本就是和身體共同運作的，所以它當然應該被人重視，也當然應該被人視為疾病的起因之一。假如有位醫師能夠接受、承認這樣的觀點，便是向前邁出了極大的一步。假如他願意把心因性要素和微生物、寒冷、嚴苛的社會條件、遺傳等因素並列齊觀，便是領悟到心靈乃是一種確實存在也確實會對人造成影響的事物。醫學界的邏輯性思維不怎麼相信心靈這種看不見也摸不著的東西，因為心靈具有羚羊那般善於逃躲的品質。而且大家都知道，當心靈在現實世界中現身時，往往都是來跟我們作對的。這是因為它如果不跟我們作對，它就和我們的意識沒有兩樣、無從區別了。我們的意識不會跟我們作對，而且我們認為自己的一切舉止都是出於意識的作為；不過所謂的心靈要素，恰恰就是那些我們自認沒有做但卻做了的事。我們試圖否定那些事，潛抑那些事。打個比方：假如我得寫一封我並不喜歡的信，這時，心靈要素馬上就會跟我作對。我會突然鬼遮眼似地怎樣都找不到那封

---

7 有關榮格對於獨角獸象徵意義的進一步探討，參見《榮格全集》第十二卷，《心理學與煉金術》，段518-54。

信，然後才發現原來我之前無意識地把它擺錯位置了。其實我很想認真對待那封信，可是因為我在無意識裡對它有所阻抗，於是我就把它放錯口袋，或是放到某個我找好幾個月都找不到的角落裡。人們往往會說是有小壞精（imp）⑤在給自己添麻煩。當人們急需某樣東西，但它卻偏偏神隱（spirited away）的時候，往往就會覺得是有某種邪祟在搞鬼。同樣的情況也會出現在歇斯底里的案例裡：越是不容犯錯的場合，越是容易莫名其妙地搞砸。在那些應該把話講好、講對的重要場合裡，人們偏偏就是會講錯話，話說到嘴邊就突然變了樣，所以這些人不禁會認定是有某種邪惡生物在跟自己作對。若以舊時的觀念來看，就會認為他們是魔鬼附身或女巫下咒之類的受害者。

鮑曼先生：費謝爾（Vischer）寫過一本很棒的作品，叫做《又一個》（*Auch Einer*）。[8]

榮格博士：沒錯，那是一本德文書，講述一個知道物品裡面藏著「髒東西」（things）的人，而那就是剛才談到的小壞精。比方說，你每次搞丟眼鏡的時候，它肯定都會被你遺落在最不可能的地方，例如沙發上有個縫隙就這麼剛好可以完美地夾住你的眼鏡；或者當你在吐司上抹奶油時不小心手滑，你永遠可以百分之百地肯定它會用你塗了奶油的那一面掉到地上。或者，當你把咖啡壺放到桌上時，它也會想盡辦法讓壺嘴從牛奶壺的把手中間穿過去，所以當你提起咖啡壺時，牛奶就會被你打翻。

戴爾先生：**物品的惡意**（*die Tücke des Objekts*）。

榮格博士：沒錯，物品是會裝神弄鬼的，費謝爾的《又一個》就是想要系統性地討論這個主題。這當然是異想天開，不過他對於心靈要素的看法倒是相當正確，因為這些情況既是我們自己的作為，同時卻又不是我們的作為；事情是以一種莫名其妙、彷彿有鬼有靈的方式發生的。心因性要素的飄忽莫測總是令人摸不著頭緒。在心理分析當中它總是可以逃脫，因為無論你想用什麼方式擊中它，患者總是會否認地說：「可是那是我自己想做的事；那是我本人。」他很害怕發現心靈要素能夠左右他意志的事實，所以一而再、再而三地將它排除在外。他會害怕自己的腦子裡是不是有哪顆螺絲鬆脫，因為那就表示自己成了一個瘋子。

所以，要從太陽輪跨越到心輪真的非常困難。心靈是一種自發自動、真實不虛的東西，而且心靈並不等於你；這是一個人們很難看見、承認與接受的事實。因為一旦認清這個事實，就意味著那個你自認為是自己的意識其實只是冰山一角。你個人意識之中的一切看似都是由你親手擺放的，但你某天突然驚覺你並不是自己這間屋子的主人——原來你的房間不只你一個人住，還有一群鬼魂跟你住在一起並把你的現實生活搞得一蹋糊塗，而你稱王稱霸的好日子也就此走到盡頭了。然而你如果對它有正確的理解，就像譚崔瑜伽向你展示的那樣，認清這種心因性要素的過程本身其實不過就是對於**神我**的初步認識。這份偉大的領悟是以最詭譎、荒誕的形式開始的。羚羊代表的意義就暫且說到這裡。

8Friedrich Theodor Vischer, *Auch Einer*, (Stuttgart and Lepzig, 1884).

各位還記得根輪的那隻大象吧，牠在喉輪這裡又出現了一次。換言之，我們會再次遭遇到那股全然的力量、那股不容撼動的聖獸之力。也就是說，我們會在這裡遇見引領我們進入生命、進入意識現實世界的一切力量。但這股力量此刻支持的已經不再是根輪或大地。它現在支持的是那些我們認為最為飄忽、最不真實、最具揮發性的事物，也就是人類的意念。就彷彿那頭大象此刻正在從概念之中創造現實。我們在此承認：我們所謂的概念其實只是我們的想像，只是出自於我們感受或思想的產物，只是抽象的空想或比喻——概念不需要任何物理現象來維繫。

有個概念可以將這一切統整起來、表達出來，那就是能量。舉個哲學裡的例子：柏拉圖的洞穴寓言[9]。他試圖透過這個稍嫌粗陋的寓言來解釋我們判斷（judgment）的主觀性；其實這跟後來哲學史裡面所謂的認識論在觀念上如出一轍。柏拉圖描述人們困坐在一個洞穴裡面，個個背對著火堆，只能望著身後的各種物體被火光映在眼前石壁上的投影。經過足足兩千年的時間，康德才在《純粹理性批判》裡用哲學思辨的方法清楚闡釋了判斷之主觀性的問題，拜他所賜，我們現在才能用洞穴寓言如此適切地解釋這個問題。

我們總有這樣的印象：像能量這樣的哲學或科學概念——也可以說它是一種理論或假設——都是再空洞不過的東西，今天說是這樣，明天卻又改變了，就像呼出來的空氣一樣飄渺不定。然而，喉輪的大象在撐持、維繫與推動的，顯然就是這些虛無飄渺的東西；雖然它們說穿了只不過是人類心智的產物，但這頭大象卻彷

佛可以用這些概念造出一個現實。這就是我們先入為主的**想法**了——我們以為心智的產物並不如「現實」那般真實。

　　然而事情也並非這麼單純。你透過思索得出各種抽象的觀念，同時你非常清楚這些抽象觀念只不過是你推想出來的結論。它們都是人造的產物；你永遠不能確定它們在現實世界中是否真實存在。不過，假如你碰巧在現實世界中經驗到自己之前推想出來的結論，你就會說：「現在我確定了，我的想法果然是真實的！」舉個例子：現在這個季節很少出現雷雨，而你自己其實也不太相信明天會下雷雨，然而根據種種氣象資料，你依然得出了「明天會下雷雨」的結論。那麼，假如明天真的下起雷雨，你就會說：「我居然能推想出這樣的結論，我真是太厲害了！我就知道我的感覺沒錯！」於是你在現實世界中證實了你的想法，而這份現實會影響全人類。它徹底而全面地影響著你——暴雨令你濕透，雷聲響徹雙耳，你還可能會被閃電擊中。

　　說回脈輪。根據脈輪的象徵系統，類似的情況會在喉輪之中發生。大象會將力量借給心靈現實，儘管我們的理性思維往往認為心靈只是抽象，而非現實。可是這頭大象從不會把牠的力量借給區區理智的產物，因為那些東西永遠無法自證自明，永遠都得倚靠有形世界來佐證其存在的真實性。可是對於純然心靈性的事物而言，想在有形世界裡找到其存在的佐證，根本就是緣木求魚。「神」的

---

9 參見柏拉圖，《理想國》（*The Republic*），第七卷，段514及其後。〔中譯註：山達薩尼註記的是 Desmond Lee 的英譯本（London, 1995）。〕

概念就是一個例子——我們都知道，想在物理事實之中創造出這樣的概念是不可能的，因為它並不屬於這個有形世界。它和發生在時間及空間之中的經驗毫無關聯。它和空間及時間根本沒有任何聯繫，因此你完全不能指望這樣的事情發生。然而，如果你擁有**親身的心靈經驗**，如果心靈要素自己找上門來逼你領受，而你也理解了它，那你就可以為它創造一個概念。「神」這個抽象觀念或概念就是出自於親身經驗。它並不是你憑空想出來的概念，雖然它確實也可以只是智性的產物。但這類經驗的重點在於：它是一個心靈事實。而在喉輪這裡，心靈事實就是真正的現實。因此，大象那股無可撼動的力量此刻在維繫的現實，已經不再是大地上的現實，而是心靈裡的現實。

比方說，你知道你非常想做某件事，但卻同時感覺自己不應該去做，彷彿心中有一道絕對的禁令似的。或者你極度不想去做某件事，可是心靈要素卻逼得你不得不做——你知道自己沒有選擇或猶豫的餘地，只能聽從照做。有時你甚至會在你認為荒唐可笑的那些事情上感受到這股力量，而那就是大象的力量。這類經驗碰觸到的，正是喉輪的象徵所要表達的現實。

我們才講到第五個脈輪，就快要喘不過氣了——名符其實地喘不過氣，因為第五脈輪已經高過我們能呼吸的大氣層；換言之，當我們朝著喉輪邁進，就是一步步走進我們個人或全人類的遙遠未來之中。喉輪的境界將會在兩千年甚至一萬年之後成為全人類的集體經驗，而我們每個人都擁有企及那般境界的能力，或說至少具

有這樣的潛能。早在不知道幾千、幾萬年以前的洪荒時代，古羅馬人、古希臘人或原始部落裡的巫者（medicine men）就已經預見了我們今天討論的全部內容。而此刻的我們是在遠眺數千年以後的光景，所以我們其實正在試圖伸手觸碰那個尚未到來的未來。因此，談論第六脈輪[10]更是一項大膽的嘗試，因為它已經徹底超越我們所能觸及的層次，畢竟我們甚至還沒走到喉輪。不過我們至少可以藉由脈輪的象徵，為第六脈輪建構出一些理論性的框架。

各位還記得繪畫中的眉心輪（ājñā）是什麼樣子嗎？它像一顆長了翅膀的種子，裡頭沒有動物。這代表其中沒有任何心靈要素，我們也不會在這裡感覺到任何與我們相抗的力量。在眉心輪這裡，生命之源的象徵**林伽**以嶄新的潔白面貌再次出現。它之前都在黑暗之中等待萌芽，此刻則是處在璀璨耀眼的白光以及全然的意識之中。換言之：從前一直在根輪裡頭休眠的神，此刻在眉心輪這裡徹底甦醒了，那唯一的現實；所以眉心輪據說就是人和濕婆神合一的境界。我們也可以說，神的力量會在這個脈輪和人發生**神祕結合**（unio mystica），從而讓人進到一個絕對的現實，人在其中成了徹徹底底的心靈現實，同時也面對著另一個並非自己的心靈現實，而那就是神。神就是永恆的、心靈的客體／對象（the eternal psychical object）。所謂的神，其實就是非我之物（the non-ego）的代名詞。在喉輪的境界裡，心靈現實和有形世界的現實還是截然不同的兩者，

---

10 豪爾曾經這樣描述眉心輪：「在這個階段，代表男性力量的神明消失了，但是仍然有一種經過分化的女性力量在此運作著，它直到最後一個脈輪才會消失。我不太確定你們能否找到它在心理學上的平行對應」（引自 HS，90）。

所以人們依然需要藉由那頭白象的支持來維繫心靈世界的存在。即便心靈事實擁有自己的生命，但它們依然是發生於我們內在。

　　但是，心靈在眉心輪這裡得到了翅膀——人們在此領悟到自己其實就是心靈、只是心靈。同時也領悟到自己以外的另一個心靈，它是與人類的心靈現實互補的另一半，它是非我的現實（the non-ego reality），我們甚至不能用自性（self）來稱呼它。你還知道：你將會在它之中消失無蹤。自我（ego）徹底消失了；心靈的種種不再是我們的內容，反而是我們成了心靈的內容。在眉心輪的境界裡，那頭白象會在自性之中消失無蹤，但如各位所見，這是我們根本無從想像的狀態。人再也察覺不到白象本身，甚至連牠的力量都察覺不到，因為牠已經不再與人有所區別了。你已經與牠合而為一、渾然不分了。你甚至再也不會夢到白象的力量逼著你去做這做那，因為你早已在做你所應當做的——那股力量再也不需要逼迫你，因為你就是它，它就是你。而這股力量終將歸於本源，歸於神。

　　下一個脈輪是頭頂的千瓣蓮花，也就是頂輪（sahasrāra）。頂輪對我們來說只是一個沒有任何實質性可言的哲學概念，超越一切可能的經驗範疇，所以我們不必白費唇舌討論它。在眉心輪的層次，人所經驗到的自性和永恆客體／神還是有著相當明顯的差別；但在頂輪的層次，人會明白兩者並無差別，於是得到這樣的更高見地：無客體，亦無神明，除梵以外，別無一物。也不會再經驗到任何事物，因為一切都是一，只有一，沒有二。似睡，亦非睡，因

此頂輪就是所謂*涅槃*（nirvāṇa）的境界。這是一個完全哲學性的概念，只是根據前提以邏輯推導出來的一個結論。它對西方人並沒有實際層面的價值。

索耶爾女士：我想請教您，在東方的觀念裡，沿著脈輪向上是否意味著每當你觸及一個新的脈輪，你就得折返回到根輪呢？

榮格博士：只要你還活著，你當然就是身在根輪之中。這是理所當然的事，畢竟你不可能永遠活在冥想或出神的狀態裡。你得在這個世界裡四處奔波；你得保持清醒／保持意識，並讓神明沉睡。

索耶爾女士：是的，但這會有兩種不一樣的理解方向：這些事情是全部一起進行的嗎？或者它是一趟上下往返的旅程？

榮格博士：脈輪的象徵系統跟西方的各種隱喻要表達的事情是一樣的——譬如夜海之旅，攀登聖山，或是祕教的啟蒙儀式。它其實是一個連續不斷的發展歷程，並不會跑上跑下；因為只要你到過那裡，就再也不會迷路了。比方說你原本待在根輪的層次，後來你走進臍輪的水域，之後你又看似回到了根輪。可是你其實沒有回去；你以為你回去了，但這只是一個幻覺——你已經把你自己的某個東西留在無意識裡面了。所有觸碰到無意識的人，必然都會把自己的某部分遺落在那裡。它可能會被你遺忘或者潛抑，然而你從此就不再完整了。一旦你學會二乘二等於四，它就永遠都是如此，不可能哪天突然變成五。有些人以為自己觸碰到了無意識，但其實只是充斥著自己對它的錯覺——只有這樣的人才會真的折返。如

果你已經實實在在地經驗到它，你就不可能失去這份經驗。它會深深留存在你的本質裡，彷彿徹底化成你的血肉。你可以忘記自己少了一條腿並回去過著從前的日子，可是你的腿早就被利維坦咬掉了。許多進到水裡的人會說：「我這輩子都不會再去那裡了！」可是他們已經失去了某些東西，某些東西從此被留在水裡了。然而，假如你穿越了水域並走進激情的火焰，你就真的沒有回頭路了。因為在太陽輪這裡，你會得到與自己激情的連結，而這份連結是無論如何都不會丟失的。

　　某位聽眾提問：這就像失去了一隻眼睛的沃坦（Wotan），是嗎？

　　榮格博士：沒錯。跟埃及的冥府之神奧西里斯（Osiris）一樣，他也失去了一隻眼睛。沃坦必須將自己的一隻眼睛獻祭給密彌爾之井（the well of Mimir），而這口智慧之井就是無意識。就像這樣，那隻眼睛會從此留在深淵之中，或是從此轉向深淵、望向深淵。[11]雅各・波墨（Jakob Boehme）說過自己曾經「在大自然的心中著迷沉醉」，於是寫了一本有關「反轉的眼」的書。書中形容自己有隻眼睛向內反轉，從此不斷看著地下世界──這就相當於失去了一隻眼睛。他再也無法用雙眼看著這個世界。所以當你真的進入比較高層的脈輪以後，你就會繼續待在那裡，無法真正回到從前了。當然，你可以無視自己遺落的那部分，看似回到原本的生活；但隨著你在脈輪的旅程上越走越遠，這種表面上的折返所要付出的代價也會越來越大。或者，就算你真的把自己和那個脈輪的連結忘得一乾

二淨並且走上回頭路，你也會從此失魂落魄。你在現實世界裡什麼都不是，只是一抹幻影，而你往後的種種經驗也都是空虛的。

　　克勞利女士：所以人們會同時經驗到自己曾經走過的所有脈輪，您認為是這樣嗎？

　　榮格博士：當然。我之前跟各位說過，從我們實際的歷史心理發展來看，現在我們差不多是在心輪的階段；而在這個階段裡，我們可以藉由前人記載的知識、傳統，以及我們自身的無意識來經驗到根輪，經驗到過去關於臍輪、太陽輪的一切。假設有個人已經走到眉心輪的階段，他的意識就不再是個人性的，而是全幅開展的意識。那是一種廣闊無邊、包羅萬象的意識，正如同能量本身。在這樣的意識之中，人不僅能領悟「此即汝」（That is Thou）的道理，甚至可以領悟到更多──每棵樹、每塊石頭、每口呼吸、每隻老鼠的尾巴──萬物皆是你；世上沒有任何事物不是你。在這種意識擴展的狀態下，就會同時經驗到所有的脈輪，因為它是最高的意識狀態，而它如果沒有將先前的一切經驗都包含在內，就稱不上最高了。

---

11 榮格曾經撰文分析沃坦的神話，但並沒有特別處理失去眼睛的母題，參見《榮格全集》第
　　十卷〈沃坦〉（Wotan）一文。

第4講

1932年11月2日[1]

榮格博士：我們先來回答阿勒曼先生的提問：

> 我不明白為何我們的日常生活應該被認為只是單單
> 發生在根輪之中。若說根輪是動物和原始人類那樣與自
> 然完全和諧一致的生命，豈不是更貼切嗎？我們是否應
> 該把我們受過文明開化的生命，理解成較高層脈輪的粗
> 鈍層面呢？這樣一來，昆達里尼的覺醒就會類似於我們
> 對較高脈輪之精微層面有了意識層次上的領悟。也就是
> 說：為了喚醒昆達里尼，我們必須往下探進事事物物的
> 根源之中、探進母源之中；而有意識地領悟根輪／大地
> 的精微層面，也就成了我們的首要之務。

阿勒曼先生提出一個非常複雜的問題。我能明白他在理解這
些觀念時的困難，因為這正是我們以西方立場面對東方觀念時會碰
上的難題。我們會遭遇一個弔詭的情況：對西方人而言，我們的意

識位在高處，也就是位在眉心輪之中；而我們的現實世界則是在脈輪系統的最低處，也就是在根輪之中。除此之外，我們還會迎頭碰上一個顯而易見的矛盾：誠如我們之前的討論，根輪就是我們的世界。然而，既然它是世界，它又怎麼可能像脈輪系統描繪的那樣坐落在我們的骨盆裡面呢？

　　為了幫助各位瞭解這個問題，且讓我再次嘗試概略地解釋西方人的狀態。不過，在此之前，我們要暫時把脈輪的象徵和粗鈍／精微層面的**哲學**這兩者區分清楚。**粗鈍**（*sthūla*）／**精微**（*sūkṣma*）／**至高**（*parā*）——這三個術語所包含的層面是一種觀看事物的哲學方式。從理論上來說，每個脈輪都會具有這三個層面。然而，脈輪其實都是**象徵**。象徵是以圖像的形式將複雜多樣的想法和事實匯集在一起。

　　象徵（symbol）這個字源自於希臘文的 *symballein*，即拋到一起（throw together）。也就是說，象徵一定和聚在一起的事物或被拋作一堆的材料有關；如其字根的表達，象徵應該要被視為一個整體才對。我們可以把 symbol 翻譯成「被視為一個整體的某種東西」或「從整體來看待事物的眼光」。當我們要處理的事物具有諸多面向而且極為繁複時，我們總是需要運用象徵來打造一個能將散落各處的所有部分連結起來的統合體，原先各自分散的每個部分都在象徵之中與彼此緊密交織，我們無法在不摧毀其間之連結同時亦不失去其整體之意義的前提下，從中抽離或拿走任何部分。這種看待事

---

1 〔1932年版編按：本場講座是由伍爾芙小姐為德語研討會上的發表而安排，其中包含榮格博士的補充資料。本文由拜恩斯女士英譯。〕

物的方式在一支名為「完形」理論（*Gestalt* theory）[2]的現代哲學裡頭得到清楚的闡釋，而象徵就是一種活生生的形式或**完形**——我們無法從概念上把握住這些高度複雜的事物群集，於是只能用一個意象來表達；除此之外，我們的理智拿它們毫無辦法。

舉例來說，知識（knowledge）這個哲學命題打從哲學剛被發展出來的年代開始，直到今日，始終都是讓思想家們傷透腦筋的難題，因為它實在是牽連太廣、層面太多了。就拿柏拉圖來說，他這輩子都沒能想出一套足以妥善解釋知識的理論；他沒能想出比洞穴的意象更好的解釋，於是只好把知識描述為一種看似真實的影像或畫面。直到兩千年後，康德才終於建構出一套能夠清楚闡釋知識的理論。

同理，脈輪也是象徵。脈輪象徵的是一群高度複雜的心靈事實，而那些都是此刻的我們沒辦法用意象以外的方式表達的事物。這些脈輪之所以對我們來說具有極大價值，正因為它們呈現出一套關於心靈的象徵性理論。心靈就是一種高度複雜、無所不包的東西，其中不僅包含許多我們不瞭解或不知道的事物，它的各個層面甚至還以一種令人驚嘆不已的方式彼此交疊、交織在一起；所以每當我們試圖呈現自己對於心靈的認識，總是會轉而使用象徵。任何關於心靈的理論必然都是不成熟的，因為它終究會漸漸拘泥於枝微末節，從而丟失了我們此刻設想好的整體視野。

在我嘗試針對脈輪做出一番分析時，各位已經看見要理解這些內容有多困難，同時也看見我們在研究意識以及整體心靈時所

要面對的處境有多複雜。所以，脈輪就成了我們西方人身在這片茫茫荒野之中的寶貴指南，因為東方（尤其是印度）在試圖理解心靈時，向來都是將其視為一個整體。東方擁有一種對於自性的直覺，所以在他們眼中，自我和意識充其量只是自性的一部分，而且是其中無關緊要的一部分。但這一切在我們眼裡都非常奇怪：就我們所見，印度人似乎深深著迷於意識的背景；反觀我們，則是徹底認同於自己的前景、自己的意識。但是，現在即便是在西方，心靈的背景或偏遠地帶也已經甦醒復生了，而且由於這些區域是如此朦朧不清、難以抵達，所以我們一開始只好以象徵的形式呈現它。因此我們會發現一些弔詭的情況，例如根輪既是坐落在骨盆之中，同時它卻又代表我們的現世；而這種弔詭就只能透過一個象徵來表達。同理，我們認為意識是坐落在我們的頭部，然而事實上我們卻是生活在根輪這個最底層的脈輪之中，這個顯而易見的矛盾也只能藉由象徵來表達。

　　正如我們在今年秋天的第一場英語研討會上看到的，根輪就是我們此刻心靈處境的象徵，因為我們都生活在塵世的種種因果糾結之間。[3]我們的意識生命在現世之中糾纏煩擾、身不由己，而根輪就是將這一切**如實**地呈現出來。它不僅是我們生活於其中的外在世界，更是我們的個人意識對於一切外在、內在事物之經驗的總和。在我們日常的意識生活中，我們就像是高度發展的動物，深受

---

2 參見 Kurt Koffka, *Principles of Gestalt Psychology* (New York, 1935)。

3 幻象研討會在本場講座舉行的當天稍早恢復聚會。關於榮格對根輪的評述，參見 *The Vision Seminar* vol. 7, 10。

我們周遭環境的綑綁、束縛與制約。然而我們西方人的意識卻完全不是這樣想。在西方世界裡，我們反而是生活在上層的脈輪裡。我們的意識坐落在頭部之內；我們感覺它就在腦袋裡，我們的思考和意志也都在腦袋裡。我們是自然的主宰者，我們能駕馭各種環境的條件，並凌駕於各種曾讓原始人綁手綁腳的盲目法則之上。我們在意識的王座上居高臨下，俯瞰著自然及萬獸。對我們而言，古代人就像尼安德塔人似的，只比動物好那麼一點點。我們絲毫不明白神明也會以動物之姿現身。對我們而言，「動物」（animal）成了「禽獸」（bestial）〔凶殘的、獸性的〕的同義詞。在我們眼中，本來應該高於我們的東西卻變得比我們還不如，而這就是某種退行或降級。正因如此，我們才會「下潛」到臍輪的深淵之中，或是「墜落」到太陽輪的烈火之內。正因我們認同於意識，我們才會談論下意識／潛意識（subconscious）。而當我們進到無意識（unconscious）裡面，我們又會下降到一個更低的層次。所以我們可以說，目前人類整體而言已經來到了心輪的層次，因為人們都覺得自己被心輪那些超越個人的價值觀約束著。所有文化都會創造超越個人的價值觀。假如有個思想家的觀點表現出超脫日常生活之種種事件的能動性，我們就可以說他是在喉輪的層次，或幾乎已經來到眉心輪。

但這些都只是阿勒曼先生這個問題的**粗鈍**層面，也就是個人的層面──從個人的角度來看，我們似乎都在比較高層的脈輪裡面。而我們之所以會這樣認為，是因為從各方面來看，我們個人的意識以及超越個人的集體性文化已經雙雙來到心輪。我們對於意識

有著很強的認同，因此無法看見存在於意識之外的東西，也無法明白意識並非某種高高在上的東西，而是位在下方的東西。

　　然而，通過心理學或譚崔哲學，我們就可以來到一個新的立足點，並且從這個立足點觀察到：超越個人的事件確實是發生在我們自己的心靈之內。而從超個人的立足點來看待事物，便是觸及事物的**精微**層面。我們之所以能來到這個立足點，是因為在我們創造文化的同時，我們也創造了種種超個人的價值觀，從而使我們能看見**精微**的層面。因為超個人的事物會顯現在文化之中，因此，我們可以透過文化得到一份單憑個人的心理能力所無法企及的覺見。脈輪系統會在文化中顯現其自身，所以文化也可以被劃分為各個層次，比如腹部、心臟、頭部的各個中心。也就是說，我們之所以可以經驗到各個脈輪的存在，就是因為它們都會出現在個人的生命之中，或出現在人類集體的演化進程之中。我們就從頭部說起吧。我們認同自己的雙眼和意識，用非常抽離而旁觀的姿態觀察著世界，這是眉心輪。但我們不能永遠停留在這種抽離旁觀的純粹境界，我們勢必要將自身的思想帶入現實世界。我們將思想訴諸於聲音，聲音又將思想交託給空氣，而當我們用言語承載自身的知識時，我們就是位在喉輪的層次。然而，當某些言語特別難以啟齒，或者會讓我們產生正向或負向的情感時，我們的心就會砰然跳動，於是心輪就被啟動了。這還能再繼續往下延伸，例如，當我們和某人發生爭執，當我們開始變得煩躁、憤怒並且失去控制的時候，我們就是身在太陽輪之中。

如果我們繼續往下走，情況就會變得更加棘手，因為這裡都是**身體**說了算。基於這個理由，對英國人而言，橫膈膜以下的一切都是禁忌；德國人總是比這再低一些，所以他們很容易變得情緒化；俄國人則是完全生活在橫膈膜之下，他們根本是由情緒組成的；至於法國人和義大利人，從他們的言行舉止來看，他們**看似**都在橫膈膜之下，但他們本人和所有的人都很清楚其實並非如此。

　　若要討論在臍輪之內發生的事情，那就比較微妙而且難為情了。比方說，當一份情緒到達極高的強度時，它就不再透過言語表達，而是會以生理的方式表達。它不是從嘴巴離開身體，而是從其他出口離開——比如膀胱。我們可以說，心靈生命就是從臍輪所代表的層次開始的。只有在這個層次被啟動、活化之後，人類才會從根輪的沉睡之中醒來，從零開始學習有關身體的各種規矩。在適當的時機及場合讓我們的生理需求得到滿足，這便是人類道德教育的開端，直到今日，我們也依然是這樣教育小小孩。即便是狗也需要學會這件事；牠們已經生活在臍輪的層次裡，因為牠們會在樹叢和街角四處留下「到此一遊」的訊息。之後來到這些地方的狗會閱讀這些訊息，並從中得知各種資訊：例如留下訊息的這隻狗是吃飽還是空腹，牠是大狗還是小狗——這些差異在繁殖季節可是相當重要。藉由這種方式，狗兒們就能和彼此交流各式各樣的消息，從而引導自己的行動。

　　這是表達心靈生命的最初、最低的方法，但至今仍有某些人類會使用，例如非常原始的罪犯。各位知道什麼是 *grumus merdae*

（糞堆）嗎？盜賊會在被他洗劫過的地方留下自己的排泄物，同時還要說出：「這是我的記號；這是屬於我的；從我地盤經過的人真可憐哪」，這樣一來，他的排泄物就會轉變成一種避禍驅邪的咒物──這是一項從古代遺留至今的風俗。因為在原始的環境條件下，這種記號性的語言其實具有非常重要的意義，甚至可能攸關生死。一個人可以從動物留下的糞便判斷它是否新鮮，以及它是來自危險動物還是對人有用的動物。當然，人類留下的排泄物也是如此；假如敵對的部落就在附近，那麼新鮮的人糞就是一個危險的信號。生命所處的環境條件越是原始，由臍輪層次的心靈顯現在外的事物也就越有價值。我們可以說臍輪的顯化物（manifestations）就是自然的第一種語言。因此我們的夢境經常會出現屬於臍輪層次的意象；此外，它們也充斥在中世紀許多俏皮話和大尺度的笑話裡頭。

　　至於根輪，當我們身在其中就什麼都不知道了，因為心靈生命在這個層次處於休眠狀態。所以阿勒曼先生說得確實非常中肯──根輪是像動物和原始人類那樣、與自然完全和諧一致的生命；另一方面，我們受過文明開化的生命則應該被視為更高層脈輪較為**粗鈍**的層面。他接下來說的也很正確：「這樣一來，昆達里尼的覺醒就會類似於我們對較高層脈輪之**精微**層面有了意識層次上的領悟」。但是，為了有意識地領悟根輪或大地的**精微**層面，有什麼是我們一定要做的呢？

在這裡，我們再次碰上了巨大的弔詭。在意識上，我們彷彿身在眉心輪之中；但在實際上，我們卻生活在根輪之中，而那就是**粗鈍**的層面。那麼，我們有可能贏得另一個層面嗎？我們都知道，如果我們依然和某個事物或經驗融為一體、渾然不分，我們就無法對它有任何的瞭解。唯有當我們來到一個在它「外面」的立足點時，我們才能徹底瞭解自己之前經驗到的究竟是什麼。比方說，唯有在我們到外國生活過一段時間，於是能夠從外部觀看我們自己的故鄉時，我們才有辦法對自己所屬的國家、民族、人種或大陸做出一番客觀的評價。我們個人的立足點代表的是**粗鈍**層面；超個人的立足點則是**精微**層面，而它可以為我們彰顯自己在這世上的真正位置——那麼，我們要怎樣才能把前者擺到一旁，並轉而採用後者呢？我們怎樣才能明白自己是身在根輪之中呢？我們之前講過，根輪就是一種心靈沉睡的狀態；身在其中的我們完全沒有意識，所以對它也無話可說。我今天一開始有說過，我們會透過文化創造出各種超個人的價值觀，從而讓我們得以略微窺見人類心理的其他可能性，並觸及心智的其他狀態。在創造超個人價值觀時，我們會從精微層面開始。我們在創造象徵的時候，便是從精微層面觀看事物。同樣地，我們也可以從**精微**層面觀看人類的心靈，而脈輪的象徵系統便是如此。對於脈輪這種觀看心靈的立足點而言，我能談論它的唯一方式就是透過象徵。當我們以象徵觀看我們的心理及全人類的心理時，就彷彿是從不受時間與空間限制的第四維度觀看；而脈輪系統就是從這樣的立足點被人創造出來的。它是一個超

越時空及個體的立足點。

　　這就是印度普遍的靈性觀／精神觀。印度教徒跟我們不一樣，他們不會把氫原子解釋為世界創造的起點，也不會把個人或人類的進化描述為從低到高、從下到上、從深沉無意識來到崇高意識的歷程。他們從來不會站在**粗鈍**層面來看待及理解人性，而是著重於談論**精微**的層面，所以他們會說：「起初，只有梵，獨一、不二。梵是一個不容置疑的真實，它在，又不在。」[4]他們是從頂輪的層次出發；他們說著神明的語言，而他們對於人類的思索是從上往下的，也就是從**精微**或**至高**的層面來觀看人類。對他們來說，內在經驗就是一種神啟（revelation）；他們從來不會對這份經驗說出「我想／我認為它如何如何」之類的話。

　　不過，我們對東方的看法往往不是這樣。我們可以誠實地說，相較於我們來到心輪層次的意識文化，印度集體的文化是位在根輪之內的。我們只需想想印度實際的生活條件就能證明這一點——想想印度的貧窮、髒亂、缺乏衛生、對於科學和科技成就的蒙昧無知。從**粗鈍**層面來看，印度集體的文化確實還在根輪的層次，而我們則已經來到心輪。然而，印度對於生命的概念是從精微層面來觀看人性，而當我們從那樣的立足點出發，一切就會徹底顛倒過來。以個人而言，我們的意識確實可以在心輪甚至眉心輪的層次駐足，儘管如此，我們的心靈狀態整體而言無疑還停留在根輪的層次。

---

4 榮格曾在《心理類型》（*Psychological Types*）一書中針對「梵」寫過一段長篇評述，參見《榮格全集》第六卷，段 326-47。

例如吠檀多哲學就是在用頂輪層次的語言解釋世界，他們會說：「這個世界起初是梵，只有梵；因為梵是獨一、不二，所以世界無從開展。梵唯一知道的就是自己，而當祂領悟到『我是梵』之後，祂便化成了整個宇宙。」假如我們現在也開始用這種語言繼續演講，人們大概都會認為我們發瘋了，或至少會認為這裡有群狂熱的教徒正在聚會。所以，如果我們神智清明而且活在現實，當我們要描述某件事的時候，我們總是會從日常而平凡、具體而實際的事物開始說起──一言以蔽之：我們總是會從粗鈍層面開始。我們的職業、我們居住的地方、我們的銀行帳戶、我們的家庭以及種種社會關係……對我們來說，這些才是真正無庸置疑的事物。如果我們真的想要活命、想要生活，就不得不先顧慮到這一切的現實條件。若是缺少個人層次的生活，缺少此時與此地，我們就無法觸及超個人的境界。首先必須要圓滿個人層次的生活，然後才能將超個人的心靈歷程帶進來。

我們之前的幻象研討會一次又一次地為我們展示何謂「我們內在的超個人事物」：它是一種有別於自我、有別於意識的心靈事件。我們在那位病患的幻想裡所要處理的各種象徵與經驗，總是和她作為某某太太的身分毫無關聯，它們都是從她內在的集體人類靈魂之中浮現的，因此都是集體性的內容。在分析當中，只有在個人生活中的一切都已經被意識吸收同化之後，超個人的歷程才能開始。藉由這種方式，心理學就能打造出一個比自我意識更高更遠的立足點，從而讓人經歷到自我所不能及的種種經驗。（同樣的過

程也會在譚崔哲學之中發生，但兩者的差別在於：譚崔根本不把自我當一回事。）這個立足點和這種經驗，就是「我們怎樣才能從人世間諸般沉重的現實之中讓自己得到自由」這個問題的解答；換言之，就是如何讓我們的意識從這世界的束縛之中解脫。各位還記得水和火的象徵吧，例如那位患者就畫了一副她站在火裡的自畫像[5]。那幅畫代表的就是下潛到無意識裡面，她既是進到臍輪的浸禮池之中，也是進到太陽輪的烈火折磨之中。我們現在明白，潛入水中和忍受火焰並不是一種下降，不是墜落到較低層次，反而是一種上升。這是一種使人能夠超越意識自我的發展，是一份從個人走進超個人的經驗——這將會拓展個人心靈的視野與疆界，使其能夠容納全體人類共有的心靈內容。當我們在吸收同化集體無意識時，我們並不是在消解它，反而是在創造它。

唯有在抵達這個立足點以後——唯有在碰觸到臍輪的洗禮之水以後——我們才能明白，即便我們看似發展出很高的意識文化，但它其實還在根輪的層次。我們也許可以在個人意識中觸及眉心輪，而我們的民族一般來說都還在心輪，但這些仍然只是在個人方面——即仍然是從**粗鈍**層面來看，因為這說法只適用於我們的意識。只要自我一直認同意識、等同於意識，它就會被這世界逮住，就會被困在根輪的世界裡。然而我們只有在經驗到、達到一個超越意識的立足點時，才能如實看見這一點。只有在我們開始熟悉

---

5 榮格在當天稍早也評論過這個意象，參見 *The Visions Seminar* vol. 7, 11。[1932 年版編按：這幅畫作收錄於該書英文版，插圖 27。]

心靈的遼闊與廣大，並且不再用區區意識的疆界來畫地自限時，我們才會明白我們的意識其實是被纏縛在根輪之中。因此，脈輪的象徵為我們提供了一個格局遠比意識更加寬廣的立足點。它們是將心靈視為一個整體之後所得出的洞見，而且攸關人類心靈的種種處境以及可能性。脈輪象徵是從一個普世性／宇宙性的立足點來表達心靈，這樣的立足點彷彿是一個從上方俯瞰著心靈的超意識（superconsciousness），彷彿是一個包羅萬象的神聖意識。從這個四維意識的角度來看，我們便能明白自己其實還是活在根輪裡，而這就是*精微*層面的洞見。若從那個角度觀察，當我們進入無意識時，我們其實是往上升的，因為它使我們脫離了日常的意識。在尋常的意識狀態下，我們其實是位在下方，在塵世間的各種虛妄之中盤根錯節、糾纏綁縛、身不由己——簡而言之，我們只不過比高等動物稍微自由一點。我們擁有文化，這是事實，可是我們的文化並非超個人的，它是在根輪層次的文化。我們確實已經讓我們的意識一路發展到幾乎能觸及眉心輪的程度，但我們的眉心輪是一種個人層次的眉心輪，所以它依然是在根輪之中。儘管事實如此，但我們並不知道自己身在根輪之中，就像美洲原住民並不知道他們生活在美洲一樣。我們的眉心輪被困在這個世界裡了，它是一道被囚禁在世界裡面的光之火花（a spark of light），而我們的一切思考也都侷限在和這個世界有關的事物上。

　　反觀印度教徒，他們的一切思考總是帶著宏偉的光芒。他們的思想並非從個人性的眉心輪出發，而是宇宙性的。印度教徒的思

考始於梵，我們的思考則始於自我。我們的思想是從個體性出發，再向外延伸到一般性；印度教徒卻是從一般性出發，再向下深入到個體性。若從*精微*層面來看，一切都會如此這般顛倒過來。從這個角度來看，我們便會領悟到自己無論身在何處、走到哪裡，都還是被封閉在因果律的世界裡；若用脈輪的語言來形容，我們就不是「高高在上」，反而絕對是「低低在下」。我們此刻是坐在世界骨盆之中的一個洞裡，而我們的心輪其實是根輪裡的心輪。我們的文化代表的是被囚禁在根輪裡的意識。從*精微*層面來看，一切仍然都在根輪之中。

　　基督宗教同樣是以*精微*層面作為基礎。對基督宗教而言，這個世界也只是去向更高境界的的一個準備階段；至於像此時此地這樣與世界有所牽掛的狀態，則是錯誤而罪惡的。早期教會的各種聖事和儀式，目的都是要把人從個人性的微小心智狀態裡解救出來，從而讓人可以象徵性地參與到一個更高的境界之內。浸禮——也就是投身到臍輪之中——的奧祕在於，「舊的亞當」會在水中死去，「屬靈的人」則會誕生。人們渴望自己最終能夠脫離個人、被提升到超越個人的境界，而基督的顯聖容[①]和死後升天正是對於這份期待的象徵性表達。

　　古代的教會是將基督視為領袖，所以那些由祕儀團體或啟蒙儀式所應許的轉變依然可以被包含在基督宗教裡面。然而，對於不是基督徒的西方人而言，此時此地就是唯一的現實。我們必須先在*粗鈍*層面充分地活過，必須先把扎在根輪裡的根系徹底長好，之後

才有可能活出超越根輪的境界。在我們走到那一步以前，我們都不會知道自己被困陷在根輪之中。唯有這樣，我們才能將個人意識發展到眉心輪的層次，也唯有這樣，我們才能夠創造文化。雖然我剛才說過這其實只是個人層次的文化，但這樣的文化背後依舊站著上帝／神，也就是超個人的內容。而透過文化，我們就能觸及**精微**層面。這時我們才會看見：先前看似是我們努力之巔峰成果的事物，不過只是某種區區個人性的東西，只是區區意識的星火微光罷了。於是我們就會明白，從脈輪這種將心靈視為整體的宇宙性系統來看，我們只有個人意識的部分抵達眉心輪，其他部分都還待在根輪的層次裡。

為了讓各位能更快理解，且容我打個比方——你們可以把宇宙性的脈輪系統想像成一棟巨大無比的摩天大樓，它的地基埋入地球深處，地底共有六間地下室，一層高過一層。人們可以從第一間地下室一路往上走到第六間，但他們會發現自己還是位在地球的深處。這六間地下室加總起來便是宇宙性的根輪，而即便是在我們個人已經來到眉心輪的層次之後，還是會發現自己置身於這個宇宙性的根輪之中。我們永遠要把這件事牢記在心，否則我們就會陷入跟神智學（theosophy）一樣的誤解，混淆了個人性和宇宙性，也混淆了個體的光之火花和神聖的神性之光。若是帶著這樣的誤解，我們終將一無所獲，只會飽受巨大的膨脹摧殘。

話說回來，站在宇宙性脈輪系統的角度來看，我們現在仍然處在非常低下的位置，而我們的文化也只是一種根輪式的文化，

只是一種個人層次的文化，其中的神明還沒有從沉睡中醒來。所以我們才必須喚醒昆達里尼，好讓個體的火花能被諸神的光映照得更加明亮。我們可以在思維的世界和各種心靈事件當中觸及這種有別於日常的心智狀態，我們可以從**精微**層面觀看自己，但這時所看到的一切都會徹底顛倒。我們會看見自己坐在一個洞裡，而且這時的我們並沒有向下進入無意識；在我們和無意識建立關係時，我們反而是在經歷一個向上移動的發展歷程。啟動無意識正是意味著要將昆達里尼這股神聖的女神力量喚醒，也就是在個體內啟動超個人的發展歷程，並藉此點亮諸神的光。在蒙昧沉睡的根輪世界裡被人喚醒的昆達里尼，正是超個人、非自我的心靈整體，而我們唯有藉由昆達里尼的幫助，才能在宇宙學和形上學的意義上到達更高脈輪的境界。基於這個原因，昆達里尼和諾斯替教派的拯救之蛇索特爾（Soter）[2]代表著同樣的心理原則。這種看待世界的角度就是**精微**層面，其梵語 *sūkṣma* 指的正是事件內在的宇宙性意義——也就是其中的「精微身」（subtle body）或者超個人意義。

至於所謂的**至高**（*parā*），豪爾教授將它稱為形而上的（metaphysical），它對我們來說就是一種純粹理論性的抽象概念了。西方人的心智對它束手無策。對印度式的思維而言，這種實質化的抽象概念反而顯得更具體、更實在，例如**梵**或**神我**的概念在印度人眼裡就是無庸置疑的唯一真實；但在我們看來，這卻是要憑著膽大包天的揣測才能得出的最終結論。

拜恩斯女士：豪爾教授所謂的「形而上」是指什麼呢？[6]

榮格博士：那同樣也是屬於*精微*的層面。我們只能透過象徵來談論他。例如從意識過渡到無意識的水、火就是這樣的象徵。

克勞利女士：之前提到的*造作*（*saṃskāra*）和創造原則（creative principle）之間有什麼關聯嗎？永恆少年（puer aeternus）也和它們有關嗎？[7]

榮格博士：*造作*可以和根輪相提並論，因為兩者都是我們生活在其中的無意識環境。我們可以說*造作*是代代相傳的胚芽，也就是無意識的決定性因子，是先於事物存在之本身並決定事物未來樣貌的質素，也是根部之中的生命。永恆少年則是從根部萌發出來的新芽，是對綜合以及脫離這個世界的嘗試。只有通過綜合先前存在的條件，我們才能擺脫它們。

萊希許坦博士：*造作*就是原型嗎？

榮格博士：是的，我們一開始就是以「活在原型裡的生命」（a life in archetypes）的形式存在的。孩子們在還沒有能力說出「我」以前，就是活在這樣的形式裡。這個集體無意識的世界是如此奇妙，所以孩子們會不斷地被吸引、拉回其中，所以要讓孩子和它分離開來總得費盡一番工夫。有些孩子永遠不會失去關於這個心靈背景的記憶，也永遠不會遺忘其中蘊藏的妙事與奇蹟。這些記憶會繼續活在象徵之中。印度教徒將它們稱為「珍寶世界」或「摩尼島」（*manidvipa*），那是一座位在甘露之海中的寶石島。

在一陣突如其來的驚嚇之中，孩子們忽然穿越了這個絕妙無

比的集體無意識世界，進到生命的**粗鈍**層面；或者也可以用另一種方式表達──當一個孩子覺察到自己的身體，當他感受到不舒服，當他放聲哭泣時，從那一刻起他便進入了臍輪。他開始意識到自己的生命，意識到自己的自我，於是從此脫離了根輪。屬於他自己的生命從此開始：他的意識開始與心靈的整體分離開來，而那個充滿原始意象的世界、那個如奇蹟般燦爛輝煌的世界，就這樣被他永遠遺落在背後了。

克勞利女士：心識（*citta*）[8]和昆達里尼之間有什麼關聯嗎？

榮格博士：心識是有意識和無意識的心靈場域、集體心理，而昆達里尼的現象也是在這個區域裡發生的。**心識**其實就是我們的知識器官（organ of knowledge），當昆達里尼進入這個區域之後，

---

6 豪爾是這樣定義他所謂的形而上概念：「我在譚崔瑜伽的神學及形上學之間做了清楚的區分……前者指的是對於神明的看法、描繪神明的方式等；後者則是那套神學的哲學面向」（引自 HS, 25-26）。在這段話之後，豪爾又接著區分了粗鈍、精微、至高這三個層面。

7 關於永恆少年，參見瑪麗－路薏絲‧馮‧法蘭茲（Marie-Louise von Franz），《永恆少年》（Puer Aeternus）（徐碧貞譯，心靈工坊，2018）（原書由 Santa Monica 於 1987 年出版）；另見由詹姆斯‧希爾曼（James Hilman）主編的《少年原型文集》（*Puer Papers*, [Dallas, 1979]）。

8 伍鐸夫指出：「心識（*Citta*）的特殊之處在於：記憶（*Samraṇa*）原本只是 *Anubhava* 或 *pratyaṣka Jñāna*，也就是當下直接的認知，而心智（Mind）正是透過『心識』這個心理官能（*Vṛtti*）才首次喚起這些記憶。」引自亞瑟‧阿瓦隆（化名約翰‧伍鐸夫爵士），《靈蛇之力》，（倫敦，1919），頁 64。

對豪爾而言：「毫無疑問，心識就等於我們內在世界的一切。其中的一切都被心識的力量支配著；換言之，心識就是使內在的宇宙得以完整存在的『靈魂』（soul）。如果我對榮格博士的心理學的理解足夠深厚的話，我覺得他對於靈魂的概念和 citta 這個概念是有幾分類似的。」（引自 HS, 33）。

齊默將心識定義為「透過心靈經歷或實現的一切事物」，參見 Heinrich Zimmer, *Philosophies of India*, edited by Joseph Campbell (London, Bollingen Series XXVI, 1953), 321。

蘇蘭達拉納斯‧達斯古普塔表示：「心識的狀態或官能可以用以下五種類型來描述：（1）正確的認知、（2）虛幻的知識、（3）想像、（4）睡眠、（5）記憶。」引自 Dasgupta, Yoga Philosophy in Relation to Other systems of Indian Thought (Calcutta, 1930), 273。

費爾許坦表示：「citta 是帶有動詞詞根√ cit 的完美被動分詞，意思是『認知、觀察、感

依經驗建構而成的自我就會被打破。[9]昆達里尼在本質上就和**心識**截然不同，所以當她出現在後者的領域裡時，事實上就是一個突然闖入的、徹底陌生的元素。假如她和**心識**並非徹底不同，那她就不會被感知到。不過我們最好不要對此做出過多的揣想，因為它們都是專屬於東方思想範疇的概念，所以我們在使用這些概念的時候必須非常節制。一般來說，西方心理學的各式用語就已經足夠我們使用了；我們最好還是把這些譚崔概念視為專門的術語，唯有當我們自己的心理學用語真的無法言傳時，再把它們拿出來用。比方說，我們之所以採用「根輪」或「粗鈍／精微」這樣的術語，正是因為我們自己的語言無法表達和這些概念相應的心靈事實，所以只好從譚崔瑜伽借用。可是我們並不需要借用「心識」這樣的概念。同樣地，昆達里尼的概念對我們也只有一個用途，那就是用來描述我們自身和無意識遭遇的種種經驗，描述和個人開始踏上超個人心靈歷程有關的種種經驗。如同我們從實務經驗中得知的，蛇的象徵經常出現在這些時刻。

知』(to recognize, observe, perceive)，同時也有『變得明亮、閃耀』(to be bright, shine)的意思。舉凡要表達任何跟意識活動有關的心靈／心智現象，都會用到這個字。」引自 Feuerste, *Philosophy of Classical Yoga* (Manchester, 1980), 58。關於翻譯這個術語的困難之處，除了參見費爾許坦在 *The Philosophy of Classical Yoga* 裡的評述以外，另見 Agehananda Bharati, *The Tantric Tradition* (London, 1992), 44-47。

9 榮格在評述帕坦伽利的《瑜伽經》時將 *citta* 翻譯成 consciousness（意識），參見 *Modern Psychology 3*, 122。

附錄一

榮格演講

1930年10月11日〈印度的平行對應〉[1]

今天是本次研討會的最後一天。這些天來我們看了好幾張畫作，今天就來談談我們可以如何理解其中的意義。展示這系列圖像的用意，並不是要各位把它們視為模型。在我們試圖從這些畫作所描繪的歷程中提取出一套治療方法的同時，我們絕對不能忽視歐洲世界和我們個人本身的種種先決條件。內在意象的復甦必須是一個土生土長、循序漸進的過程。

對此，有些人可能會提出這樣的質疑：「假如這位瞭解這些事情的榮格博士不在現場的話，這則案例真的還會以同樣的方式發展嗎？」換句話說，人的意念是不是會以一種最細微的形式在這當中傳遞著、影響著呢？關於這個問題，我們或許只能回答：「命運由不得人試探」（one cannot experiment with fate）。眾所周

---

1 關於這份演講紀錄的出處，參見本書前言第一頁。榮格有兩份手稿跟這場演講發表的內容非常貼近，分別以「譚崔主義」(Tantrism) 和「脈輪」(Chakras) 為標題；前者的第一頁包含伍鐸夫的著作列表，並抄寫齊默《印度神聖圖形中的藝術形式與瑜伽》(*Artistic Forms and Yoga in the Sacred images of India*, translated by G. Chapple and J. Lawson) (Princeton，1984) 這本書第26-62頁的部分文字及參考書目。由此可以推測，榮格對於譚崔瑜伽的基本概念應該就是藉由這些著作建構起來的。手稿的第二、三頁和本場研討會的開場段落非常貼近。本次研討會中使用的一些術語與先前的研討會中使用的術語保持一致。

知，任誰都無法確定一件事情假如發生在這時會如何，假如發生在那時又將如何。靈性發展的歷程也是如此——就算我們去猜想一件事情在別的時間、別的地點會不會以相同的姿態發生，也不可能排除其中的主觀因素。而我這位榮格博士，就是企圖在印度與西方的靈性發展歷程之間尋找這樣的平行對應性，它們可以在各個時期的文本和典籍當中得到證明。此外，我這位榮格博士也蒐集了一系列為數眾多、來自世界各地的人類靈性發展意象，它們都能拿來當成論證。而其中最引人注目的一項證據就是：地球上有個偉大的文化已經將這些材料和象徵作為其在宗教、哲學方面的教導超過兩千年之久——那就是印度。而接受榮格式分析的患者們自發產生的一系列意象，和我們在印度傳統中找到的意象呈現平行對應的關係；因此，這也可以證明這些內在歷程並不是受到榮格博士的觀點影響，而是呼應著一個原始的心靈結構。

這些平行對應主要是在印度的譚崔典籍裡發現——譚崔（tantra）本身就是「書」的意思。小乘佛教約莫於中世紀時在印度逐漸式微，蒙古地區也於這時發展出了所謂的大乘佛教；印度教的元素正是在這個時期深深融入佛教之中，而譚崔主義（Tantrism）就是在這個背景之下興起的一支運動。「大乘」這個分支問世的時代，恰好就是佛教史上一個格外奇特而且兼容並蓄的階段：在印度教的修行及冥想方式融入佛教之後，從中又衍生出一些介於兩者之間的過渡形式，而它們在面目幡然以後，已經幾乎不能再被視為佛教了。譚崔思想是印度教濕婆教派（Shivaism）①

宗教形式的主軸。佛教中期，瑜伽的修持方式又演變出兩條不同的路線：*sādhana*（靈性操練）和 *vajrayāna*（金剛乘）。

真言（mantras）是一種具有力量的話語，在 *sādhana* 實踐的法術儀式中扮演著重要角色。人們可以藉由唸誦真言召喚神明現身，而延達拉（yantra）[2] 或曼陀羅（mandala）這種圖像則有助於神明幻象的出現。延達拉是一種專門用於祕儀崇拜的圖畫，而神明會被描繪在畫的正中央。藉由對於畫中神明深沉的靜觀默想，就能讓一幅延達拉變得栩栩如生。觀畫者會進入神明之中，而那尊神明就在觀畫者之內；換言之，觀畫者會對神明產生認同，從而讓自己被神格化。這種法門通常是用來促成「人」與「全」（the All）的合一，但也可以用來施展一些單純服務世俗目的的法術，例如某些苦行者就會耍弄這種伎倆。

與此相對的則是 *vajrayāna* 這個分支。梵語的 *yāna* 就是指交通工具或道路；*vajra* 這個字則帶有雙重性質，它既有神聖的含義，又可以暗指陽具。梵語 *vajra* 可以指涉閃電、能源、生命力、神聖能量、智慧、意識的力量，或者它也可能是神祕地代表著男陽**林伽**的雷霆霹靂；而神祕地代表著女陰**優尼**的 *padma*（蓮花）則是它的女性對應物。在宗教崇拜中，人們經常可以找到 *vajra* 和 *padma* 合二為一的象徵圖像。

---

2 關於 yantra，豪爾提到：「這是一個意義相當廣泛的字，泛指任何可以被人用來執行特定用途的器／具／儀（instrument or tool）或者裝置／機械（device or mechanism）。神聖圖像就是一種在術法和儀式兩方面都有極大精神性、靈性效用的構造。」

由於 *vajra* 的雙重性，隨後便發展出兩支不同的路線：「右手派」和「左手派」。「右手派」在 *vajra* 裡面看見的是神聖的能量，他們比較偏向哲學，並且偶爾會因為過度強調靈性／精神性而迷失方向；至於主張性觀點的「左手派」則是比較不受歡迎的一群，對他們而言，*vajra* 表達的是個人的性愛實踐。（這兩種觀點的路線之爭，和今日心理學學界所面對的情況可說是如出一轍。）

　　根據大乘佛教的教導，萬事萬物都具有成佛覺悟的潛質；萬事萬物都是尚未圓滿、尚未蛻變成**如來**（*tathāgata*）的胚胎。萬事萬物都是由相同的能量聚合而成，而 *vajra* 這股金剛之力就默默地隱藏在世間的一切之中。因此，佛陀的第四個身體──精微身（subtle body）──就是雷電之力以無上喜悅的形式顯化出來的身體，人們將其稱為**金剛薩埵**（*vajrasattva*）或**阿南達**（*ānanda*），也就是妙樂（bliss）。尼采曾說：「因為所有愉悅都渴望永恆，渴望深刻，渴望永恆！」[3]**如來**就是在這種妙樂的狀態中以**金剛**的形式擁抱了祂的女神夏克提（Śakti）。神明就是這樣和祂的女性形式、祂的後嗣、祂的造物、祂的塵世永恆地居住在一起。這種信仰觀主要是出現在印度教的濕婆教派裡面[4]，而有著許多手臂的濕婆神正是他們崇拜的對象。祂是群山中的獵人，祂是閃電，祂是造物之中隱而不顯的力量，祂是偉大的沉思冥想者。夏克提則是濕婆的配偶，祂是力量的具現，是主動積極的創造之力。古老的《奧義書》裡有一組概念和上述的觀念不謀而合，那就是 *puruṣa*（**神我**）以及 *prakṛti*（**原質**）──濕婆和夏克提等同於**神我**及**原質**，又

等同於**林伽**和**優尼**。崇拜濕婆神的信徒也在想像和繪畫裡將祂表現為 *śiva-bindu*，其中的 *bindu* 就是點（point）的意思，所以直譯即是「**濕婆點**」，也就是潛伏的、點狀的創造力量；而夏克提則是以花朵或車輪的外形環繞在中央的濕婆點周圍，也就是人們口中所說的「蓮花」或「脈輪」。這便是曼陀羅的原始形式。與此相關的是一串神祕的音節：*Om mani padme hum*（**唵嘛呢叭咪吽**）②，姑且可以翻譯成這樣：「噢，藉由蓮花中的寶石」（Oh, by the gem in the lotus）。它們同時代表著最高的完美與最初的開始，一切可以被人言說的事物都被包含在這串真言裡面。對西方人而言，這是我們的思維所能企及的最高、最遠之處；但對印度人而言，這卻只是他們出發上路的第一站。印度人是從內在啟程，西方人則始終活在外在。眼前所見的世界在印度人眼中只是表象、錯覺，只是幻覺女神**瑪雅**（*Māyā*）一手創造出來的產物，亦即夏克提的產物。[5] 人的意識也是一場幻覺，充其量只是由先前種種經驗與記憶的**造作**（*saṃskāras*）③投影而成的一匹薄紗。嬰兒剛出生時，

---

3 〔中譯註：原文如此：Since all pleasure wants eternity, wants deep deep eternity.〕Richard Hollingdale 將這句話修潤為 "Joy wants the eternity of all things, wants deep, deep, deep eternity!"（喜悅渴望萬物的永恆，渴望深深深深的永恆！）參見. Friedrich Nietzsche, *Thus Spake Zarathustra* (London, 1985), 332。

4 〔1932年版編按：此派信徒在1910年時將近三百萬人之多，尤以南印度為大宗。〕

5 〔1932年版編按：無論是偏門的靈修還是粗野的性事，兩者都是瑪雅女神巧手編織的幻象。因此，佛陀在某次說法時開宗明義地談到存在的兩種途徑：耽溺世俗和禁慾主義，並認為這兩者都是錯誤的，只有八正道的正確知見、正確行為才是真實的中道。然而，佛陀並未明言何謂各種情境皆能通用的所謂「正確」，只能依據當前的處境個別推敲。〕

其意識雖然一片空白，但卻已經被先於他存在之前的經驗預先決定好了，而那就是我們所謂的集體無意識。可是印度人的說法卻是：夏克提本身即具有意識。這正是最讓人摸不著頭緒、難以置信的關鍵。童年時期的第一個夢就包含著 *saṃskāras*，也就是原型。所以當我們在兒童的繪畫裡看見顯然類似脈輪或曼陀羅的意象時[6]，也就沒什麼好意外的了。小小孩其實非常年老；反而是隨著年歲漸長，我們才變得越來越年輕。當我們活到中年，這時我們和集體無意識或 *saṃskāras* 之間的聯繫已經幾乎或徹底斷絕，所以這是我們最年輕的時候；而唯有當我們在光陰層疊之中重新憶起這些聯繫時，我們才會再次變老。

在金剛乘這支流派中，發展出一套特殊的瑜伽操練方式，被稱為夏克提瑜伽（Śakti yoga）〔或譯性力瑜伽〕或昆達里尼瑜伽（Kundalini yoga）。其中，*Śak* 是擁有力量／具備能力的意思；*Kundala* 則是盤蜷／纏繞的樣子。有個女神名叫 Śakti-Kundalini 或 Devī-Kundalini，她是女性原則的化身，是那股環繞在中央寶石周圍的積極顯化力量的化身。她就是宇宙的創世之音（*śababrahman*）。她像蛇一樣纏繞著中心，纏繞著金色種子、寶石、珍珠、蛋。[7]然而這條昆達里尼之蛇其實也是一位女神，她是一串閃爍明滅的光，她是「世界的魅惑者」（the world bewilderer）。[8]藉由她創造的混亂和迷惘，意識世界於焉誕生。她就是在想像中編織出世界的幻象薄紗的阿尼瑪或 Devī-śakti（造物女神）。[9]不過這當然是站在男性心理的角度來看；若是從女性的觀點來看，阿

尼姆斯才是那位一手打造出世界的能工巧匠。

　　濕婆從自己體內分離出夏克提，後來夏克提又孕生了瑪雅。而瑪雅就是慾望，因此她是一切錯誤的火源。滿懷慾望的意識恰恰與純然冥想的意識相反相對。這種分離、孕生的過程可以描繪成水平式的視覺圖像，也可以垂直地描繪。我們先前提過的曼陀羅就屬於水平式的情況；瑪雅會在其中被描繪成一個耀眼的火圈（蜂巢狀的熊熊烈火）。在垂直式的案例中，人們則會發現圖畫下方有著黑暗和混亂，上方卻是純粹的力量和光芒。[10] 這種宗教崇拜的意象和人體內部的各個脈輪一樣，都是上下垂直排列的不同意識層次。[11] 在最古老的《奧義書》裡，心臟（四個心室！）是靈魂或知識的坐落之處，清醒的意識也是坐落於此。心臟是雙手與雙腳的根源，也是**普拉那**（ *prāṇa* ）這種「生命氣息」的所在地。**普拉那**是一種 vāyu（風息），也就是一股來自根輪的

---

6 〔1932年版編按：參見一位孩子繪製的羅騰堡圓環（the Rothe circle），Frau Sigg 曾經對此發表過一場演講。〕

7 〔1932年版編按：參見希臘神話中的奧菲斯蛋（Orphic egg），有一條世界之蛇盤繞在蛋上。〕

8 〔原文為英語。〕榮格收藏了一本亞瑟·阿瓦隆（筆名為約翰·伍鐸夫爵士）1919年版的《靈蛇之力》，他在該書第37頁的「造物女神……世界的魅惑者」（the Devī-śakti...the world bewilderer）這句話底下做了記號。

9 在榮格收藏的那本《靈蛇之力》的第254頁，他劃記了以下段落：「從昆達里尼一夏克提的創世大能來看，它就是知見（Cit）或意識。因為這個世界和所有人類都是因著女神夏克提的行動才得以存在。」

10 〔1932年版編按：有人在埃及發現這樣的繪畫表現：畫的下方是一條盤蜷的蛇，上方則是頭戴光冠的女神伊希斯（Isis）。〕

11 〔1932年版編按：（**甲**）波斯的蘇菲教派區分了三個脈輪：一是腦的母親（the mother of the brain）或球狀之心（the spherical heart），二是雪松之心（the cedar heart），三是百合之心（the lily heart）；（**乙**）另請參見墨西哥的神話故事集《波波爾烏赫》（*Popol Vuh*）。〕

風，而 *mūlādhāra* 就是「根部的支持」。《飛鳥奧義書》（*Hangsa Upanishads*）就有記載這樣的教導：在心臟部位有著一朵八瓣蓮花。這八片花瓣對應於羅盤，描繪了道德和心靈兩方面的狀態；居於中央的則是 *Vairagya*，也就是定靜超然、離世棄樂、了脫執著（請參見埃克哈特大師）。另外還有一種教導認為可以從四個重要的穴點碰觸到梵（brahman），它們各自分布在頭部、頸部、心臟和肚臍。在《冥點奧義書》（*Dhyanabindu Upanishads*）裡也有這樣的說法：「宏偉而強大的四臂之神毗濕奴，應當在肚臍之中受人崇拜。」

在脈輪系統中，各個元素會在昆達里尼的幫助下得到淨化。在昆達里尼瑜伽中，區分了六個不同的脈輪或能量中心。第一脈輪稱為根輪（*mūlādhāra*），位置接近骨盆底部；第二脈輪稱為臍輪（*svādiṣṭhāna*），位在骨盆腔內；第三脈輪稱為太陽輪（*maṇipūra*），位在肚臍附近；心輪（*anāhata*），位在橫膈膜以上、靠近心臟的位置；喉輪（*viśuddha*）位在頸部；位置最高的眉心輪（*ājñā*）則坐落在頭部的兩眉之間。以上這些都是肉體的脈輪，而在比它們更高的位置還有些脈輪是形而上的；因此有稱為 *mana* 的脈輪和比它更高的 *soma* 脈輪。現今的神智學家們習慣將脈輪視為具體而肉體之物，但這套教導實在不應該遭到這樣的誤解。這些中心並非屬於肉體的實在——人們在談論脈輪時雖然會說它們位在肚臍或其他身體部位，但它們只是「彷彿」位在肉體，並不真正屬於肉體。

除了脈輪之外，其實還有兩條蛇狀的路徑從根輪一路連結到眉心輪[12]：其中一條從左睪丸出發，繞過各個脈輪之後在右鼻孔終止；另一條則是從右睪丸出發並在左鼻孔終止。這對路徑被人們稱為**左脈**（*iḍā*＝月亮、陰性）和**右脈**（*piṅgalā*＝太陽、陽性）。左脈是月亮之流、水之流的路徑，右脈則是太陽之流、火之流的路徑。除此之外，還有一道中軸之流會從**中脈**（*suṣumṇā*）通過（參見該名患者的最後一幅畫）。[13] 循著這些路徑步步前行，便能獲得知識與智慧的解放，從而令求道者成為梵我。

個人脈輪（見扉頁插圖二至七）

　　根輪位於會陰，它是位置最低的脈輪，也是屬於大地和土元素的脈輪中心。根輪裡的內容是無意識的、潛伏的、休眠的。它的正中央是一個濕婆點，圍繞在濕婆點周圍的則是盤繞成蛇狀的昆達里尼－夏克提（Kundalini-śakti）。濕婆點對應的是自發自生的林伽，而這條蛇就盤繞在它的周圍。在點和蛇的外圍還有一層外殼包圍，這層外殼就是瑪雅幻象。當昆達里尼甦醒時，人就會

---

12 榮格這裡指的是氣脈（*nāḍīs*）。關於這個主題，參見 Mircea Eliade, *Yoga: Immortality and Freedom*, translated by Willard R. Trask (Bollingen Series LVI; reprint, London, 1989), 236–41；以及 Georg Feuerstein, *Yoga: The Technology of Ecstasy* (Wellingborough, 1990), 259–62。

13 參見 *Bericht über das Deutsche Seminar von Dr. C. G. Jung (1930)*，插圖30。在先前的幻象研討會上，榮格曾經評述過克莉絲汀娜·摩根（Christiana Morgan）的幻象。該次研討會的筆記出版時並未刊印此處提到的這幅畫作。畫中描繪一位站在山脊之上的赤裸女子，她在一鉤彎月灑落的光芒之下伸出雙臂。有一條黑色的線段從她的生殖器一路延伸到她身體的頂端。榮格論道：「這條線段描繪的是蛇的道路，也就是昆達里尼的道路。」引自 *The Vision Seminar*，頁92；由本書編者英譯。

開始看清世界的真貌。在此之前，夏克提本身就具有她自己的意識；她將**造作**作為描摹的範本，並且根據她的想像將整個世界創造出來。然而，昆達里尼只有在被飢餓感驅策的時候才會甦醒。當人們藉由靈性操練平息了對立面之間的張力與衝突之後，這種飢餓感就會湧現。[14]當外在的歷程終於趨於靜止，內在的歷程就會開始啟動。昆達里尼－夏克提會突然提振向上，她的頭部也會變得光亮，而這正是逐漸意識化的過程。[15]根輪這個脈輪的象徵動物是大象，也就是穩定堅固、力大無窮的大地意象。根輪裡的**優尼**代表的是 *traispura*，這是一種和陽具林伽合而為一的女性三角，這個字也有樹葉的意思。[16]

第二個脈輪是臍輪，它是錯誤和慾望的所在。它位在骨盆腔內，並和生殖部位相對應。臍輪對應的是水的領域，主掌膀胱。它的象徵動物是一頭水生怪獸。臍輪的曼陀羅圖描繪了一朵朱紅色的六瓣蓮花，其中還有一彎鉤月。

太陽輪位在腹部裡面。這是一個充滿火焰和成雙對立面的所在，它們會激出各式各樣的情緒和激情。人若將精神專注在肚臍，就能調伏憤怒。太陽輪「光輝燦爛，猶如一顆寶石」。[17]太陽輪同時也是肉身凡人和食肉者的領域的中心，其中居住著拉姬妮〔Laktini〕這位女神，她的乳房因血而紅，上面還流淌著動物的油脂。它的象徵動物是火神阿耆尼（Agni）的坐騎：曲角公羊。

第四個脈輪是心輪。它和心臟有關；更準確來說，是和軀幹在橫膈膜以上的區域有關。這是生命之息／靈魂之風（*vāja*

praṇaśakti）的所在地。所謂的**神我**（*puruṣa*）——有意識的人類——的居所也在這裡。當瑜伽士來到心輪，他將在此瞥見**真我**（*ātman*），並且明白「我就是祂」。在心輪之中，期盼已久的精神誕生了；而祂會逐漸成為意識的一部分。與心輪相應的象徵是能實現一切心願的**如意樹**（*kalpataru*），樹下則是太陽輪的祭壇。[18]

第五個脈輪是喉輪，它位於頸部，特別是在喉嚨。這是人的言語坐落之處，所以它是一個精神性的脈輪中心。它是「潔白的乙太（ether，即**阿卡夏**〔*akasha*〕）的紫色中心，白象坐落在它之上。」在喉輪裡，女神夏克提通體白色，濕婆神則以雌雄同體、半身金色／半身白色的樣貌現身。兩位神明一起慶祝著奧祕的結合。喉輪是月亮的領域，同時也是「通往偉大解脫的門戶」，穿越它之後，人們就能離開這個充滿錯誤與成雙對立面的世界。**阿卡夏**意味著喉嚨之中充斥著各種原型；它和脫離這個意象世界

---

14 〔1932年版編按：在患者令人費解的展演中，那位美洲原住民不為所動地站立在火與水之間。〕參見 *Interpretation of Visions vol. 1, 8 December 1930*, 147。

15 〔1932年版編按：『當瑜伽士調伏己心之後，他就能把月亮侷限在她本來的位置上，太陽亦然；而當月亮和太陽都被侷限住之後，月亮就無法流洩出她的甘露，太陽也無法將之烘乾……於是，昆達里尼就會因對食物的饑渴而甦醒，並如蛇一般的嘶鳴。在那之後，她會貫穿三個節結，奔向頂輪，並一口咬住位在頂輪中央的月亮。』〕

16 〔1932年版編按：參見本書前附之脈輪曼陀羅圖（插圖2-7）。榮格曾經引用《古蘭經》一個神祕人物 Chidr 的典故，來測試一位年輕穆斯林對於經文的瞭解；他在經中曾以三種形象現身：（一）示現為男人相、（二）示現為白光相、（三）示現在環繞於你四周並且觸手可及的一切事物之中，如在石頭裡，在樹林間，亦在眼前。後來這位當地人就用手指向一株植物初萌的綠色嫩芽。〕

17 Woodroffe, *The Serpent Power*, 119.

18 〔1932年版編按：噢，女王呀！那些心神內轉、毛髮直豎、雙目因喜悅而淚流的有福之人可以經驗到您那體現在心輪之中的妙樂身軀。〕

的離俗棄世（renunciation）有關，它是一份日漸了知永恆事物的意識。[19]

　　眉心輪是第六脈輪，也是人體上位置最高的脈輪中心。而 *ājñā* 這個字本身就有認識（knowledage）、理解（understanding）、指揮命令（command）的意思。它位在兩眉之間。[20] 宗教領袖或上師的指教就是從比這個脈輪更高的部位接收進來的。在眉心輪的曼陀羅圖裡，它被描繪成一朵有著兩片白色葉子的蓮花。[21] 女性三角在此被上下倒置，還變成白色；而在女性三角的中央，**林伽**如閃電一般地閃耀著光芒。以陽具外形出現的**真我**在此光亮如同烈焰，藉此表現那股潔淨、純粹且宇宙性的力量。眉心輪專屬的咒音是 *Om*。心智（*mahat*）[22] 和原質（*prakṛti*）都坐落在第六脈輪裡頭。所謂的「精微身」（subtle body）[23] 或鑽石身（diamond body）也是在這裡修煉出來的（參見《黃金之花的祕密》一書）──而那正是歌德筆下的「浮士德的不死之身」（Faust's Immortal）。所謂的**光明身**（*taijasa*）就是它在個體層次上的表達，而**金卵**（*hiranyagarhba*）則是它在集體層次上的表達；後者就是金色種子或「偉大自性」的意思。希臘神話也有一顆奧菲斯的世界蛋（Orphic: the world egg）。在臨終之際，**普拉那**這股生命之氣會從人的陰部離開、進入眉心輪，並在眉心輪裡過渡到無時間性、神性、涅槃之中，從而進到那些位在肉體之上的脈輪裡面，也就是住進那棟「沒有地基的房子」或者登上那座「甘露之海上的島嶼」。

榮格論脈輪：1932 年昆達里尼心理學研討會筆記

現在展示的是一系列由不同患者繪製的無意識意象，這些畫作展現出西方心理和先前對於印度心理的種種觀察之間的平行對應。

　　　　　　　　本章由麥可・穆喬（Michael Münchow）英譯

---

19 〔1932年版編按：人智學對於**阿卡西紀錄**（the *akashic records*）的表達方式會讓人誤解，因為記載於其中的並不是發生在遙遠過往的個殊經驗，而是發生這類經驗的心靈可能性。〕

20 〔1932年版編按：參見該名患者的第54個幻象；另見榮格與衛禮賢合著的《黃金之花的祕密》。〕在前述的幻象中，有道光束擊中了一個孩子的額頭，並在額上烙印出一顆星星。參見 *The Visions Seminars*, vol. 1, 9 December 1930, 151。

21 〔1932年版編按：某位瑜伽士的幻象：白色的火焰燒到頭腦裡面之後，火勢就越來越旺，最後火舌又從頭部兩側竄出，猶如一對翅膀。〕

22 原文為英語 mind。

23 原文為英語。

附錄二
榮格對豪爾德語演講的評述

1932 年 10 月 5 日

榮格博士想要針對冥想法門做些提醒：

冥想和心理分析的歷程顯然是平行對應的，而關於兩者之間的差別，豪爾教授已經用高空鳥瞰一般的視角給了我們一個全面性的概念框架。如果把我們本身具備的經驗當成理解的入口和基礎，我們就可以比較容易地釐清這些差別。和印度人那種表達方式相較之下，我們的無意識世界確實顯得相對沉悶、平淡無奇。如果要對各個脈輪進行冥想，我們打從一開始就會脫離自己本來的經驗，可是我們卻又不能直接把瑜伽描述的法門照單全收，所以這裡遭遇的問題依舊是：我們〔西方人〕的經驗真的可以完全貼身地放進譚崔的外衣裡面嗎？換句話說，印度人老早就擁有這套理解其經驗的體系了，那我們自己是不是也擁有這樣的東西呢？這才是問題所在。這就是為什麼我們必須發想出一套屬於我們的方法，好讓我們可以和對應的心靈內容變得更熟悉、更親近。

大概十到十五年前，我的患者們讓我第一次見識到所謂的「曼陀羅」（mandalas），那時候的我對於譚崔瑜伽一無所知。當時的印度學家們對它也不大熟悉——或者說，人們只要聽到「譚崔」二字就會立刻滿臉鄙夷，而且不僅歐洲人如此，印度當地的大多數人也是如此。譚崔在人們眼裡只不過是一種下流的怪癖而已。雖然我們難免都會直接冒出這種輕蔑的心態，認為譚崔這樣的東西既微不足道又荒唐可笑，所以很難認真看待；但是，現在我們必須放下這種偏見態度，才有可能開始瞭解它。

案例：

我們接下來要討論的是一位女性個案，她在六年之內斷斷續續地接受過好幾次分析。當時我猶豫了很久，最後還是試著走走看瑜伽這條路。她是一位積極參與教務的天主教徒。天主教徒們的無意識可以說是毫無生命力，因為無意識的天然本性已經被教會徹底塑形、規訓、壓榨殆盡了。亞歷山卓的亞大納削（Athanasius of Alexandria）這位大主教就是一個早期的例證[1]。亞大納削在他替聖安多尼（St. Antonius）撰寫的傳記裡為座下的僧侶們寫了一段話，來教導他們怎麼分辨來自無意識的東西究竟是善是惡。他說，魔鬼一樣可以說出「真理的話語」，而且魔鬼所說的話也可以是真實不虛的。但是他說：

1〔1932年版編按：參見《榮格全集》第六卷，〈心理類型〉，段82及其後。〕

205
附錄二

若要我們將那位違抗上主者當成我們的老師，這對我們而言不啻是一份恥辱。且讓我們武裝備戰，身穿正義之鎧，頭戴拯救之盔，且我們還要在開戰那刻以虔信之心發出精神之箭。因為魔鬼絲毫不足為懼；縱使他們真的有些本領，他們的力量在十字架的威能面前也將不堪一擊。[2]

　　另外，依納爵・羅耀拉（Ignatius of Loyola）的神操（religious exercise）[3]①可以和印度式的冥想或我們那些來自無意識的幻想相提並論。神操是一套遵循天主教會規範和教導的冥想方法；目的是要反覆修持關於信心（faith）的各種象徵，藉此驅散心中所有在教義上不被容許的思緒和幻想。

　　而我的患者就是因為這樣的心理態度，發展出一組徹底癱瘓的症狀——因為所有東西都已經跑到外面，所以再也無法於內在看見它們了。我為她做分析的這六年，可以說幾乎都是在試著協助她回到教會，但她後來向我告解一件她一直沒辦法向教會神父告解的事：她不相信上帝，也不相信教宗，但她還是想要死在教會的羊欄裡頭②。雖然她當時年僅五十五歲，但這件心事讓她痛苦萬分，感覺內在的一切都毫無生機、死氣沉沉，因為她的這條性命正在向她追討她應該活出來卻沒有活出來的人生。我那時真的不知如何是好，因為我看見她那活生生的精神想要不計一切代價地為所欲為，所以才會出現之前那些症狀。

後來我吩咐她觀察看看睡前有沒有什麼意象浮現，然後下次回診時我會再詢問她的夢。結果呢，在這之前她一直都會作夢，被我這麼一問之後居然就再也沒有夢了。於是我在療程時請她閉眼躺下，這時她就看見一個幻象：一堵黑色的牆出現在她面前。她得努力留住這個幻象，把心靈**專注**（*dhāraṇa*）[3]在它之上，對它凝神默想——使它「受孕」（'impregnate' it），好讓它變得生動鮮活。

　　當她這麼做了以後，那面黑牆就分開來變成一片漆黑的森林，接著樹林後面開始出現一些移動的人影。這座森林位在新墨西哥州（New Mexico），那些人則是某個美洲原住民的部落。也就是說，美洲原住民的原型開始在她的內在世界甦醒、復活了。

　　森林前面隨後又出現了一片湖水。（森林是人類最早的家園，代表著無意識。湖泊平坦的水面通常無法一眼見底，所以也是代表無意識的意象。）原住民們把繫在湖邊的獨木舟解開，讓女人和小孩上船，然後划到湖的另一邊。湖的對岸是一片沙漠；那些原住民在那裡搭起他們的帳篷，起了一個火堆、煮飯、吃飯，然後就回到帳篷裡面了。即便太陽動也不動地懸在天上而且陽光普照，但他們顯然是去睡覺的。只有部落的酋長留在外面，而他轉頭面向那片沙漠。

2《榮格全集》第六卷，段82。這段引文語出聖安東尼，摘錄自由亞歷山卓的大主教亞大納削彙編，並由 E. A. W. Budge 英譯的 *The Paradise or Garden of the Holy Fathers* (London, 1904)，頁24及其後。

3 1939至1940年間，榮格在蘇黎世聯邦理工學院的研討會上發表過他對於依納爵‧羅耀拉《神操》的心理學評述；在此之前，他就已經評述過一些東方典籍了。參見 *Modern Psychology 4*。

從這裡你們就可以看到*心識*的世界（the world of *citta*）——那些人物並不是案主刻意捏造出來的，而且他們遵循著自己的規律把生活過得相當「自在」（willfully）。

現在，案主一次又一次地把注意力專注在酋長身上，但他絲毫沒有移動。再也沒有出現任何動靜。案主很顯然是碰觸到一面截堵在個人的無意識經驗面前的教義之牆，而牆的後面就是地獄的各種刑罰。

所幸這個幻象讓她銘記在心而且帶來很大的釋放效果，足夠支撐她未來一年的生活。不過在此同時，也有一股試圖中斷的力量在幻象裡面逐漸發展，像是她曾在一場沙塵暴裡看見許多重型交通工具，也曾看見一個在暴風雪中騎馬的人。她在和無意識打交道的時候感覺自己置身於危險之中，而這些意象就是這份感受的間接說明。然而我們不可以在這裡喊停，因為我們必須把故事走到最後才行。案主必須跟緊這群原住民的腳步，跟著他們一起邁步向前。

一年之後她又回來做分析；某天，她對那位原住民酋長所站位置四周的空氣特別印象深刻，那是沉靜、乾燥、清新的沙漠空氣。突然間，她在空氣中感受到一絲絲先前沒有的溼氣。終於有些東西開始移動了，而光是這樣就足以激勵她再多活一年，就像上次一樣。

這次之後，當她又再回來找我的時候，她告訴我那位酋長已經不在那個位置了；他已經從幻象中淡去了。那麼，他去了哪裡

呢？原來是案主有了第二個幻象，而先前那個幻象後來就被融合到新的幻象裡面了。新的幻象是這樣的：一條華麗輝煌、雄偉莊嚴的白色大蛇出現在她面前，蛇的身上覆有羽毛，頭上還有一頂王冠。

案主本人對於這個意象指涉的意義完全摸不著頭緒。這條身上長著羽毛的蛇代表的正是墨西哥的風與大氣之神：羽蛇神奎札科特爾（Quetzalcoatl, the Plumed Serpent）。祂是美洲原住民的救贖之神，祂是美洲人精神在無意識心靈之中的化身。

這個幻象在案主心中烙下極為深刻的印象，她也從中得到滿滿的勇氣；十年之後，她終於可以用平常心對我說出心裡話——當然了，這都要歸功於幻象的療癒效果所賜。

所以到底發生了什麼事呢？那股溼氣以露水的形式下降到地面，讓那位原住民酋長得到了滋潤，原先纏繞著他的包裝也因此被揭開，於是他終於可以向案主顯示他的真正意義，也就是他那不被天主教容許的異教面向。從天主教會的觀點來看，那不過就是一張魔鬼般的嘴臉，是他為了拐騙基督徒才喬裝出來的救主樣貌。所以猶加敦（Yucatan）地區的西班牙征服者早就說過，他們把當地隨處可見的十字架全都解釋成來自魔鬼的誘惑。同樣地，早期的基督徒也是這樣看待戴奧尼索斯（Dionysus）的神話和基督生平之間的相似性，他們認為前者就是魔鬼刻意捏造出來迷惑他們的冒牌基督。

這位案主在分析歷程中所做的事情，其實就是真正的**供養**

（*pūjā*）——也就是堅持不懈地祈禱——這樣的供養就是後續的轉化之所以能夠發生的關鍵。對我們來說，無意識人物的再溶解（redissolution，*laya*）和智識上的領悟過程是相互呼應的。案主必須明白在她身上到底發生了什麼；她必須瞭解屬於她個人的神話。如果我們不透過領悟來溶解（dissolve）這個意象，它就會巴著我們不放，耽擱我們的腳步。唯有在我們已經把它吸收進來並同化到意識層次之後，新的意象才能夠浮現。

1932年10月6日

榮格博士：

　　從心理學的角度來說，我們還可以在這裡補充一些分析之中純粹的經驗結果。[4] 在每段經典的分析歷程中，都會透過理解潛抑（repressions）、投射（projections）等心理機轉來使更廣大、遼闊的覺察浮現出來。所以分析的歷程雖然會促進意識的擴展，但自我與各個客體（objects）之間的關係還是一樣的。自我還是和各個客體有所衝突、彼此糾纏——人們還是身在歷程之中，並未超脫。唯有持續不斷地進行分析，才會開啟和瑜伽修行相似的心理歷程，在此之後，身外的客體才能開始為意識所用——這正是《黃金之花的秘密》講述的內容。這個歷程可以和「個體化歷程」相輔相成，而個體化歷程就是在自性（self）開始服務／實現其自身，從而變得和客體不同、亦和自我有所不同時發生的。這就像是意識從客體之中、從自我之中分離開來，並且移居到另一個

無我（non-ego）的中心一樣，而這個中心雖然陌生，卻是本具而且自有的。這種意識上的捨離（detachment）就是一種脫離 *tamas*（闇性／惰性）和 *rajas*（躁動性／變性）的自由[④]，就是一種不受俗情與客體的外境纏擾的自由。對於這種境界，我實在沒辦法在哲學層次上多說些什麼了。這是一種靈性／精神性的經驗，它在修持中會表現為一種解脫感（a feeling of deliverance）。在這之前使得人們帶著恐慌緊抓不放的種種事物，此後也再不會令人恐慌；人們從此可以靜心觀照這世上種種對立之間的張力與衝突。但他們並不是從此變得冷漠無情，只是不再糾纏、不再綁縛而已。意識已然挪移到一個無相之境（a sphere of objectlessness）裡面。這樣的經驗會影響到實際的生活，而且它的效應是非常顯著而有感的。最能美妙描述這個經驗的，應該就是佛陀遭遇魔羅（Mara）襲擊的故事。魔羅率領所有手下前去攻打佛陀，但佛陀的寶座居然空無一人──他已經不再坐在那裡了，如此而已。《梨俱吠陀》第一卷的第一六四首則是另一個例子，當中提到：「兩個親密無間的朋友雙雙擁抱著同一棵樹。其中一人吃了甜美的莓果，另一人只是沉著自若地向下看。」[5]

---

4 豪爾在演講時討論到意識在瑜伽修持中的發展歷程，而榮格接下來的發言就是接在這段討論之後。參見 *Tantra Yoga*, 50-51。

5 Cf. *The Rig Veda: An Anthology*, translated by Wendy Doniger O'Flaherty (London, 1981), 78.

榮格博士：

這裡必須要考慮到每位個案的不同狀況，因為象徵的意義完全取決於個體各自的意識狀態。[6]這裡的樹是生命之樹。如果這棵樹是直立的，就是表示一個正在開展、進展的生命。人們初初踏上「瑜伽之道」的時候就會出現這個象徵。它也會在人們對於這條道路心存懷疑的時候出現。「瑜伽之道」是一條植物性的道路——是一種與動物功能相抗衡的植物功能。換句話說，自我意識就像是一隻可以自由說話和移動的動物。反觀樹木，它們表示的是植物那種不可移動、根深蒂固的性質。當某人明白這一點，他會突然有種「現在我被囚禁了」的感覺。那是一種在無從迴避的處境裡面看見可怕事物的恐懼，這時，樹木垂直向上生長的意象就會平撫他的這份恐懼。

不過，當這人已經走上這條道路，也逐漸深信自己會在這條路上有所成長時，基督教式的偏見又會在這個時候冒出來：凡是會成長的東西**一定都要**往上長。這時樹木的意象可能就會變成根部在上，於是這棵樹顯然不是朝著天空向上生長，而是向下長到深淵之中。

此外也有上下兩邊都長出根系的樹。這種意象要對人強調的是：不管你要走到哪裡，都要穩固扎根、腳踏實地才行。如果某人心願太大、想得太美，這種意象就會出現在他的夢裡。他被告誡的是：「你周圍的一切事物都是土壤，而你應該要和土壤攜手合作，不能離地獨活。」

反過來說，樹也可能會在上下兩邊都長出樹冠；在此，一切都是枝葉、花朵和果實——「上是天堂，下亦天堂」（heaven above, heaven below）。另外，當心理發展顯然走向下坡時，樹上還是會繼續長著花朵和果實。我有許多案例都可以證實這一點。

1932年10月8日

榮格博士：

齊默博士已經用相對簡單的方式為我們描述了這些材料。[7] 我發現這些材料非常複雜——簡直是一片殊異紛陳、難以定義的汪洋，人在裡面根本搆不著邊際！個體性的問題不能當作獨特的單一個案來理解；所以任何相關的參考資料都值得感謝，例如齊默的《印度神聖意象中的藝術形式及瑜伽》（*Artistic Form and Yoga in the Sacred Images of India*）一書，或是由阿瓦隆翻譯的譚崔典籍，這些作品表明這樣的問題是人類自古以來就懷抱著的大哉問。所以對我來說，印度的概念世界就成了一種釐清、辨明個人經驗的方法。

1906年，是我第一次在一位心理疾病患者的內在發現蛇的意象，那條蛇在他的背部由下往上爬行，頭部分裂成二叉狀。1909年時我以這則案例發表了一場演講，但我當時竟然沒有察覺其中那份具有普遍性的重要意義。

---

6 豪爾和古斯塔夫・海爾（Gustav Heyer）對於以樹木為主題的夢做過一些相關論述，參見 *Tantra Yoga*, 52。

7 為了說明瑜伽，齊默曾經將其比作一個自性轉化過程（process of self-transfromation）。*Tantra Yoga*, 97-100.

戰爭結束之後，有一位二十八歲的女子來見我，她想要我在十次鐘點以內把她治好。她說她的肚子裡面有一條黑色的大蛇，而她認為這條蛇應該要被叫醒，這就是她來找我分析的動機。這位女子的問題在於：她並沒有踏實地活在這世上（she was not on earth）。她只憑直覺過活，完全沒有半點現實感。她住在一座私娼寮裡卻渾然不覺；她聽不見自己的腳步聲，也從來不曾看見自己的身體。她夢見自己在一堆汽球的裡面或頂端飛來飄去，而我的任務就是把她從那些氣球上射下來。某次她來找我時，說她肚子裡面的那條蛇有了動靜；牠轉身向上了。後來這條蛇又慢慢地往上移動，最後從她的嘴巴出來，而她看見蛇的頭部是金色的。在我聽過的昆達里尼路途之中，這是花費時間最短的例子。不過我要強調：她並沒有實際經驗到昆達里尼的甦醒，只是直觀地於內在看見這個意象而已；即便如此，當時的這個意象仍然帶有治癒效果。關於昆達里尼的自發性出現，這則個案就是一個簡單的例子。

　　雖然在那之後不久我就接觸到了脈輪理論，但是為了不要打擾我這位患者的內在歷程，當時我並沒有向她提起任何有關脈輪的事。

　　籠統地說，脈輪就是人類各個意識層級的象徵。就倫理學及心理學的角度而言，我們可以將脈輪劃分為三個不同的心靈區塊，其一大致對應根輪及臍輪，其二對應太陽輪和心輪，其三則是對應喉輪和眉心輪。下層脈輪的心理狀態和原始人類的心理狀

態相當類似——沒有意識、依循本能，處在神祕參與的狀態裡。從這個部位看來，生命不過就是一場偶然；換言之，自我並不存在。在此，人並沒有覺察到自己想要什麼，也沒有覺察到自己在做什麼，一切彷彿都是別人的事，與我無關。

下一區塊是太陽輪和心輪，兩者分別位在橫膈膜的下方與上方，並且會隨著橫膈膜的運動而上下起伏。在橫膈膜之下的一切都是不證自明的。活在太陽輪層次的人類是非常情緒化的，他們會一而再、再而三地被情緒淹沒，因此不斷成為自身激情的受害者。

所謂的「我要」（I want）只有在橫膈膜以上才有存在的可能；而在心臟部位或者心輪的層次，人們第一次能夠瞥見／察覺到自性這個絕對心靈中心的身影。自性乃是生命賴以存續的關鍵要素，而心輪內部的火焰就是對於自性的這份瞥見與察覺，人類的理性功能也是從這裡開始的。直到現在，人們的日常語言依然在表達這件事。我們會說「我由衷發誓／真心保證（cross my heart）」，或者我們會在說到自己的時候把手放在胸口。美洲原住民的普韋布洛族（Pueblo）認為人的精神就在橫膈膜的位置；而荷馬時代的希臘人將那有感情、能思考的靈魂稱為 *phren*，並認為它坐落在橫膈膜裡面。現在我們雖然普遍認為人的精神是位於頭部，但我們仍然有著和古人一樣的手勢，而且一旦我們被情緒襲捲，我們的心理運作就會向下滑落到太陽輪的模式。

然而我們往往不會體認到這件事，因為我們深深相信自己是活在眉心輪這個中心裡面，也非常篤定我們就是自家的主人翁；

我們相信自己的思緒不過就是一些偶發的現象，相信思緒不過就是任憑我們擺布的所有物。不過，這樣的相信卻讓我們輕易遺忘自己其實經常被思緒牽著鼻子走的事實。當我們認定心靈等同於大腦，我們就看似和神明沒有兩樣；可是每當我們的情緒發作，它就會狠狠提醒我們下層脈輪的存在。

我們也可以在歷史上看見昆達里尼的歷程。首先，原始人類發展出了腹部意識（belly-consciousness），但他們只能察覺到那些讓他們的腹部或胃部感到沉重的事物。身在使徒時代的聖保羅就曾說過「肚腹即是你的神」（the belly is your God）⑤這樣的話。接著，荷馬時代的人們發展出橫膈膜意識（diaphram-consciousness），他們已經可以藉由呼吸強度和心跳狀態的不同變化來感覺到自己的各種情緒。

只有現代的西方人才能察覺到頭部也會受到情緒影響。在此之前，人的軀幹是充滿情緒的，但頭部只不過是軀體之上的一顆小鈕扣罷了。要知道這個形容有多麼真切，我們只需看看非洲原始部族的岩石壁畫是怎麼呈現人類便可明瞭；各位不妨參考利奧・費羅貝尼烏斯（Leo Frobenius）的《厄利垂亞》（*Erythräa*）⁸，他在這本著作中重製了這些壁畫。你們可以在壁畫中看到人的軀幹被畫得異常瘦長，而根據猜測，軀幹上面的應該就是相較顯得非常小的人頭或獸頭。

只有現代人才能說出「我正在思考」（now I am thinking）這句話。喉輪中心表達的是**言語／道**（*word*），而比這更高一層的則是意念與哲思的中心。

我想在這裡提出一個更加重要的類比。在包含這類象徵的任何案例中，我們都不能忘記太陽的運動軌跡，這點非常重要。太陽蛇（the sun serpent）就是日動軌跡和昆達里尼之間的類比，它在後來的基督教神話中被等同於基督。黃道帶彷彿一條巨大的蛇，支撐著太陽的週年循環軌道，而基督的十二位使徒則被視為落在這條軌道上的十二個節點。這些都是創造力量之變化的象徵。位在根輪層次的是夜晚的太陽，當它來到橫膈膜時便會迎來日出；而從心輪開始，比較上層的中心則依次象徵著太陽從正午直到日落的變化。太陽在一天當中的上升與下落正是昆達里尼的旅程，也是靈啟經驗的開展與收斂。太陽的升落運行就是人類生命歷程的類比。

此外，脈輪和所有具有象徵性的修行典籍一樣，都是領人一步步邁向奧祕的步驟指南，入門者會藉由這些步驟與次第走進黑暗的地府（*katabasis*），然後再如同太陽神一般踩著七級階梯向上折返，就像阿普列尤斯（Apuleius）筆下的《金驢記》（*The Golden Ass*）描述的那樣。

---

8 Leo Frobenius, *Erythräa. Länder und Zeiten des heiligen Königsmordes* (Berlin, 1931).

其中，最讓我難以理解的就是女神夏克提，和那些居住在**明點**（*bindu*）裡面的神明。阿尼瑪一開始總是會以非常怪異的形象現身，所以我們很難從這些古怪、荒誕的形象辨認出藏身其中的女神夏克提。不過話說回來，神是什麼？祂是種籽字（*bīja*）裡面那位人們永遠無法看見也無法掌握的核心之神的蒼白倒影，祂就像是一隻永遠不會栽在獵人手裡的兔子。那就是遠比自我更為廣大的自性（self）。自性雖然無法理解、不可思量，但它在我們內在留下了一份黯淡朦朧的記憶，那就是居住在**明點**裡面的神明。**明點**裡的這些神明就是我們與自性之間的聯繫，是自我之中的意志，是守護神靈代蒙（daimon），祂會以需求迫使我們踏上道途——祂是住在每個人心中的小小神明，祂是我們內在的濕婆。[9]

　　　　　　　　本章由凱薩琳娜・羅伍德（Katherina Rowold）英譯

---

9 豪爾隨後表示，儘管他認為榮格對於這些心理－生理中心的說明是正確的，但形上學的層面卻被榮格忽略了。*Tantra Yoga*, 103.

附錄三
豪爾的英語演講

1932年10月8日

豪爾博士：關於昨天的討論，各位有任何問題嗎？

肖博士：博士您好。在我看來，如果我們只有在通過層層脈輪來到這條路程的第六階段的起點時才能夠喚醒昆達里尼[1]，但我們又沒辦法在這裡看見她，那麼，我們就會和東方人一樣遠離現實。我們應該要有某種更簡單、更接地氣的方法才對。

豪爾博士：我之前有跟各位說過，我的論點是以《人身六脈輪詮解探微》和部分的《奧義書》作為基礎，而我認為這些古代經典講得非常清楚：瑜伽士一定要先抵達喉輪的終點——他一定要先經過淨化、洗滌的過程——接著才能來到眉心輪的起點，也就是出現偉大覺見的階段；只有在這兩件事完成以後，昆達里尼的徹底覺醒才有可能發生。

---

1 豪爾曾經說過：「因為針對它（昆達里尼）被喚醒時的問題，我認為不僅是西方的評述者對典籍有所誤解，就連東方的評述者也是。照他們的說法，昆達里尼似乎可以在入門之後的任何時刻被喚醒，但事實不是如此。只有在瑜伽士已經熟練包含**三昧**在內的瑜伽八肢，也就是熟練瑜伽修行的八個步驟以後，昆達里尼才有可能被喚醒。只有在他完成了全部的修習並透過瑜伽的作用在內在達成所有的轉變以後，他才有辦法喚醒昆達里尼」（引自 *HS*，96）。

我昨天有講過，這只是一個假說。各位不能單單仰賴阿瓦隆或現代印度作家的幫助，而是必須直接針對原始的典籍下功夫，這些經典會讓我們看見一千多年以來的歷史發展。我們現在看到的著述都是非常晚近的作品，原本的意義都已經遭到遮蓋了。在歷史不斷演進的過程中，有各式各樣的東西在原始的典籍之上孳生、堆疊，而我一直以來的企圖就是要追本溯源，因為我很確定：相較於現在或者一百年前在印度演變出來的瑜伽，這些成書於千年以前的原典才與我們更為貼近。

古典瑜伽的情況也是一樣的——我必須藉助毗耶娑（Vyasas）的《瑜伽經注》（*Yogabhāsya*）來把它從《瑜伽經》裡提取出來。[2] 我之前解釋給你們聽的是最高階段的昆達里尼。在瑜伽士的修行之路上，永遠都有男性和女性兩股力量的合一。這份合一是以三角形和**林伽**（*liṅga*）來象徵，這是你們已經知道的事。我們知道男性力量會讓瑜伽士增長智慧，但女性力量在這個過程中也永遠扮演著重要角色；不過，只有其中三個脈輪可以見到以三角形作為象徵的女性力量現身。這即是意味著：我們內在的發展歷程有好幾個不同的階段，而女性力量對於這個歷程至關重要。而且女性力量的情慾面向對於智慧的覺醒很顯然具有相當程度的影響力。這種帶有情慾色彩的女性力量有別於非常崇高、精微、靈性的昆達里尼，我將它稱為粗重昆達里尼（gross Kundalini）。縱觀許多瑜伽典籍、哈達瑜伽以及瑜伽士本身，當他們談到「昆達里尼」時，指涉的其實是那股始終和男性力量相伴相隨的女性

力量；而當他們談到「覺醒的昆達里尼」時，則是指涉存在於這股女性力量裡面的創造性元素的覺醒。然而，就像我之前展示給各位看過的，在《人身六脈輪詮解探微》這本經典裡，由昆達里尼象徵的只有那股精微而崇高的女性力量。所以，對於西方人甚至現代的印度人而言，我們或許可以這麼說：所謂的「昆達里尼覺醒」始終僅僅指涉那股深刻影響著男人發展歷程的力量的覺醒，和另外一種「粗重的」昆達里尼並無關聯──換言之，女性力量具有兩個面向。我們不僅必須把這件事牢記在心，同時也必須明白，即便昆達里尼確實向上爬行了一段距離，這也並不表示我們已經喚醒了真正的昆達里尼。

克勞利女士：這樣就說得通了！我之前不能理解這兩個過程為何不是同時進行──因為那就是把她喚醒的東西。

豪爾博士：我想要特別強調的是：我們經常談論到的「喚醒昆達里尼」，其實只是一個初步階段，是為了之後才會在眉心輪裡發生的意識覺醒預做準備。如果我們從整體角度來衡量我們此刻的身心狀態與真正覺醒之間的距離，無疑還有一大段路要走，但這確實是一條通向覺醒的道路。

現在，昆達里尼和濕婆合一了──各位都知道這是表示與內在自性的合一──在這之後她又沿著原路折返，這象徵男人已經知曉了覺見（intuition）[1]；當這兩股力量的合一在眉心輪發生時，

2這裡指的是豪爾在其著作《解脫之道：瑜伽》（*Der Yoga als Heilweg*）一書中翻譯的帕坦伽利《瑜伽經》內容。（Stuttgart, 1932）。

心靈生命的所有領域都會被這股力量浸淫、滲透。所以現在她甚至可以向下去到最低俗、最肉慾的領域。假如一個男人在喚醒昆達里尼之後依然過著一種入世而接地的生活，那會是一番截然不同的情景；生活雖然**看似**一模一樣，但**這份嶄新的經驗和他從前的經驗已經天差地遠，不可同日而語**。

接下來，我們花些時間來看看一個來自日本的平行對應。不曉得各位有沒有聽過鈴木大拙的《禪學論叢》（*Essays in Zen Buddhism*）這套書？書中有一篇附有插圖的論文叫做〈十牛圖頌〉，其中的牛就是悟境（the last reality）的象徵。那名弟子在經過漫長的追尋之後終於找到了牛，這表示他已經掌握了自己內在最深處的真實。而最重要的是接下來這段描述，不過瑜伽在這方面卻著墨不多：在找到牛以後，弟子就不再呵護牠、照料牠了；他只管睡他的覺，把牛放在一旁不管，因為**他明白牛就在那裡**。也就是說，在他獲得最高的覺見之後，他就不再繼續時刻關注於此，只是任由那份崇高的覺見再次掉到下意識（subconscious）之中，彷彿其中空無一物。所以他躺在那裡睡著了，陽光照得他滿臉光亮；接著他就睡醒起身、走向小鎮：

〈入鄽垂手〉

柴門獨掩，千聖不知。埋自己之風光，負前賢之途轍。提瓢入市，策杖還家。酒肆魚行，化令成佛。②

頌曰：

露胸跣足入廛來，抹土搽灰笑滿腮！

不用神仙真祕訣，直教枯木放花開。[3]

現在，也許榮格博士會想針對心理學方面發表一些看法。

榮格博士：我來這裡確實是為了回答一些問題。雖然關於豪爾教授講述的專門領域，我當然不可能做出比他更精闢的闡釋，不過假如各位有任何關於心理學方面的問題，我都很樂意回答。我沒辦法想像哪些內容對你們來說清晰易懂，哪些又讓你們一頭霧水。要把這套特定的學術語言和思維方式與我們的心理學語言、心理歷程連結在一起確實相當困難，而且這份困難是理所當然的事。

就拿你們提的這個問題來舉例吧——「怎樣才能喚醒昆達里尼？」似乎在各位的理解裡，為了喚醒昆達里尼，一個人必須得先擁有某樣在昆達里尼被喚醒之後才會擁有的東西。

肖博士：榮格博士一向非常強調大地的價值，而且精神性（the spiritual）跟世俗性（the earthly）這兩者在他看來也都不可或缺、不可偏廢。不過，乍看之下，昆達里尼瑜伽的追求似乎和您的主張背道而馳？[③]

榮格博士：沒錯，瑜伽也認為精神性跟世俗性都非常重要。不過昆達里尼本身就在人的肉體之內，並非某種虛無飄渺的東西。

---

3 D. T. Suzuki, *Essays in Zen Buddhism* (first series) (London, 1980), 376.

豪爾博士：當然，譚崔瑜伽包含著某種對於古典瑜伽的反動。當人們觸及最高的覺見時，古典瑜伽會希望就此停駐，因為它向來都有一種棄絕俗世的傾向；但在譚崔瑜伽的觀念裡，昆達里尼抵達至高點之後還必須再向下回歸到根輪，這便和古典瑜伽的棄世傾向截然相反。針對這點，各位也必須從歷史的角度來思索，才能理解那種高高在上的靈性生命的危險性以及必要性。

克勞利夫人：④請教榮格博士，您有提過 *puruṣa*（**神我**）和 *ātman*（**真我**）這兩個詞彙，我想知道您是如何從心理學觀點看待兩者之間的差別。[4]

榮格博士：以心理學的角度來說，我們真的很難區分這兩者。在現實世界中它們也許截然不同，但在心理學上它們卻是相同的。即便在哲學領域，這兩個概念的用法也是一樣的。或者說，它們之間的差異實在太過細微，細微到在心理學裡根本無足輕重。

克勞利夫人：在人們看見 *puruṣa* 之前，是不是會先直觀地看見來自 *ātman*（自性，the self）的終極經驗呢？

榮格博士：如果你要拿那些印度術語來思考，你就會在讓自己一萬條岔路上迷失方向，因為它們實在太複雜了；不過，若是從心理學的觀點來看待這個問題，事情就會變得簡單很多。其實光是藉由語言來描述這些經驗，就已經有過度簡化之嫌，因為事實上，在你擁有親身經驗之後，你就會徹底明白這整個歷程到底有多麼複雜、多麼費解——你會打從心底瞭解印度人為什麼要創

造這麼多的象徵來解釋乍看之下很簡單的東西。但如果是從心理學切入，就完全是另外一回事。心理分析的初始階段在做的其實都是某種削減（reduction），也就是在「分／析／拆／解」你的心理態度。在此之前有許多心理阻抗和個人內容壓制了你本真、純粹的心智活動或心理歷程，而你現在必須開始意識到這些東西。這些抑制都是不純粹的雜質，而你的心智必須要先得到淨化，才有辦法開啟後續的心理轉化歷程。

所以瑜伽說一個人的心識／心智（citta，mind）一定要先被淨化，否則根本別想踏上昆達里尼的道途。心理分析也是如此。你必須先讓心智變得清晰透徹，直到你擁有完美的客觀性，直到你可以承認有些事物可以不受你意志掌握地在你的心智裡面跑來跑去──例如你可以如實而客觀地認清一個幻想。你必須先移除大量的壓抑，然後你才有能力承認這些事情；否則，在這之前沒有任何客觀的心理歷程能夠發生。但是，當你可以承認那些心理內容本身即擁有它們的自主性，也就是當你可以接受那些概念之所以出現，並不是因為你的刻意創造，而是源自於它們自主自發的行動時，你就可以明白看見它們是如何運作的；然後才有可能開啟客觀的心理歷程；然後才有可能喚醒自性或 puruṣa。

---

4 豪爾曾經表示 ātman 和 puruṣa 這兩個梵文詞彙都可以英譯成 self。前者被用在《奧義書》和譚崔瑜伽裡，後者則是古典瑜伽的慣用語：「古典瑜伽所說的 puruṣa 只是在描述一種實體（entity）罷了；這世上有無窮多的 puruṣa，而神聖自我（the divine ego）只不過是其中之一……至於譚崔瑜伽的看法則略有不同；他們所說的 ātman 本身即內含絕對者（the Absolute）的一部分，是那完全而絕對的整體之中的一個小點。」

克勞利夫人：這就是我想知道的。那兩條道路之間的差別是很大的。

榮格博士：人們得先走過預備的道路，然後才能邁向真正的覺醒。你說的是 *ātman* 的實現，但那是結果。而關於 *puruṣa* 和 *ātman*，我會建議不要為了實務上的需要去區分這兩個名詞。

克勞利夫人：除了您剛才解釋的部分以外，它們似乎還有一個很清楚的差別。

榮格博士：我剛才談的是**心識**（*citta*）。第一部分是在仔細描述**心識**，第二部分講的才是昆達里尼的覺醒，而自性唯有在覺醒當中才會出現——在你有能力達到客觀化（objectification）以後隨之開啟的那個心理歷程階段，就是所謂的覺醒；*puruṣa* 就是出現在這個階段，而不是第一階段。

豪爾博士：其實 *puruṣa*（神我）和 *ātman*（真我）沒有什麼差別，它們是同義詞。兩者唯一且最讓人傷腦筋的差別在於，自性會鏡映出各種角度、各種方向，而這恰恰就是榮格博士剛才說的。雖然我們也可以在下三輪的浮光掠影當中瞥見自性，但每一輪都會比前一輪看得更加清晰；然後在心輪裡也可以看見同樣的自性，可是出現在心輪裡的這個自性已經再不會被懷疑動搖了。⑤在下三輪的層次裡，只要鏡面或水面產生晃動，你就會對自性心生懷疑不定之情；但當自性出現在心輪時，你會對它的存在了然於胸、安然於心；即便它仍然被創造性的活動圍繞著，也就是被紅色圍繞著，這是你還得繼續穿越的功課，但此刻的你

已經明白自己再也不會失去它了。在上三輪的層次裡，是一份絕對的純淨清澈在那裡寧靜地映照出自性的身影。這時的**心識**僅僅只是一面純粹的鏡子，在此清晰映照著 *puruṣa*（神我）。這是一個了無**煩惱**（*kleśa*）的階段。當這個狀態發生時，會有一股絕對的臨在感出現，而那便是自性本尊的臨在，而 *ātman*（真我）和 *paramātman*（梵我）之間的一致性也會在此出現。總之，一個人的**心識**會不斷地發展，過程中又會不斷映照出自性的不同面貌，這就是問題所在。

　　漢娜小姐：我簡直聽得一頭霧水。東方和西方的途徑到底有何不同呢？東方的道路顯然會從怪獸摩迦羅（makara）⑥的嘴巴穿越過去。

　　榮格博士：豪爾給各位看過一張圖片，那張圖清楚說明了東方是怎麼處理這個問題[5]，而各位如果有鑽研過分析心理學，你們就會知道西方是怎麼處理它的。

　　索耶爾女士：我想這裡的困惑是來自於人們試圖讓兩者彼此吻合——東方和西方，瑜伽和心理分析。

　　榮格博士：譚崔瑜伽把這個歷程稱為昆達里尼覺醒，而我使用的術語則是心靈客觀性（psychic objectivity）。例如我們在英語研討會上討論過的那些幻象就是屬於另一個不同層次的經驗：它

---

5 豪爾說過：「在人生的這條路上，你遲早會碰上海獸摩迦羅；你將會在某處面對一場極大的危險，而你無從迴避。這頭怪獸被畫在第二脈輪裡面，其中的月牙從左到右都被牠覆蓋住了（臍輪裡的月牙代表濕婆），而怪獸的嘴巴是張開的。現在，如果你是從右邊過來，就可以從怪獸的背後攻擊牠。你不會落入牠的嘴裡，而且也許有機會和牠搏鬥一番；但如果你是從左邊過來，你就會落入牠的嘴裡。關鍵是要選擇正確的方法／右邊的路（the right way）」（引自 *HS*，84）。

們並不是來自**粗鈍**（*sthūla*），而是來自**精微**（*sūkṣma*）。這些東西發生在無處之中——它們是普世性的（universal）、非個人的（impersonal）——而你如果不是從非個人的角度來理解它們，你就會對其中的普世性產生認同，其結果便是自我膨脹。所以這整個歷程都必須建立在這個前提上：心靈中的某些事物純然屬於非個人的層次——它們的存在絕非因你而起；它們就是逕自從天堂下凡或從地獄入世，而你對此完全無從解釋。某些特定的幻想、特定的夢顯然是來自某種非個人的領域，而且顯然不是人為刻意捏造出來的。人們若是想要經驗到這些內容，唯一的方法就是喬裝自己、解離自己，並且去扮演另一個角色。

因此，人類向來擁有展演各種神祕戲劇的傾向，目的就是要跨出他們自身存在的尋常框架，以便將自己扮演成另一個角色。就連最未開化的澳洲中部原住民都有這樣精巧而複雜的概念：當他們在展演部落中的圖騰儀式時，他們就不再是本來的自己，而是化身為居住在創夢時代（alcheringa times）裡的祖先們。他們將自己等同／認同於神聖的英雄。我不再是榮格博士，我是查拉圖斯特拉（Zarathustra），於是我可以說出世上最為荒誕駭人的話語，因為我是用百千年前的聲音來說話——我披掛著一位偉大祖先的外衣並以這樣的面貌來對人說話；而在那之後，當我脫下我的喬裝戲服，我又會變回一位平凡無奇的市井小民。這類儀式行為到了現代還依舊存在，就是因為它們確實有效；畢竟它們如果已經不再能夠回應某種特定的心理需求，自然不可能一直延續到

今天。它們表達的是一個如假包換的現實。雖然我們的理性主義實在搞不懂這樣的現實怎麼可能真的存在，但這些儀式行為顯然就是有效、可行。

舉例來說，有個觀念是這樣的：每個人都必須過著一種正常的生活，而且至少要生兩個孩子。但許多人卻只有一個孩子，或者他們生得更多，或者他們根本就不渴望生兒育女，所以真實人生中其實並沒有所謂的正常可言。而且，還有許多生活方式雖然不被歸類在「正常」的範疇裡，但卻依然真真切切地存在著——男修院、女修院就是這樣的例子——雖然他們過著與十九世紀的資本理性主義背道而馳的生活，但卻個個活得勤勉而充實。

所以那種非個人經驗，那種你彷彿不再是你、而是一個舞台角色的經驗，就是蘊含在所有神祕戲劇之中的根本要素，而且那樣的狀態是可以藉由人為引導進入的。我經常跟各位提到密特拉教的祕儀崇拜（Mithraic mysteries），在教內的啟蒙儀式上，人們會化身為神的**士兵**（*milites*）、**獅子**（*leontes*）、**太陽跑者**（*heliodromoi*）等角色。[6][7]這些名諱代表的顯然就是非個人經驗的不同階段。例如，一位羅馬時代的旅店老闆在成為一名**士兵**之後，便再也不是隻身一人。他絕不會再感到孤單寂寞——他還是從前的那個他，但他已經在一個與三維世界截然不同的更高層次之中經驗到他自己：那是一個非個人的層次，他可以在那裡望向窗外，看進另一個世界的維度，看見屬於心靈的現實。

---

6 參見榮格，*Analytical Psychology*, 98-99。

這個觀念存在的證據就是，它完全是自發性地運作著——它就像是落在所多瑪和蛾摩拉兩座城市的天火一樣降落在我們頭上，甚至可以讓我們的人生毀於一旦。[8]你本以為自己過得挺不賴，本以為這世界也還算不錯，但你突然一夕之間變得再也不敢橫越馬路，只因為你突然患上了懼曠症（agoraphobia）。那並不是你可以隨心捏造出來的東西，是它逕自找上了你，是它掐住了你的脖子。而這到底是誰幹的好事？我們會說它不是誰做的，那只是一個疾病，但「疾病」其實也只是一個說法罷了。因為你可以說它是一種病，也可以說是有邪靈作祟使人恐懼。這就可以解釋心靈世界的自主性，也可以證明諸如此類的事物確實在那個世界裡面生活著。因此我給每位患有這類精神官能症的人的忠告是：你要從現在開始認真面對它、探究它、活出它，然後你才有可能把它掌握在自己手中，再也不會任它擺佈。

　　話說回來，昆達里尼瑜伽就是東方對於非個人經驗的一套象徵性表達，但我們的西方腦袋實在很難理解東方人到底想藉由這套象徵系統向我們表達什麼。豪爾教授想必不會鼓勵我們望文生義地理解這些內容。唯有透過西方觀點來理解東方象徵，它們才會顯得鮮活有力；這種方式雖然也有其困難、複雜之處，但至少相對簡單一些。當人們不太瞭解某樣事物時，往往就會把它們說得非常簡單。而那些最喜歡簡化世界的人，正是為這世界帶來最多混淆困惑的人。這些象徵絕非簡單之物，但你若是掌握了一些直接的心理學類比，就能幫助你看見東西方經驗之間的連結，那

確實會容易得多。

漢娜小姐：東方之道看似有點像是一套繁瑣的教條。

榮格博士：它畢竟經歷過數千年的歷史，遭遇過數以千計的人們，而且還有千百個絕頂聰明的智者曾經對它下過功夫，所以它當然會變得有些教條化。

漢娜小姐：當今的心理學也已經教條化了嗎？

榮格博士：如果有人主張無意識之類的東西根本就不存在，而你用「這是妖言惑眾」來回應對方，這時的你確實就已經開始從骨子裡變得教條化，而且你對此毫不知情──就像待在非洲的人會不知不覺地從骨子裡變黑（going black under the skin）一樣。[7]

蒂勒小姐：豪爾博士昨天說過，從來沒有歐洲人真正喚醒更崇高意義上的昆達里尼，只有蘇索（Suso）可能是唯一的例外[8][9]。但是人們有沒有可能藉由心理分析歷程的幫助，達到能夠喚醒她的境界呢？

豪爾博士：如果分析個一千年，搞不好有可能吧。

榮格博士：各位千萬不要忘記印度是一個非常奇特的國度。打從不復記憶的遠古時代開始就有人類在此居住、繁衍，綿延不斷地代代相傳。但我們並不是在這樣綿密連貫的文化之中成長的。我們和自身根源之間的聯繫已經被斬斷了。而且印度教徒

---

7 關於榮格對於「從骨子裡變黑」的恐懼，參見《回憶・夢・省思》第九章的北非遊記。

8 這段話是在回答肖博士的提問：「您的意思是，從來沒有人真正喚醒過昆達里尼嗎？」豪爾對此的答覆則是：「我認為西方世界應該沒有人真正辦到過，但我並不確定……中世紀時有位日耳曼神祕家名叫蘇索（Suso），我認為他確實有過同樣的經驗。」引自 *HS*，頁99。

的民族組成相當複雜，這點也很重要。他們不僅有著雅利安人（Aryan）的血統，還深受土生土長的達羅毗荼人（Dravidian）影響。所以譚崔瑜伽裡面有著許多年代久遠、實際接地的內容。因此我們必須認清：這套來自陌生國度的瑜伽哲學和我們自身的血脈八竿子打不著，而且無論我們從中經驗到的是什麼，都會帶領我們走往截然不同的方向。因為這些思想對我們而言都是人為移植的產物，所以永遠不能過度簡化、望文生義，否則將會產生非常棘手的問題。

某位聽眾發言：我認為，有些根據西方概念所描繪的過程，看起來跟印度瑜伽的過程非常相似。

榮格博士：沒錯，比如分析心理學當然就是一條類似的途徑。我們當年在苦心鑽研、白手開創分析心理學的時候，並不知道有譚崔瑜伽這個和它如此相應的東西存在。當時還沒有西方人翻譯過譚崔瑜伽的典籍；即便是這類領域的專家，對於譚崔瑜伽的認識也非常有限。直到最近，因為有約翰·伍鐸夫爵士的譯介，譚崔瑜伽才開始為人所知。我們其實是在同一塊領域各自默默耕耘，不過基於我們的不同秉性、不同態度，我們採取的方法當然也不一樣。

豪爾博士：各位要知道，你們一定要把現在由分析心理學完成的初步工作，拿來和流行於瑜伽系統化之前四五百年的譚崔瑜伽相互比較。瑜伽最早是在佛陀時代（或更早一些）才形成一套完整的體系。現在由分析心理學完成的工作，在佛陀誕生的大

約五百年前，其實是由一群思想家和婆羅門來完成的。他們的名字都已佚失了，所以如今我們能看見的只有他們智慧洞見的浮光掠影。也許先是前人有了某些領悟，後人又相繼不斷地在那之上添加一些見解，於是，最後雖然整個體系看似是由某位大智者一手打造，然而這個體系的真正功用在於：它把同時代的諸多思想與靈魂歸結、彙整，並為其賦予秩序。不過這個秩序只是一時的——大概只能維持個幾百年吧。而這正是心靈的適應過程，在人類自古以來的歷史上，這個過程一直都在進行著。就以基督宗教為例，它已經不再能夠說服我們所有人對它深信不疑，所以它已經失去作用了。再過個幾百年，就會出現另外一個體系取而代之。到了那時，基督宗教就會像譚崔瑜伽一樣被世人淡忘。面對生命的大哉問，人類透過象徵和話語試圖奮力給出回應，於是才有了這些體系，而它們不僅是在為你、為我回應生命，更是為了整個社群。因著數百年來的不斷累積，象徵才能具有引領整個社群人心的力量。因此，社群中的每個個體都可以不必從零開始、白手起家；先人們已經為他完成了——於是我們就能得到一個共有的心靈文化、精神文化。但是這樣的時代終究也會在短短數百年間邁向終結。當象徵改變了，或者人們的生命改變了，卻還誤以為從前的象徵依然有效而想要把舊象徵帶進新時代，那就會造成危害。

我對分析心理學的看法也是如此。它簡直可以說是萬丈高樓平地起，但它也會在數百年以後變成一套最最死板的教條，接

著就會有拆除大隊登場，宣稱分析心理學講的東西全都是錯的。然而我們應該也很清楚，每個體系都會或多或少碰觸到絕對真理的邊邊角角，而那就是不會被時間淘洗掉的部分；就像我們在基督宗教裡面也可以看見某些真實不虛、不可磨滅的部分。但是我們勢必要為真理和象徵找到一個全新的體系。印度的情況也是如此。從歷史的角度來看，譚崔瑜伽只是有著千年歷史的瑜伽修行在面對一種嶄新的心靈處境時應運而生的產物，而當時的那種處境在今日的印度已經不復存在了。如果生活在當地的人們還試圖根據譚崔瑜伽經營自己的生活，他們也有可能像我們一樣走偏走岔、越走越遠。就拿甘地來舉例吧——新的象徵一定要能服務整個社群，而甘地就是那個運用新穎的手法從嶄新的心靈狀態、精神狀態之中創造出這些象徵的人。就像我之前說過的，當甘地徒步走到海邊並撿起一塊食鹽結晶展示給群眾們看時，那塊鹽巴就是一個和脈輪同樣有效的象徵。他們根本就不需要什麼脈輪。甘地的手紡車®則是另外一個例子。當印度民眾可以親驗看見甘地和他的手紡車時，他們為什麼還需要對著一個脈輪做冥想呢？他們光是對著手紡車沉思默想，就能來到一個更高的思維層次，參悟諸如犧牲、奉獻之類的理念。我們甚至可以說這就是一套全新的「譚崔瑜伽」。和基督宗教一樣，譚崔瑜伽雖然遭人淡忘，但它裡面依然有著某些不可磨滅的要素，它們象徵著永恆而普世的真理。而我們想要研究的就是這些珍貴的要素，這正是脈輪的教育價值所在；而且在任何地方、任何時代都可以找到與之平行對

應的人類經驗。我刻意不去談論譚崔瑜伽在分析心理學上的對應關係，因為我認為那樣會造成混淆。我只是把這套瑜伽擺到各位面前，你們可以自己再去進行相關的比較。

克勞利夫人：榮格博士昨晚展示了一些以西方手法繪製而成的曼陀羅圖，那時他就描述過兩者間的比較關係了。[9] 對我來說，觀賞那些繪畫就像是在觀看一批正在形塑或發育中的脈輪，它們和印度那種已經發展完成的脈輪是非常不一樣的。

豪爾博士：印度的脈輪已經臻於完美了。昨天展示的那些曼陀羅圖還是一片有待開墾的荒原，有朝一日，說不定就會有個脈輪從中生長出來。儘管那些畫作彼此之間的差異非常大，但已經足以證明人類的靈魂具有相當程度的、跨越時代與地域的一致性。

榮格博士：其實畫裡的那些曼陀羅就已經是脈輪了。

豪爾博士：我說的是一個對於整體社群都有效用的脈輪。

榮格博士：是的，那需要成千上萬的人共同努力，而且不知道得花上幾百年的時間。

克勞利夫人：但最讓我吃驚的是，當榮格博士逐一探討各個脈輪的類比時，每個脈輪都能找到跟西方心理非常匹配的類比。

---

9 該場演講的標題是「譚崔象徵之於西方的平行對應」（Westliche Parallelen zu den Tantrischen Symbolen），收錄於 *Tantra Yoga* 一書。榮格在他為《黃金之花的祕密》撰寫的那篇導讀中大量使用了這批曼陀羅畫作，參見《榮格全集》，第十三卷。

榮格博士：沒錯，譚崔瑜伽是一個非常寶貴的研究工具，不僅可以幫助我們釐清這些事情，還能幫助我們找到合適的用語或創造新的概念來描述它們。這就是研究譚崔瑜伽的迷人之處。

鮑曼先生：豪爾博士之前說過瑜伽士必須先抵達眉心輪的層次，才有可能喚醒昆達里尼。

豪爾博士：或許我們應該這麼說：不僅要抵達眉心輪，而且必須是在一個精微的、精神性的意義上抵達那裡才行。

鮑曼先生：心理分析歷程的初期會有一個準備階段——人們得先去除個人的心理抑制之類的東西——然後才能觸及到非個人層次。不過有些案主雖然還在第一階段，但他卻已經畫出非個人性的作品，我想這是有可能的，也確實有發生過。

榮格博士：是啊！你有可能畫出最令人不可思議的作品，但你其實根本沒有親身抵達什麼境界。藝術家們最常遇到這種情況。任何人都可以畫畫，就連小朋友甚至小寶寶都可以。繪畫所表達的必然是一個心理事實、心理經驗，而各位必須瞭解繪畫本質上其實就是如此，也必須把這件事牢記在心；否則你可能就像是水裡的一條魚或林中的一棵樹。因為每株植物都會構成不可思議的曼陀羅。菊科植物的花就是一個曼陀羅，它本身即是一個太陽意象，但菊花自己並不知道這件事。人的眼睛也是一個曼陀羅，但我們並沒有意識到這件事。所以在心理分析中，我們需要付出漫長而艱辛的工作才能讓人們開始意識到自身議題當中的非個人特徵。而這些非個人事物確實就是東／西方心智的相應之

處。昆達里尼也是一種非個人事物,而我們西方人的心智很難客觀地看待存在於自身心智之中的非個人事物並且加以掌握,這對我們來說可謂難於登天。

且讓我來為各位舉個例子。我曾經治療過一位作家,他是個非常聰明的人。他才智過人而且非常理性,他一向認為萬事萬物都有其自然的起因,而且萬事萬物都可以運用理性來解釋。他以前曾經和一大票不同學派的分析師進行過許多次治療,而他一直習慣根據因果化約原則來解釋自己的夢境。當然,你可以說出現在夢裡的所有人物、事件、情緒都是來自某些特定經驗,所以只要是你從來不曾經驗過的人事物,就不可能在夢裡出現。這種人通常都會死命守著這樣的想法;不過我的想法是:夢最終都會帶出某些無法被化約的東西。而在我們分析了好長一段日子之後,他的夢裡果然就出現了一些他怎樣都追溯不到來由的人物。例如,他曾經夢見一大群女人,她們個個在他生命中都扮演著重要角色。剛開始他還可以在記憶中逐一檢索這位是誰、那位是誰,好比說「她看起來有點像某某小姐」,所以我們還可以東拼西湊地理解這些夢。但是後來又出現了一個讓我們沒辦法繼續自圓其說的女人。案主在回憶的畫面裡使盡渾身解數地尋找,但他最後只好舉手投降,因為他完全找不到任何聯想,於是不得不承認他無法為這個女人的出現找到一個合乎理性的解釋。這時我對他說:「所以此刻我們來到一個你的因果化約原則再也不管用的地方了。現在我想提出一個截然不同的觀念——這件事物並不是源

自於你的個人經驗，而是完全來自它自己，這就好比某個不速之客突然走進這個診療室一樣，或者也可以說她彷彿是直接穿牆走進來——她會走路，她會說話——她就是個鬼魂。」案主當然非常抗拒我提出的這個觀念。他說，本來不存在於他腦子裡的東西不可能就這樣憑空出現。他對於心靈世界的貶低態度是一種西方人很常見的心態。但他不得不承認有某種非常明確的事物在未經他邀請的情況下逕自出現在他的腦子裡，而且還讓他在夢裡產生了巨大的情緒。對於心靈要素的客觀自主性的認識就是這樣開始的，而這也是心理歷程的開始。當時的情況彷彿一個真實具體的女人走進他的生命——他並不知道她為何出現在這裡，但他必須對她的存在做出回應。我就是為了稱呼這類心靈人物才發明**阿尼瑪**（*anima*）這個術語，即便西方人的偏見會認為根本就不應該為它們命名。

說到這裡，當某些事物遭到攪動並且逐漸自主發展，就是昆達里尼瑜伽和心理分析歷程可以開始相應對話的時候了。假如這個過程繼續進行下去，人們就會經驗到一些可以用譚崔瑜伽的術語來描述的心理狀態。我們對譚崔瑜伽心懷感激，因為它是一套區分得最為細緻的形式、概念，讓我們可以用來表達那些實際發生在我們身上的混亂經驗。誠如豪爾教授方才所說，我們還在某個事物的草創階段，而凡事在剛開始時都是極度個人化而且極度混亂的。這些東西必須經過數百年的歲月才會開始沉澱，然後慢慢結晶出明確的樣貌；不過在它變得明確之後，難免就會逐漸趨

於教條化了。

鮑曼先生：榮格博士，您昨天提到您曾經在一封患者寄來的信裡看到一幅曼陀羅圖，畫中有一些魚圍繞著曼陀羅的中心。我對那封信裡的一句話特別有印象，她說：「我希望自己能找到一個狀態，彷彿我就是一個中心，魚兒們就在我身邊旋轉悠游。」[10]

榮格博士：她不是這麼說的。她是想要找到一個中心，好讓她可以像那些魚一樣在和諧的秩序當中游動；她不是想要讓自己成為那個中心。後者是我們西方人才有的思維。如果認為自己即是中心，那就走錯路了。譚崔瑜伽裡面確實有「人要成神」（one becomes a god）的概念，但正是因為我們自以為是自身世界裡的神，所以這個概念對我們來說相當危險。我們雖然帶著這樣的偏見上路，可是我們其實是惡魔一般的糟糕傢伙；我們只是從來沒有從外面審視過自己而已。我們都自認為是大善人，滿以為自己值得敬重又道德高尚之類的，然而實際上我們都是殘忍而嗜血的海盜。歐洲人對自己的認知根本是個謊言。我是在美洲原住民和非洲黑人部落身上學到這一課的。看看我們身處的世界，你就會明白我們究竟是什麼樣的人。但我們的偏見一直是「我們就是神」——任誰都一樣，當我們夢到一個中心的時候，就會默默地、本能地把自己放到那個中心裡面。各位也許還記得我昨晚

---

10 這裡說的應該是一位女病患展示給榮格看的一幅曼陀羅畫作，魚群從中央的圓圈輻散而出，重製於榮格為《黃金之花的祕密》撰寫的評述，參見文中插圖 A2。榮格收錄在 *Tantra Yoga* 一書中的講稿並無包含鮑曼在此引述的段落。

展示給你們看的那張圖片——其中有一顆中央石，它的旁邊還圍繞著一些小小的寶石。我來說說和那張圖片有關的夢好了，我想這應該會挺有意思的，因為那幅曼陀羅圖的始作俑者正是我本人。畫的當下我對曼陀羅是什麼一無所知，而當時的我用自認最最謙卑的態度想著：**我**就是那顆中央的寶石，而旁邊的小小光芒當然就是認為自己也是寶石而且非常善良的其他人，他們跟我一樣是寶石，但個個都比我小顆。這就是我們一直在做的事——我們和安那托勒・佛朗茲（Anatole France）的《海雀島》（*L'Isle des Pingouins*）[11][①]故事裡的主人翁其實是半斤八兩。小說中的聖馬洛（St. Malo）在神聖的大會上為海雀們施行洗禮，而當人們詢問聖凱薩琳（St. Catharine）該拿海雀的靈魂怎麼辦才好時，她就對上帝說：「給牠們靈魂吧，但要給牠們比較小的。」這就是我們的行事準則。我也是把比較小的靈魂分配給其他人，可是我已經讓步很多了耶。我自認是一個徹頭徹尾的大好人，所以才覺得自己可以講出這種話：「這個令人讚嘆的中心當然就是我本人，這有什麼好懷疑的呢？」

後來我做了一個夢。[12]夢裡的我身在利物浦（Liverpool），我其實從來沒去過那座城市。它看起來陰沉沉又髒兮兮，滿地都是被雨打濕的煤灰；我和其他幾個穿著雨衣的瑞士人結伴走在一條巷子裡。我們和彼此有些談話，但聊得很不愉快，而我正在一邊思考哪裡可以找到躲雨、避寒的遮蔽處。[13]我們在城鎮的開闊處找到一片類似高原的地方，那裡有一個又大又漂亮的公園。它其

實就是我昨天展示的那個曼陀羅，但我一開始並沒有認出它。公園裡面的道路縱橫交錯，公園的中心則是一個小小的湖泊，湖的中心還有個小島，島上有一株帶著玫瑰色調的木蘭樹（magnolia tree），很美的一棵樹。那棵樹就矗立在燦爛無比的陽光中──在那漆黑的雨夜裡，這株全然盛放、令人驚艷的樹是一幅最最輝煌的畫作；我徹底被它迷住了。然後，突然間我察覺到我的夥伴們都沒有注意到它；他們只是自顧自地路過，開始談論起另一位住在利物浦某處街角的瑞士人，那條街就在公園的左側。我把這個地方畫了下來：街角有一盞單獨的路燈，那個人就住在街角的一棟公寓裡。他們說：「他居然在利物浦找了一個這麼髒亂的地方住，他肯定是個大傻瓜吧。」但我心裡想的卻是，這人肯定是一個絕頂聰明的傢伙，而且我知道他為什麼會住在這裡──他知道那座小島的祕密；他找對地方了。[14] 話說回來，利物浦（Liverpool）就是生命的中心（center of life）──生命的中心是肝

---

11 Anatole France, *Penguin Island*, translated by E. W. Evans (London, 1948).

12 在《回憶・夢。省思》英文版的223-24頁可以找到這個夢的解釋。年份是1927年。這個夢的補充細節請見隨後的註釋。〔中譯註：參張老師文化1997年版，頁258-59〕

13 「我感覺我們是從港口走過來的，而真正的城市卻在上方，位於懸崖之上。我們爬上那兒。這個地方使我想起巴塞爾（Basel），但巴塞爾的市場卻是在下方，穿過托滕賈章（Iotengässchen，「死亡之巷」）往上走；巷子一直通到上方的一片高地，再通到彼得廣場和彼得大教堂。」〔中譯出處同上，略有更動。〕

14 「對於夢中的一個細節，我得補充說明：城市中各個單獨的街區環繞一個中心點呈輻射狀布列。這個點猶如一個開放的小方塊，由一盞更大的街燈照耀著，並構成小島小小的複製品。我知道，『另一位瑞士人』就住在這些次要的中心點附近。」〔中譯出處同上，略有更動。〕

臟（liver）──而我本身並不是中心，我是那個住在某個漆黑地方的傻瓜，我是旁邊那些小小亮光的其中一員。透過這種方式，我原先那種自認為我就是曼陀羅中心、我是一切、我是主角、我是王、我是神的西方偏見就被修正了。我們從那種高高在上的想法走了下來。印度人是很純樸的，他們根本沒有這種觀念。他們永遠不會從「我不是人類」的想法出發；否則他最終就不可能成為一尊神。反觀打從一開始就巴望著神性的我們，就必須先從高處走下來才行。

豪爾博士：我想針對脈輪的形式和象徵簡單說幾句話，重複一下我們之前討論過的幾個重點。我認為脈輪裡面的所有幾何圖形都是在指涉存在於宇宙和心靈之中的生命，而它們都被法則（laws）賦予了秩序。至於「蓮花」的概念則是表示，完整的心靈生命是在一個有機的中心裡面體現出來的。各位想必還記得每一片花瓣上都有一個梵字，人們會在靜心冥想中唱誦這些梵字，同時試著參悟每個梵字所蘊含的意義，而這些意義只能由上師口傳。花瓣上的梵字象徵著隱藏在特定部位裡的、成長中的各個有機面向。這是沒有意識的。被隱藏在各片花瓣裡面的是一股力量，人們必須參悟這股力量並讓它和中心建立連結。其中所包含的形上學（metaphysical）和靈上學（metapsychical）[15] 觀念即是：心靈有機體就位在宇宙有機體之中，而心靈有機體的中心內部存在著一股意識之下的聲音之力（a subconscious sound force），它不帶意識地調節著生命、校準著生命，而人們應該藉由靜心冥想來

參悟這股聲音之力蘊含的意義。它必須被帶到意識之中，而如果一個人可以讓它在意識層面上運作，它就會變得更加強大。

修行者們也要在靜心冥想時參悟**種籽字**（*bīja*）。[16] 在這些**種籽字**內部運行著的力量並不是一個發展得很清晰的人格化內容；它從來沒有被賦予名字。**種籽字**只是單純象徵著元素裡面的一股意識之下的力量，它會在一個人的心靈基礎上運作著，但唯有當它藉由靜心冥想被人參悟時，它才能發揮出真正的力量。誠如各位所知，我把這樣的力量稱為**神的種籽字**（*bīja-deva*）。[17][12]而**神的明點**（*bindu-deva*）會從**神的種籽字**裡頭被投射出來或者生長出來；它和**種籽字**其實是同一股力量，但已經從無意識投射出來、進到清晰的意識之內了。但是它並不會像女性力量夏克提一樣那麼清晰地來到意識層面。在我看來，這便毫無疑問地證明了夏克提就是阿尼瑪。根據譚崔瑜伽的說法，隱藏的男性力量和女性力量乃是一體不二，而且兩者應該要在我們的內在攜手運作，而我們會在人生的不同階段有意識地領悟到這件事。我將這種蘊藏著偉大真理的象徵稱為**主導象徵**（*leading* symbol）；像這樣具有主導、領頭性質的象徵，要間隔好幾百年才會出現一個。

15「靈上學」（metapsychique）是由查爾斯・李切特（Charles Richet）提出的專有名詞，英語世界如今將這個研究分支稱為超心理學（parapsychology）。參見他的著作 *Traité de Metapsychique*, (Paris, 1922).

16 豪爾對種籽字的定義如下：「種籽字就是一個脈輪的胚種（germ）；*bīja* 這個字本身就是胚芽、胚胎的意思。」

17 豪爾曾說：「我把 *bīja-deva*（神的種籽）和 *bindu-deva*（神的明點）區分開來。（這些詞彙是我根據自己對於脈輪的理解自創的。）神的明點永遠都是一股心靈的、精神性的運作力量……；神的明點是支配那股力量的神明（divinity）。」

色彩當然也是脈輪象徵系統的一環。各位都知道紅色代表血液，也就是來自大地深處的力量。白色則是代表更高的覺見。而無論你在任何地方發現金色，就可以知道它代表的是清晰的洞見，雖然它還不算是最高的洞見。所以根輪裡畫著金色，花瓣上的梵字也是金色；在這個部位裡面，隱約有一股洞見的力量在意識之下運作著。換言之，其實有一股洞見的力量正在情慾生命（the erotic life）之內默默運作著。情慾似乎是一種可以讓人看透事物本質的方法，而那會在根輪之上的脈輪逐漸發展為精神性的面向。然後奇怪的是，各位可以在太陽輪的圖畫裡看見灰藍色的花瓣上寫著藍色的梵字；此外，心輪的蓮蓬和其葉片上的梵字呈現同樣的紅色。這裡的紅色代表的是音樂的曲調。在我看來，心輪象徵具有創造性的生命——心輪蓮花的花瓣是紅色的，而那股洞見的力量則是位在心輪中央的金色三角形裡面。某種程度上，這個部位的音樂曲調不僅擁有自己的生命，還擁有一個截然不同的現實——這個血液一般的現實是來自外在，它會自行尋找進入內在的路徑，並且試圖讓內在與外在協聲同調。

以上這些說明就是我想給予各位的建議，好讓你們知道可以怎麼處理這些素材。在此，我還想引用老子的話：「道可道，非常道。」[18] 請各位從這個角度看待我所講的一切。請先把我跟你們講過的所有東西都忘掉，當**你**必須上路的時候，你自然就會上路了。對於這些內容，有很多不同的研究取徑。我的闡述當然都是有憑有據的，但各位必須把這門學問當成一個謎題並試著靠自己

榮格論脈輪：1932 年昆達里尼心理學研討會筆記

的努力來破解它。其中蘊含的意義也許不止一種，就像解夢一樣
——所謂的「巧合」就是我們心靈生命和外在生命之間的兩相呼
應，而透過這種呼應，同一個夢也許就會解出兩種意義，而且兩
種解法都是對的。外在事件和心靈事件乍看之下也許很不一樣，
但兩者可能都帶有某個相似的特徵，所以可以由同一個夢來象
徵。如果某人的夢境只有對應到外在事件，也許只是還沒找到對
應的內在事件罷了。脈輪或許也是如此：某套象徵體系的意義碰
巧和另一套象徵體系的意義遙相呼應，但這份巧合唯有透過深刻
的鑽研與洞見才會被人發現。如同我之前和各位說過的，所有能
量生命都是運動不息的，而你們必須深刻鑽研這些運動才能領略
箇中深意。我們在這裡觸碰到的都是很難言傳的主題，這時，色
彩的象徵系統就會成為各位的得力助手。也就是說，各位只要潛
心研究色彩，就能發掘出其中的意義。

再次以心輪為例。它的正中央是個金色的倒三角形，三角形
的周圍是種籽字 *yam*；再外圍則是一個帶著黯淡灰色的六芒星，
它是由兩個上下交錯的三角形構成，四周被日出的顏色圍繞著；
最外層則是十二片紅色花瓣，色調比前者稍微黯淡一些。各位應
該還記得，從根輪開始，之後每個脈輪的花瓣數量都比前一個脈
輪更多，這代表生命的逐漸開展、逐漸綻放。所以它是一首活生

---

18 這是《道德經》的開場白。亞瑟‧韋利（Arthur Waley）將「道可道，非常道；名可名，非
常名」這句話英譯成 "The way that can be told is not an unvarying way; the names that can
be named are not unvarying names." 「道」除了有道路（Way）和話語（Word）的意思，也可
指意義（Meaning）。參見 *The Way and Its Power: A Study of the Tao Tê Ching and Its Place in
Chinese Thought* (London, 1934), 141. 榮格也有收藏這份譯本。

生的色彩之歌。現在請試著去**感受**它的意義；或者也可以運用你們的理智。過程中可能會有各式各樣的聯想湧上心頭。中央的梵字 *yam* 就是氣／風（air）或風暴（storm）的種籽字，而它被巨大的暗灰色六芒星徹底包圍，由此產生了這個美妙的紅色議題。我對此的詮釋是：如果缺少風暴和混亂，其中也就不會存在真正的創造性力量。所以這個風暴的曼陀羅裡面全是灰暗色調，表達的正是這樣的心靈狀態；它也很有可能是在表達一個宇宙性的狀態。這股創造性力量之後會從心輪中央破風而出，於是便出現了耀眼的紅色。

聽眾提問：某些脈輪裡面完全看不到男性的象徵，我想請問這是代表什麼呢？

豪爾博士：在根輪、心輪和眉心輪裡，男性力量和女性力量都被很清楚地界定出來，但這些象徵在臍輪、太陽輪和喉輪裡是看不到的，雖然我們知道那股力量永遠都在。[13]男性和女性力量一起全然運作的那三個階段，即是生命充滿情慾、創造力、洞察力的階段，所以我們會在其中看到女陰**優尼**（*yoni*）和男陽**林伽**（*liṅga*），但這三個階段都只是中介與過渡。

我對臍輪的看法是這樣的：它代表的是那些我們在人生當中迷失自己，感覺毫無目標、只是苟活於世的領域或心靈狀態，而且其中還有不同的層次。事實上，每個脈輪都有三個層次。[14]在我們身體內部循環流動的所有水分，就是屬於**粗鈍**（*sthūla*）層次的水，而這種**粗鈍**層次的水在自然界中的表現就是大海。我們的

肉身只是整體（the whole）之中一個微小的部分，是大宇宙裡的小宇宙。至於心靈狀態上的**粗鈍**，就是指我們在人生之中感覺迷失自己時的經驗，而女性力量在這當中扮演了一定的角色，因為它是一股隱微而不受控制的力量。

至於太陽輪，我會說它是我們所有身體構造賴以維生及運作的基礎，比如所謂的消化火（Agni）⑮就是位在這裡。這個脈輪就像一個巨大的動力引擎。從太陽輪就可以看出我們的身體狀況和整體存在的能量收支情形。而女性力量在這個脈輪也沒有明顯可見的影響力，她在此仍然隱而未顯。

然後是位置更上一層的喉輪。當一位智者已經超越了創造性工作時，他便會觸及喉輪的境界，而所謂智者就是活在純粹的智性之光裡面的人。各位不妨回想一下喉輪的種籽字 ham 外圍的美麗藍色光圈，它的外圍還有一圈暗色的蓮花花瓣圍繞著。但就像我之前在描述昆達里尼時和各位說過的，為了達到覺見的最終境界，仍然需要她的再次加入。

接著再來說說脈輪裡的各種動物。出現在根輪裡的大象在印度一向代表著承接、負載的力量；牠在喉輪還會重複出現，代表的意義跟這裡一樣。然後是臍輪之中的海怪，我之前有稍微講解過牠的象徵意義。⑯接著各位可以在心輪的蓮花裡看到一隻瞪羚（gazelle）。根據《哈達瑜伽之光》（*Hatha Yoga Pradipika*）裡的一段文字，我們知道瞪羚代表著心靈（mind）的靈活多變和難以捉摸。這個充滿創造性的靈巧部位向來都是活蹦亂跳的；你必須逮

住心之蓮花裡的這頭瞪羚，若是放任牠四處亂跑亂跳便有可能造成危害。

還有一些建議方法可以透過理性或感性的途徑來掌握這些象徵。不過我想，關於它們的意義，榮格博士應該也有話想說。

榮格博士：我只想由衷感謝豪爾博士，非常謝謝您為我們把這些象徵講解得這麼動人、這麼清楚。假如這些內容在我看來有著不同的意義，那自然是因為我對這個主題的研究方法跟豪爾博士有所不同。各位知道，我第一次接觸這個領域的時候，沒有任何機會接觸到有關脈輪的教導。我第一次在治療中碰到這個主題時，心裡簡直絕望到了極點，只覺得那是一套完全屬於外國人的象徵系統，我們西方人肯定不得其門而入。當時那位個案的情況非常棘手，讓我傷透腦筋。[19] 這名患者是一位在印度出生的女孩，父母都是歐洲人。她並不是混血兒，她和在座的各位一樣都是單純的歐洲人。但她人生的頭六年都是在印度生活，並由一位幾乎沒有受過教育的馬來籍護士照顧。從來沒有人教過她這些東西，她對我們現在談論的這些內容也是一無所知，然而這些東方式的概念還是潛移默化地進入了她的無意識。她完全沒辦法適應歐洲的生活環境，因為她本能地排斥歐洲的一切條條框框；她不想結婚，她對日常事物毫無興趣，她不願意融入我們的風俗習慣。當時的她極力排斥歐洲的一切，所以她理所當然變得非常神經質。[20] 她之前接連讓兩位分析師氣炸，後來在我這裡也差點成功把我搞瘋，因為我必須向她坦承我完全沒辦法理解她的夢境，

其中有三分之二和東方心理學有關，讓我看得一頭霧水，所以根本無法為她解夢。但她非常勇敢地持續進行分析，因此我也奉陪到底，儘管我其實根本毫無頭緒——但我們總會在不經意之處得到一些些收穫。後來她又發展出全新的一系列症狀[21]，剛開始出現的是一個讓她印象極其深刻的夢：她夢見自己的生殖器產下了一頭白象。當時的我困惑極了，我從來沒聽過這種荒謬的夢——雖然如此，她對這個夢的印象之深，促使她開始把那頭白象雕刻在象牙上。隨後她也開始出現一些器質性的症狀：她的子宮內部出現潰瘍，我還得把她送去見一位婦產科醫師。這個情況過了好幾個月都沒有改善；他們試遍了所有可行的療法，但是每當她又做了棘手難解的夢，她的症狀又會再度惡化。這樣的情況至少持續了五個多月，後來又是一系列的全新症狀輪番上陣。她罹患了

---

19 榮格曾於1937年撰文詳細論述這位案主的狀況，篇名為〈現代心理治療的現實〉（The Realities of Modern Psychotherapy）；《榮格全集》的第二版才將這篇文章收錄進第十六卷的附錄。寫於1950年的〈關於曼陀羅象徵〉也重製了這位案主的多幅畫作並加以論述，參見《榮格全集》，第九卷，第一部分，段656-659，插圖7-9；編者從中摘錄一些重要的評論，請見以下幾條編按。

20 榮格在〈現代心理治療的現實〉文中提到：「這位患者出生在爪哇（Java）……帶有印尼色彩的神話母題頻繁地出現在她的夢中」（段557）。

他在〈關於曼陀羅象徵〉文中提到另一位案主：「這位患者出生在荷屬印度，她的奶媽是一位土生土長的印度人，她從小吸吮著奶媽的乳汁長大，當地特有的魔鬼觀念也就這樣進入她的體內……她六歲以前都在印度生活，後來又進到一個保守而傳統的歐洲社會環境，而這對她質地如花朵一般的東方精神造成了毀滅性的影響，並且從此形成了長期性的心靈創傷」（段657）。榮格在〈現代心理治療的現實〉文中提到`，
這位女患者當年前來就診時年僅二十五歲，他還列舉了以下的額外症狀：「因為高度情緒化所苦、過分敏感、歇斯底里式的發燒。她很有音樂才華，但她每次演奏鋼琴都會變得非常情緒化，導致體溫不斷攀升；不出十分鐘就會飆到華氏100度〔約攝氏37.8度〕甚至更高。她對哲學思想有著強迫性的爭辯癖，會針對雞毛蒜皮的細節跟人爭論不休；儘管她確實非常聰明，但還是讓人很受不了」（段546）。

21 榮格在〈現代心理治療的現實〉文中提到：「一開始是表現為一股出現在骨盆腔內的難以形容的興奮感」（段551）。

多尿症（polyuria），尿量多到不可思議的地步，讓她想憋都憋不住。[22] 後來她的結腸和小腸也同樣出現大量液體，以至於我若是把房門敞開，即便人在房間外面都能聽見她腸道蠕動時的隆隆聲。那聲音聽起來像是一條小溪從階梯上傾瀉而下，而且還會這樣持續十分鐘左右。因此她也飽受急性腹瀉之苦——滾滾洪水總是這樣毫無預警地席捲而來，令她措手不及。在我們進行分析期間，她真心深愛著一名男子，但卻不能奢望和他步入婚姻。後來有一個念頭進到她的腦海，那就是：我或是她身邊的人都在說服她結婚、生子；但我或旁人根本不可能這麼做。她花了整整一年的時間和這個想法抗衡，直到她又發展出一組全新的症狀。她感覺自己的顱骨好像從頭頂開始軟化，彷彿她的囟門正在漸漸開啟——她感覺自己就像小嬰兒一樣有著一顆敞開的顱骨——後來出現某隻生著長長嘴喙、外形像鳥的生物從天而降進到她的顱骨裡面，並在其中和某個從下而上出現的東西相會。在這個幻象出現之後，所有症狀居然就在一夕之間消失了，她不僅跟那男人攜手步入禮堂，甚至還生了幾個孩子。

以上就是這名案例的症狀紀錄，正是她迫使我潛心鑽研；而在治療這名個案的不久之後，阿瓦隆的《靈蛇之力》就出版了，那時我才知道東方也曾出現過和她類似的事情，讓我發現了存在於其中的平行對應關係。[23]

各位請注意：首先是根輪裡的大象，再來是臍輪的水域，然後是主掌情緒的太陽輪——但接下來就沒有按照順序進行了——

某種生物從上方降落，從而觸發了溶解作用。我一開始完全摸不著頭緒；我完全搞不懂到底發生了什麼事。但後來我明白了，這就是來自上方的喚醒，讓她能從異國叢林的迷宮之中把自己解救出來。她從小喝著異國奶媽的乳汁長大，又不斷受到周遭環境的暗示，所以印度式的心理早已被嫁接到她身上了，是那來自上方的喚醒使她得以將這一切客觀化。正是這份客觀性讓她獲得自由，甚至可以接受歐洲式的生活了。而且，後來她還能自然而然地把自己內在的發展歷程具象化成一幅幅最美麗的曼陀羅畫作。這些曼陀羅其實就是脈輪，雖然她畫出來的曼陀羅並非只有六個，而是有無數個，不過真的應該要把它們像脈輪那樣排列，一個接一個地往上疊。她剛開始畫的那批曼陀羅基本上都和根輪有關，然後逐漸向上，最終在眉心輪——或說是在頂輪，也就是位置最高的第七脈輪——收尾。眉心輪和頂輪其實在某種程度上是可以彼此等同的。

---

22 榮格在〈現代心理治療的現實〉文中提到：「從心理學的角度來看，症狀表示有某些事物需要被『表現於外／表達出來』(ex-pressed)。所以當時我給她一個任務，要她聽從手的指引隨手作畫，畫什麼都行。她之前完全沒有繪畫經驗，所以剛開始時充滿了懷疑和猶豫。但是，現在她的雙手畫出了許多形狀對稱、色彩鮮活的花朵，並且排列成具有象徵性的圖樣。她全心全意地繪製這些作品，而我只能用『虔誠』(devout) 來形容她作畫的那股專注態度」（段 553）。

23 亞瑟・阿瓦隆的《靈蛇之力》出版於 1919 年；榮格藏書閣裡收錄的是該書初版。榮格在〈現代心理治療的現實〉文中提到：「如您所見，患者事前根本不可能不知道這本書。但她是不是有可能曾經從那位奶媽身上學到一些皮毛呢？我認為這個可能性也不大，因為譚崔主義——尤其是昆達里尼瑜伽——是一個侷限於南印度的宗派，信徒人數也相對稀少。而且這是一套極其複雜的象徵系統，除非本身領受過上師的啟蒙，或至少要特別對這個領域做過一番研究，否則根本沒人能夠理解它」（段 559）。榮格過度高估了昆達里尼瑜伽的晦澀性；例如，辨喜法師就曾於 1899 年為西方人講述過各個脈輪的意義以及喚醒昆達里尼的意義，講稿收錄於《勝王瑜伽哲學：調伏內在自然：1895-96 年冬季，辨喜紐約講座》，但這幾場講座並沒有深入探討脈輪的圖像。

在那位個案之後，我又碰上了幾次類似的經驗，並在其中發現一種規律性：某些特定的曼陀羅或心理狀態很顯然是屬於根輪的心理層次，換句話說，人在這個層次的時候是以一種完全無意識、完全依循本能的方式生存著。其次是橫膈膜的層次，第三則是心臟的層次。我最近在美國新墨西哥州的普韋布洛族部落結交了幾位很有意思的朋友，其中一位是部落祭儀的主祭者。他對我坦言，他們相信所有美國人都是瘋子，因為美國人都說自己是在「腦袋」裡思考，但對原住民而言，用「心」思考才是天經地義的事情。⑰我看著他，突然想起，其實直到文明發展到相對晚近的時期以後，人們才發現心智是坐落在人的頭部，所以他們會有這種說法也是非常自然的事。而且普韋布洛族是已經擁有開化文明的原住民，他們是阿茲特克人（Aztec）的真正後裔；他們擁有自己獨特的文化。荷馬時代的希臘人認為人們用來思考的位置是在比心臟更低一點的橫膈膜。橫膈膜（diaphragm）的別名是 *phren*，這個希臘字的意思就是心智（mind），思覺失調症的病名也用到同樣的希臘字根：schizo-*phrenia*，意思就是心智的分裂。所以在荷馬的時代，心智在身體上的對應位置就是在橫膈膜部位。當時的人們有能力注意到那些會對呼吸造成影響的心理內容，說明他們的意識已經發展到了一定程度。而某些非洲黑人部落認為情緒和思考都是在肚子裡面，說明他們的意識已經發展到可以讓他們注意到會影響腹部腸道功能的心理內容。當我們有令人不舒服的想法或感受時，我們的腸胃就會不高興。到了現代，當我們潛抑一

股暴烈的憤怒時，我們還是會出現黃疸的症狀；而每一位歇斯底里症個案的消化器官都會有問題，因為最深刻、最重要的想法原本就是用軀幹下半部的這個部位來思考的。所以意識的所在位置自古以來就有這三個⑱，而它們直到今天都還有跡可循。

至於穿插其間、沒有男陽**林伽**和女陰**優尼**交合象徵的那三個脈輪，今天同樣也有跡可循。例如我最近剛好針對喉輪做了一些考究。空氣／風的中心想當然就是心輪，因為肺臟剛好就在這個部位；而因為心輪位在橫膈膜之上，這代表它已經觸及一個更高的意識狀態。心臟一向和感受或心智有著關聯；因此，正如同我在臨床經驗上見到的，心輪可以作為意識的中心、感受或想法的中心，而感受和想法都是可以藉由呼吸排出體外的。感受和氣息一樣會隨著呼吸由內而外地移動，你可以把它們向外（ex-）擠壓（press），透過聲音的形式讓感受或氣息被你表達出來（express）。這就是古人呼喚諸神的方法。有一份描述密特拉教崇拜儀式的文獻是這麼說的：「手扶你的兩側，用你全部的力氣擠壓側身，像頭公牛般地嘶喊出來」，這樣諸神就能聽見你。[24] 各位可以看到，這就是一種有意識地表達情感和想法的方式。這是一種非常原始的方法，但現在的大多數人其實都還停留在這個狀態。我們表達情感和想法的方式彷彿只是在把它們吐出來、噴出來而已，絲毫不瞭解自己到底在做些什麼。也就是說，許多人對於自己的言行舉止根本毫無覺察，只是一股腦地把他們的想法和感受胡亂吐到別人身上而已。這種事情我見多了。所以在這個階段，生命對於想

---

24 Albrecht Dietrich, *Eine Mithrasliturgie* (Leipzig, 1903).

法和感受雖有覺察，但其程度還不足以被稱為意識，充其量只能說：從心輪開始，人們漸漸開始可以瞥見自性。

下一個階段則是淨化過的狀態⑲。各位可以看到，這裡的空氣／風是屬於大地／土的（the air belongs to the earth）。⑳在喉輪附近的層次中，我們都還是在空氣／風中行走，但在這之上就是我們無法觸摸的乙太（ether）的領域了，那是由人類語言所表達的抽象思想構成的領域。這個乙太性的領域就是人類的喉部：話語當然是從喉嚨發出來的，而話語就是文字的生命（speech is the life of the word）。從人口中說出的字句攜帶著意義，可以自行其是。當人們對別人說的話有所誤解而發飆時，我們經常吃驚得不得了——「然後我說，然後她說」——人們總覺得自己說得頭頭是道，一切過錯都出在別人身上；人們只是先有了一個想法，卻沒有能力理解在那之後發生了什麼事。於是人們這才開始慢慢學到原來字句是一種活生生的存在；它是從比較下層領域的混合物之中被汲取出來、徹底淨化後的存在，它就像是一隻長著翅膀、飛在空中的生物，而且它還擁有魔法般的力量。

接下來可就奇妙了。我曾經看過一些眉心輪的表徵（representations），那是你所能想像的最崇高的事物，甚至超越了長著翅膀的字句。請試著想像一下：一個人能夠言傳自己、道出自己，從而使自己成為言語及**道之本身**，就像成道者耶穌那樣。他將自己從造物者上帝那裡分別開來並且降入凡間，閃耀著無比光輝。人類確實有能力成為這樣不可思議的超然存在，一個再也

不會碰觸到地面的存在，他可以成為跟身在球或金蛋之中、長著金色翅膀的生物一樣富有創造力量的人，他可以成為一個全然超凡脫俗的人。我就曾經親眼見過這樣的表徵。各位請回想一下，眉心輪的圖像就是一個長著兩片花瓣的曼陀羅，其外形看起來就像某些樹種的翅果。眉心輪已經經過高度淨化，不再帶有塵俗混合物的任何雜質；它幾乎已經不具任何物質實體，只剩下純然的白光。所以人們真的會在此看見某個事物長出翅膀的意象。而我認為，無論是翼蛋（winged egg）的概念，或是《浮士德》（Fraust）第二部裡面的赫蒙克魯斯（homunculus），也就是那個在曲頸蒸餾瓶裡面飛舞的小小人造人，其實都是在期盼著這樣的一種可能性——有個人類以一種嶄新的形式重新創造了自己，就像垂垂老矣的煉金術士在他的燒瓶裡面製造了一個小小的人一樣。同樣的，我也把這個意象視為眉心輪的一個象徵。

當然，這是一個全然經驗性的取向。它在我們西方人的象徵系統裡聽起來既庸俗又荒誕，和東方那種絕對完美而且帶有自身獨特風格、獨特美感的象徵系統相差甚遠。我們擁有的只是一些粗糙的經驗以及一些原始而未經處理的素材，我們此刻正處在一個一切都還沒有經過分化的階段之中——我們才剛剛開始看見：原來我們也擁有某些類似於東方那套象徵系統的經驗。舉例來說，我們發現西方人也有某種色彩的象徵系統，不同的心理階段永遠都可以找到各自對應的色彩象徵。現在我們知道，所有紅色的事物都屬於橫膈膜以下那個沒有空氣／無風的區域；當紅色的

色調變得明亮，它就來到比橫膈膜更高一些的位置；而當紅色消失並被藍色取代，就說明我們已經抵達屬於脫俗意識的那個冰涼領域。我們也已經知道深沉的顏色代表晦暗、邪惡、恐懼或沉重的事物；光鮮亮麗的顏色則永遠在向我們揭示某些已經分化或者輕盈自在的事物，有時甚至是代表某些廉價俗氣、消極避世的事物。所以我們已經掌握了一系列的色彩和它們大致的象徵意義。

東方的脈輪系統還有許多獨到之處——例如其中的咒字、咒音、咒語，以及各式各樣的神明——這些確實都是西方人的經驗裡面完全缺乏的特點。不過，所有曼陀羅都有一個中心，絕無例外；那個中心裡面還居住著某種無法被人捕捉掌握的東西，人們一再試圖逮住它，但它卻非常難以捉摸、善於閃躲。人永遠感覺有某個東西會從手裡溜走、逃開；而且人能感覺得到那絕非尋常之物，還總是帶著魔鬼般的性質。例如美洲原住民就認為：如果一隻動物一次又一次地逃脫，怎麼樣都逮不著的話，他們就會說：「那不是合適的獵物，牠是一隻醫者動物（doctor animal），打從一開始就不應該去抓牠。」醫者動物就像狼人一樣，被人們視為聖獸或者邪獸。所以在人類的心靈裡，那些我們無法捉摸與掌握的事物往往都會被我們賦予某種超凡的性質。因此，曼陀羅的中心正是繪製整幅曼陀羅的目的所在，它就是那個不斷逃脫、無法被人綁住的事物；人們總是被它騙得團團轉。位在中心之內的，正是那位隱而不顯的神。

此外，我們在每個曼陀羅裡面都可以找到清楚顯現的男性元

素和女性元素，就像這裡的**女神**（*devī*）或夏克提。另外再舉個例子：各位還記得帕西法爾（Parsifal）傳說中的昆德麗（Kundry）嗎[25]？她和夏克提一樣都是長著尖牙利齒的模樣。換言之，在我們心靈的較低層次裡面，棲息著一頭最最駭人、嗜血的野獸。這個層次的情緒沒辦法用任何理性來緩解；在這裡，人們一有情緒就想把一切撕裂，因為他們自己也已經被情緒撕成碎片了——撕碎女人的是阿尼姆斯，撕碎男人的則是阿尼瑪。我們必須構想出一套新式的脈輪系。以女性為例，我們應該把阿尼姆斯放到裡面。阿尼姆斯也是一種長著尖牙的存在。我們在這裡也可以找到一種平行對應，那就是這些人物從來不曾出現在中心，也永遠不會出現在中心，因為他們都是已知的事物——他們就是諸神的幻影，也就是幻象**瑪雅**（*Māyā*）。若從心理學角度來詮釋一幅西方的曼陀羅，「諸神」（the gods）代表的就是那股偏離中心的力量，也就是自我的力量（ego power）、「我」的力量（"my" power），就像**神的明點**和夏克提經常都位在遠離脈輪中心點的某一側。它雖然是「我」的力量，但它是被位在中心的看不見的神聖力量所推動；居於中心的才是最偉大的，中心之外的一切都相形渺小。就如浮士德所說，人類才是這個世界的小神。「我」充其量只是一個小小的「點」，真正重要的其實是那等同於自性的種籽字；而且「我」的所做作為都是由神的種籽推動的，它才是一切的肇因與緣由。

---

25 有關帕西法爾傳說對於榮格的重要意義，參見約翰‧霍勒（John Haule）〈榮格的安福塔斯之傷〉（Jung's Amfortas Wound）一文，該文收錄於 *Spring: A Journal of Archetype and Culture* 53 (1992): 95-112。

因為我們並不明白所謂的「諸神」究竟是什麼，所以袖們也從來不會以這樣的形式出現在西方的曼陀羅裡，不過經過這番解釋，想必各位現在已經可以明白東方象徵系統的這個部分了。話說回來，其實我們對神（God）也是一知半解，我們知道的只是一個哲學性的概念，只是那位住在天堂、**至善**（*summum bonum*）的、基督教式的上帝，我們沒辦法恰如其分地想像他，所以我們也沒辦法把他放到我們的曼陀羅裡面。我想說的大概就是這些了。我當然可以繼續囉嗦個好幾百年，但總是要讓其他人也講點話吧，畢竟我可不會活那麼久。

豪爾博士：我覺得這真是太有意思、太有啟發性了──而且我覺得我們如果把其中的靈性要素單獨抽取出來，將會對我們創建新式曼陀羅的目標大有幫助。我想我也許沒辦法全盤接受榮格博士的每一個詮釋，但我非常認同是先有生理性的脈輪中心，然後才有靈性的中心；還有其他幾點我也深感贊同。我認為榮格博士的講座也非常適合印度的瑜伽士來聽；這可以幫助他們讓那些脈輪重新運轉起來，因為他們已經把脈輪當成一種形而上的理論精華，不再對它們擁有深刻的明白和感受了；我認為博士關於靈性面向的詮釋會對他們很有幫助，因為靈性面是非常重要的。但在印度當地，事情顯然是往另一個方向發展，也就是形上學。

我認為有兩個動因（causes）可以用來創造心的曼陀羅。首先是心中的特定經驗，其次則是呼吸。《奧義書》裡面講過千百次，偉大的覺見並不能透過思考獲得，他們認為最深刻的覺見是發自

於心，而覺見在印度一向都代表著創造的力量；至於呼吸，我很確定它在生理上對人的身體組成具有一定的影響；而這兩點的影響當然會再擴及到肉身以外、靈性以外的層面。而我認為，對於譚崔瑜伽象徵系統的研究，可以幫助我們往形上學、靈上學的方向更進一步。因為依我所見，每個脈輪中心都有它靈性的面向，同時也有其生理性的面向，所以想當然也會有形而上的面向、靈而上的面向，這點光從脈輪裡的梵字、種籽字等等元素就可以看出來。再說，諸神不僅是靈性的，更是靈而上、形而上的。所以我想說的是：我們若是從不同方面攜手合作，假設我們說瑜伽士的工作是從上而下——

榮格博士：那我就是從下而上！

豪爾博士：那時，最美妙動人的情景便會應運而生，就像您那位女病患經驗到的一樣。當兩者相聚相合，孩子就會降生在這世上。所以我衷心希望，我們在此的討論也能在未來孕育出一些什麼。

附錄四
《人身六脈輪詮解探微》

開篇節

現在，我要來講述瑜伽植物在完全實現梵我（Brahman）的途中的初次萌芽；根據譚崔典籍（the Tantras），這得按照恰當的順序逐步通過六個脈輪才能成就。[1]

第一節

在脊柱（Meru）外側的空間裡，左右兩側各有一條氣脈（Sirās），分別是月脈（Śaśi）和日脈（Mihira）。至於位在兩者之間的中脈（Nāḍī Suṣumnā），本質上則是由三德（Gunas）構成的。她的形貌如月、如日、如火；她的身軀是一串盛開的達都羅花（Dhātūra），從脈根（Kanda）的中央一路延伸到頭部，而在她裡面的金剛（Vajrā）則從陽根（Meḍhra）一路閃爍著延伸到頭部。[2]

榮格論脈輪：1932 年昆達里尼心理學研討會筆記

第二節

　　在中脈之內的是喜翠妮（*Citriṇī*），她因著元籟（*Praṇava*）的光澤而閃閃發亮；瑜伽士們可以藉由瑜伽來得到她。她（喜翠妮）細緻精微猶如蛛絲，並貫串了位在脊椎骨內部的每一朵蓮花，她也是純粹的智慧。她（喜翠妮）因這些被她貫穿、串起的蓮花而美。在她（喜翠妮）之內的是梵脈（*Brahmanāḍī*），此脈從訶羅（Hara）嘴部的開口處一路延伸到上方高處，亦即原神（Ādi-deva）所在之處。[3]

---

1 中譯註：伍鐸夫認為文中的初次萌芽（the first sprouting）是比喻修行瑜伽時的第一步驟，即掌握有關氣脈、脈輪的知識；「瑜伽植物」（Yoga Plant）一語則是伍鐸夫依據文意添筆，未見於原文。

2 中譯註：梅魯峰（Meru）是印度北方一座海拔約6600公尺的高山，屬於世界屋脊－喜瑪拉雅山脈的一部分；伍鐸夫指出，它是比喻人體從根到頸部的整條脊柱。

　三德（Gunas）即 *sattva*（光明性／悅性）、*rajas*（躁動性／變性）、*tamas*（闇性／惰性）三者的總稱。

　脈根（Kanda）字面意指根莖類植物位於地下的球狀構造，這裡是指人體所有氣脈的發源之處；伍鐸夫引述典籍指出，其位置約在肛門以上兩指、陽具根部以下兩指，寬約四指，形如鳥蛋。

　金剛（Vajrā）另有鑽石、閃電之意，故而閃耀。

　陽根（Meḍhra）即是陽具。

3 中譯註：中脈呈中空管狀，內有數條更加精微的能量通路，本節提及的喜翠妮（Citriṇī）及梵脈（Brahmanāḍī）皆之；Citriṇī 在梵語裡可以指稱「穿戴亮麗」或「才華洋溢」的女子，故而此處皆用「她」稱之。

　元籟（Praṇava）和宇宙初始之聲 *Om* 有關，唱頌這個梵音能為萬事萬物賦予生命能量普拉那（praṇa），故而意譯為「元籟」。這裡是指在操練瑜伽時唱誦 *Om* 音可以疏通中脈、為其充能。

　訶羅（Hara）是濕婆神其中一具化身的稱謂，伍鐸夫指出「訶羅嘴部的開口處」（orifice of the mouth of Hara）就是林伽的開口（應指男性陰莖的尿道口）；原神（Ādi-deva）字面意指原初、創始的男神，「上方高處」（the place beyond）則是位於人體頭頂的千瓣蓮花，即頂輪。

第三節

她亮麗猶如連串電光、纖細猶如一條藕絲，而她又在聖者們的心中（minds of sages）閃耀著。她精微無比；她是純粹知識的喚醒者；她是一切妙樂（all Bliss）的化身，而一切妙樂的真正本質便是純粹的意識（pure Consciousness）。梵之門（Brahma-dvāra）就在她的嘴裡閃耀著。在這道入口之內的所在，是一個處處遍布神饌佳饌的領域；這道入口被稱為結（Knot），它同時也是中脈的開口。

第四節

接著我們來說說底蓮（Ādhāra Lotus）。它著生在中脈的開口處，且其位置低於生殖器、高於肛門口。它有著四片暗紅色的花瓣。它的頭部懸垂、開口朝下。在它的花瓣上有著從Va到Sa的四個梵字，全都是耀眼的金黃色。[4]

第五節

在它（底蓮）之中的是屬於土元素（Pṛthivī）的四方形區域。這個四方形被八支矛槍圍繞，而且帶著一種耀眼、炫麗如同電光的鮮黃色；其中還有土的種籽字（Bīja of Dharā）。[5]

榮格論脈輪：1932年昆達里尼心理學研討會筆記

第六節

他的四臂穿戴綴飾，身下乘著百象之王，腿上坐著童子梵天（the child Creator），璀璨有如初升的朝陽；他生著四雙光輝耀眼的臂膀，以及四張如蓮花般的豐潤臉龐。

第七節

名為荼姬妮（Dakinī）〔意譯：空行母〕的女神就居住在這裡；她的四臂閃耀著美麗的光輝，她的雙眸則是耀眼的紅色。她的光彩明豔輝煌，有如眾多太陽同時升起。她是永恆且純粹智慧的把持者與啟示者。[6]

第八節

氣脈的開口附近稱為金剛（Vajrā），而在（底蓮的）果皮裡還有一個不斷閃爍著美麗光彩、油潤柔滑、貌似電光的三角形，它被人們稱為予樂者（Kāmarūpa）或是麗三城（Traipura）。其中有一股名為根氣（Kandarpa）的風息（Vāyu）時刻流轉、無處不在，其

---

4 中譯註：梵語 ādhāra 意指底部、根部，故「底蓮」即是根輪的別稱。伍鐸夫並補充，這四片花瓣就是生長在中脈與脈根的四個交會點上；四個梵字則是 va、a（顎音）、a（捲舌音）及 sa（齒音）。在脈輪繪畫中，每個脈輪的意義就蘊藏於畫在各片花瓣上的梵字裡，修行者須從右側開始，順時針地逐一冥想每個梵字，方能領悟其義。

5 中譯註：根輪的種籽字為　，伍鐸夫在《靈蛇之力》中將其拼寫為 lang，但較為常見的寫法是 lam。這個種籽字同時代表生有四臂的天神因陀羅（Indra，漢譯帝釋天）（見第六節），其中一手握著閃電，而祂的坐騎就是根輪的象徵動物——白象愛羅婆多（Airāvata）。

6 中譯註：關於荼姬妮／空行母，伍鐸夫在註釋中引述許多典籍，指出其體態豐腴、牙齒尖銳，四手分別拿著劍、矛、酒碗、頭骨杖，能為向她虔心冥想的修行者驅除一切恐懼。

色澤是比般豆時婆花（Bandhujīva）更加深沉的暗紅；這股根氣乃是命主（the Lord of Beings），光耀如同千萬顆太陽。[7]

第九節

在它（三角形）裡面的是林伽樣貌的自生自存者（Svayambhu），他的形貌美如熔融的黃金，他的頭部向下低垂。他的存在被智慧（Jāna，Knowledge）和冥想（Dhyāna，Meditation）揭露了出來，而他的外形和顏色如同一顆初萌的芽苞。他的美貌有如閃電和滿月的清光一般令人迷醉。這位男神的形象有如漩渦，他快樂地居住於此，如同居住在喀什（Kāśī）一般。[8]

第十、十一節

在它〔林伽〕上方閃耀著的，是和蓮藕的絲一樣纖細的昆達里尼（Kuṇḍalinī）。她是世界的魅惑者，她用自己的嘴巴輕柔掩蓋住梵之門的開口。她那閃亮的蛇狀外形就像海貝的螺旋一樣，繞著濕婆迴旋了三圈半，而她的光芒閃亮得像是一道巨大閃電初初劈下時的強光。她甜美的低吟聲有如蜂群為愛痴狂的模糊嗡鳴。她譜出悠揚悅耳的詩歌、篇章，還用梵語（Saṁskṛta）、普拉喀塔語（Prākṛta）等種種語言寫出各式各樣條理分明的散文及韻文。是她，是她透過吸氣與吐氣維繫、持存著世間萬物，並在根部（Mūla）〔即根輪〕的空腔之中閃耀有如一串璀璨的光。

第十二節

在它〔林伽〕之內的，就是那位統掌一切的女神普蘿（Parā），她是至高無上的宇宙之母（Śri-Parameśvarī），她是永恆知識的喚醒者。她是無所不能、工於創造的女神迦拉（Kalā），她的造物美妙、精巧得無以復加。她是能容的器皿，可以容納那股來自永恆妙樂的源源不絕、連綿不斷的瓊漿玉露。這整個宇宙、整個大釜，都被她散放出來的光芒照耀得輝煌燦爛。

第十三節

藉由冥想這位在根部之輪裡面閃閃發光、明亮有如千萬顆太陽的女神，男人就會成為言語之主、人中之王，還會成為一位熟稔諸般學問的通曉者（an Adept）。他會從此變得百病不侵，而他

---

7 中譯註：kāma 就是愉悅、享樂，詞尾 rūpa 則代表「使之能被感受到」，故譯作「予樂者」。Traipura 是濕婆之妻雪山神女的化身之一，字面意指美貌凌駕三大城（指天人地三界），因而中文慣譯為「麗三城」或「三城美女」；另有別名「遊樂母」。

風息（Vāyu）是瑜伽哲學的重要概念，類似中國的「氣」。基本上可分為五種：（一）前面提過主宰呼吸及心跳的生命之息／命氣（Prāṇa）；（二）主宰肺部及排洩系統的疏泄，負責將廢物排出體外的下行氣（Apāna），；另有（三）主宰發聲、表達及思想的上行氣（Udāna）；（四）位在腹部，主宰消化系統及諸氣流佈的平行氣（Samāna）；（五）負責循行全身並連結身體各部運作的遍行氣（Vyāna）。伍鐸夫指出，此節所述的根氣（Kandarpa）屬於下行氣的一部份，位於肛門周圍，作用是將命氣向下拉住、防止它逸脫身體；這是生命賴以存續的關鍵，故而被經文作者稱為「命主」。

般豆時婆（Bandhujīva）是一種開紅花的植物，午開夕謝，常被人們當作獻給濕婆的供品。

8 中譯註：伍鐸夫補充道，透過智慧（Jñāna），人們可以領悟空性（attributelessness）；透過冥想（Dhyāna），則可領悟妙有（attributefulness）。濕婆林伽的外形和初萌的葉苞相似，都是下寬上窄的水滴狀，且兩者都是藍綠色（濕婆畫像經常通體藍色）。關於節末的「漩渦」（whirlpool），伍鐸夫則表示，漩渦的外緣較高且會向中心施加壓力，從而讓中心水位上升，形成如同長椅的外形。

喀什（Kāśī）是恆河西岸的一座印度古城，位於今日的瓦拉那西，城中有座歷史悠久的濕婆金廟，自古以來就是濕婆信仰最重要的聖地。

內在深處的心神（Spirit）也會充滿極大的歡喜。他會用自己飽含深意、音聲和諧的言辭陶冶性情，並且以此服侍至高的女神。

〔以上為第一脈輪〕

第十四節

還有一朵蓮花位在中脈的內部、生殖器的根基，它呈美麗的朱紅色（vermilion）。它的六片花瓣上有著從 Ba 到 La 的六個梵字，每個梵字上面都添了一個點（Bindu），其顏色都像是明亮的閃電。[9]

第十五節

在它內部就是水神伐樓拿（Varuṇa）那潔白、明亮、狀似半月的水之領域；而在這片有海獸摩迦羅（Makara）蟠踞的水域之中，還有一個皎白、無垢猶如秋月的種籽字 Vaṃ（व）。

第十六節

那位居於內在、處在旱盛豪情之中的訶利（Hari）呀，那位通體艷藍引人注目、身著一襲黃色衣裳、生著四臂、披掛吉祥結（Śri-vasta）和紅寶石（Kausubha）的訶利呀，請護佑我們！[10]

第十七節

這裡是女神瑞姬妮（Rākiṇī）的常住之所。她通體呈現藍蓮花的色澤。她的身軀之美因著她握持、高舉各式武器的四條手臂而顯得格外動人。她身著天衣、配戴華飾，她的心神則因飲用瓊漿而抖擻振奮。[11]

第十八節

這朵無垢蓮花名為臍輪（Svādiṣṭhāna），對它靜心冥想的人，當即可從諸如有我（Ahamkāra）之類的一切敵害之中解脫。此人將會成為眾多瑜伽士裡的大師，且會如太陽一般照亮無明愚痴的重重黑暗。他的話語善妙無比、彷彿甘露，他的說法條理清晰、脫口成章。[12]

〔以上為第二脈輪〕

---

9 中譯註：臍輪花瓣上的六個梵字分別是 Ba、Bha、Ma（前三為唇音）、Ya、Ra、La（後三為滑音）。

10 中譯註：訶利（Hari）即毗濕奴的別稱，此節接續第十五節，描述毗濕奴在該種籽字中的特徵。

吉祥結（Śrī-vasta）的造形是一條連綿迴環、頭尾相續的線條，毗濕奴常將這種幸運符配戴在胸前。

在印度創世神話中，諸神為求長生甘露，協議齊力攪拌乳海，從中浮現了各式各樣的寶物和生命，此處的紅寶石（Kausubha）即為其一；伍鐸夫指出，這顆巨大的紅寶石是毗濕奴經常配戴的飾品，亦是靈魂的象徵。

11 中譯註：瑞姬妮（Rākiṇī）是女神夏克提的化身之一；通體藍色，四手分持蓮花、矛槍、戰鼓、利斧；呈忿怒相，三眼鮮紅，尖牙利齒，鼻孔出血。

12 中譯註：有我（Ahamkāra）意近我執、自我意識、自我主義；當人有了「我」的認知之後，就會連帶產生各種使心神偏離真實、執迷虛妄的心理，印度教將其統稱為 Arishadvarga，即「六個敵人」，其中包含：感官慾望（Kama）、憤怒（Krodha）、貪婪（Lobha）、執妄（Moha）、傲慢（Mada）、嫉妒（Matsary）。

第十九節

在它〔臍輪〕之上、肚臍之根，即是那朵光輝燦爛的十瓣蓮花，其色有如滿載重負的雨雲。從 Ḍa 到 Pha 的梵字就在這朵蓮花裡面，個個都是藍蓮花的色澤，上頭還有一個圓點和標音符號。要在這朵蓮花之中對著那外觀呈三角形、閃亮如同初升朝陽的火之領域靜心冥想。在它〔三角形〕外側還有三個類似卍字符（Svastika）的記號；其內側則是代表火神伐尼（Vahni）本身的種籽字。[13]

第二十節

對著他〔伐尼〕靜心冥想時，觀想他乘在一頭曲角公羊背上，肩生四臂，渾身閃亮如同初升朝陽。男神樓陀羅（Rudra）永恆地居住在他〔伐尼〕的大腿裡，全身本是純粹的朱紅色，但他因為全身塗抹灰燼而呈白色；他貌如老者，具三眼，其中兩隻手分別比著施願印及施無畏印。他是一切造物的毀滅者。[14]

第二十一節

在此居住的是女神拉姬妮（Lākinī），她是一切眾生的施恩者。她肩生四臂，通體光燦，肌膚黝黑，身穿黃裳，華飾眾多；她的心神則因飲用瓊漿而抖擻振奮。對著這朵位在腹部的蓮花靜心冥想，便可獲得摧毀與創造（世界）的力量。司掌一切知識與智慧的辯才天女（Vāṇī）就居住在這朵蓮花的面部之中。

〔以上為第三脈輪〕

第二十二節

在它〔太陽輪〕之上、心臟之中，即是那朵旖旎迷人的心蓮，其色澤紅亮如同般豆時婆花；它的十二片花瓣上分別有著從 Ka 開始的十二個梵字，皆呈朱紅色。這朵蓮花的名字是心輪（Anāhata），它就像生在天界的如意樹一般，會給予遠比懇求者的心之所欲還要更多的恩賜。這裡正是風神伐由（Vāyu）的領域，其外觀呈美麗的六角形，顏色則彷彿灰煙壟罩。[15]

第二十三節

在它〔六角形〕裡面對著那個甜蜜而美妙的風之種籽字（Pravana Bīja）靜心冥想，觀想它如同一團灰色的煙霧，生著四條手臂，乘坐在一頭黑色瞪羚的背上。同時也要觀想那位無染無垢、光燦如日的天神，觀想他的慈悲寓所就在其中，而他的其中兩手分別比著為三界給予恩澤的施願印、為三界破除恐懼的施無畏印。

---

13 中譯註：太陽輪花瓣上的十個梵字如下：Ḍa、Ḍha、ṇa（前三為捲舌音）、Ta、Tha、Da、Dha、Na（中五為舌齒音）、Pa、Pha（末二為唇音）；中央的種籽字則是 र，讀音為 Ram。

14 中譯註：樓陀羅（Rudra）是記載於《梨俱吠陀》中的古印度神，司掌風暴、狩獵及自然界中的生死，亦是威能強大的破壞神；其神格日後逐漸與濕婆混淆。

「施願印」動作為右手自然向前平伸、指尖垂地、掌心向上，寓意為給予眾生所需、滿足眾生所願，又稱與願印、佈施印。「施無畏印」動作為右手曲肘、五指舒張、指尖向上、掌心向前，寓意為驅散眾生心中的驚怖畏懼，使其安樂。

15 中譯註：心輪花瓣上的十二個梵字如下：Ka、Kha、Ga、Gha、Ṅa（前五為喉音）、Ca、Cha、Ja、Jha、Ña（中五為顎音）、Ta、Tha（末二為捲舌音）；其種籽字是 यं，讀音為 Yam。

第二十四節

在此居住的是女神卡姬妮（Kākinī），她通體亮黃，彷彿初現的電光映照在她身上；三眼的她精神抖擻、滿心歡喜，她是一切眾生的施恩者。她穿戴各式各樣的華飾；肩生四臂，其中兩手分別拿著套索和頭骨，另外兩手則分別比著施願印及施無畏印。她的心地因為飲用甘露而變得仁慈柔軟。

第二十五節

這位夏克提化身的女神〔卡姬妮〕的柔嫩身軀有如千萬道閃電的光芒，她位在這蓮花的三角形蓮蓬之內。在這個三角形裡的是被稱為箭頭（Bāṇa）的濕婆林伽。這根林伽閃亮如同黃金，且其頭部有個微小的開口，如同為了穿針引線而在寶石上面鑿出的小孔。他是吉祥天女（Lakṣmī）金碧輝煌的居所。

第二十六節

對著這朵心之蓮花靜心冥想的人，將會（貌似）成為言語之神，必且（貌似）和大自在天（Īśvara）〔濕婆別稱〕一樣擁有足以保護三界、毀壞三界的大威大能。這朵蓮花和生在天界的如意樹一樣，都是射手之神（Śarva）〔樓陀羅別稱〕的居所。它因太陽神哈姆薩（Haṁsa）而美麗，彷彿將一盞火焰穩定而纖細的油燈端到一間無風的屋子裡頭。圍繞在蓮蓬周圍的太陽光輝點綴、照亮了這朵蓮花，令它燦爛而迷人。

第二十七節

　　眾多瑜伽士之中最傑出者，甚至比最迷人的女子還更迷人。他的智慧超凡脫俗，他的舉止端莊如儀，他的各個感官都盡在掌握之中。他心無旁鶩、全神貫注地思索著梵我（Braham）。他的話語滔滔似水、妙善如流。他就像深受吉祥天女喜愛的天人（Devata）一樣，可以憑藉自己的意志進到另一具軀體之內。[16]

〔以上為第四脈輪〕

第二十八、二十九節

　　喉嚨內部的這朵蓮花名為喉輪（Viśuddha），它清淨純粹，呈濃郁的深紫色。它的十六片花瓣上有著十六個梵字，已經讓自身心智清明、覺性光亮的修行者就能清晰看見它們散發出的暗紅色光芒。在這朵蓮花的蓮蓬內部就是乙太的領域，外觀呈圓形、色澤皎白，彷彿一輪滿月。其中有一隻身白如雪的白色大象，牠的身上還有一個空之種籽字（Bīja of Aṁbhara）。[17]

16 中譯註：關於本節末句「進到另一具軀體之內」（enter another's body），伍鐸夫提出兩種可能的解釋——其一是按字面理解，指修行者可以讓意志進入他人的身體；其二則是比喻，當修行者參悟這個境界時，便可獲得彷彿隱身、飛天之類的能力，從而進到敵人戒備森嚴的陣地或堡壘之中；此處的「敵人」應指心之六敵。

17 中譯註：喉輪花瓣上的十六個梵字分別是 A、Ā、I、Ī、U、Ū、Ṛ、Ṝ、Ḷ、Ḹ、E、Ai、O、Au、Aṃ（鼻音）、Aḥ（氣音）；其種籽字則是 हं，讀音為 Ham。

它〔種籽字〕有四條手臂，其中兩手分別拿著套索和牧刺，另外兩手則分別比著施願印及施無畏印。這使它的美麗更上一層。在它的大腿裡面，永恆地居住著一位偉大的男神，其身白如雪、三眼五面、十臂華美、身披虎皮。他的身體和山女（Girija）〔雪山神女別稱〕合二為一，而他本尊如同其名號「常在濕婆」（Sadā-Śiva）一般聲名遠播、廣為人知。[18]

第三十節

居住在這朵蓮花之中的，是比甘露之海更為純淨的夏克提化身——女神薩姬妮（Sākinī）。她身穿一襲黃色衣裳；如蓮花般的四隻手裡分別拿著弓、箭、套索、牧刺。這朵蓮花的蓮蓬內部完全是屬於月亮的領域，而且其中杳無人跡。對於渴望獲得瑜伽祕寶，而且已經使自身所有感官得到清淨、調伏的修行者而言，它〔月亮的領域〕就是通向偉大解脫的門戶。

第三十一節

那些已經徹底領悟真實自我（Ātmā）（梵我）的人，可以透過持續將心識（Citta）專注在這朵蓮花上，使自己成為一位偉大的辯士、聖人、智者，還能享受無止無盡的無念狀態。他將會看見時間的三態，還能延年益壽、無病無憂，並且成為一切眾生的施惠者、無邊凶險的終結者。

第三十一節（補）[19]

當瑜伽士持續凝神專注在這朵蓮花，並且透過屏息法（Kuṁbhaka）調伏自己的呼吸時，就能在他的怒火之中令三界為之震動。屆時，即便梵天、毗濕奴、訶利訶羅（Hari-Hara）、太陽神蘇里亞（Sūrya）、象頭神迦納什（Gaṇapa）親臨，也無法抗衡或壓制他的力量。

〔以上為第五脈輪〕

第三十二節

名為眉心輪（Ājñā）的這朵蓮花就像月亮一般美麗而皎潔。在它的兩片花瓣上有著 Ha 和 *Kṣa* 兩個梵字，它們一樣是白色的，因此格外襯托了蓮花的美。它〔眉心輪〕會隨著冥想時的光華大放光明。在它裡面居住的是夏克提的化身——女神哈姬妮（Hākinī），她的六張臉孔彷彿眾多的月亮。她肩生六臂，其中一手拿著書冊；其中高舉的兩手分別比著施願印和施無畏印；其餘三手則分別拿著一顆頭骨、一個小鼓、一串念珠。她的心識清淨而純粹。[20]

---

18 中譯註：Girija 字面意指「生於山中者」，代稱濕婆神的妻子雪山神女（Pārvatī）。這對夫妻經常以雌雄同體的形象出現在印度的宗教藝術作品中，且通常會從身體中線被區隔成左右半身：左半銀色，屬雪山神女；右半金色，屬濕婆。

19 中譯註：某些版本並未收錄此節經文。

20 中譯註：眉心輪的種籽字是 ॐ，讀音為 Om 或 Aum。

第三十三節

眾所皆知，所謂的精微意（subtle mind）〔即末那識，Manas〕就是棲息在這朵蓮花之中。它的蓮蓬裡有個女陰優尼，位在其中的則是濕婆，他以陽具的形貌現身於此，並且名喚以達羅（Itara）。濕婆在此閃亮如同連串的閃電之光。《吠陀經》的第一個種籽字也在這朵蓮花之中，它是最美妙殊勝的夏克提的居所，而它散發的光芒也讓梵的絲線得以被人看見。心神靜定的瑜伽行者（Sādhaka）應當按照前面講述的次序逐一冥想這些蓮花。

第三十四節

傑出的瑜伽行者的自我（Ātmā）之中，除了對著這朵蓮花的靜心冥想以外，再無他想、別無他物，於是很快就能憑藉自己的意志進到另一具軀體之內，還能成為眾多聖者（Munīs）之中最出色的那個，並成為一位全知者、全見者。他會成為一切眾生的施恩者，並且通曉世間一切的學問。他會了悟自己和梵我本來為一，從而獲得種種鮮為人知、超凡脫俗的力量。他會從此坐擁長壽與盛名，並且成為三界的創造者、毀壞者、護持者。

第三十五節

在這個脈輪內部的三角形之中，長久棲息著組成宇宙元籟（Praṇava）的那幾個梵字。它〔三角形〕是猶如清淨覺性（pure

mind，Buddhi）的內在自我，彷彿一團火焰，散發著明亮的火光。在它之上的是一個半月形（或者月牙）；更上方則是以圓點狀現身並且閃閃發光的海獸摩迦羅；再更上方則是一個標音符號，它和大力羅摩（Balarāma）同樣潔白，並且放射著月亮的光輝。

第三十六節

當瑜伽士靠近這棟沒有地基、懸在半空的屋宅時，他早已在至高上師的指教之下獲得存於屋中的知識。這棟屋宅乃是無止無盡之至福妙樂的居所，而當他的智性（Cetas）已經因為反覆操練而在此處逐漸消融時，隨後他便能在這間屋宅之中、在〔三角形〕上方的空間之中看見熠熠昭昭的火光。

第三十七節

隨後，他還會看見一盞正在燃燒的油燈，而它即是星辰之光（Jyotish）的化現。它的光輝燦爛，猶如清朗早晨初升的朝陽，閃耀於天空與大地之間。偉大男神（Bhagavān）〔音譯：薄伽梵〕也會在此現出真身，施展他全副的大威大能。他不知衰頹壞滅是為何物，他將萬事萬物盡收眼底，而他身在此處就彷彿身在火、月、日的領域之中。

第三十八節

這裡即是毗濕奴悅樂無比的居所。傑出的瑜伽士會在臨終之際滿心歡喜地將自己的生命氣息（Prāṇa）存放於此，並在死亡之後進到那位至高無上、永垂不朽、無生無死的元始男神之中。他〔男神〕的存在先於三界，而他就是吠檀多哲學所說的神我（Puruṣa）。

〔以上為第六脈輪〕

第三十九節

當瑜伽士透過服侍其上師的蓮花足，使得自身的行為舉止全都良善美好之時，他便會在它〔眉心輪〕上方看見瑪哈嫩達河（Mahānāda）的外形，而他的蓮花手也會從此掌握那份能夠為人妙善說法的悉地成就（Siddhi）。瑪哈嫩達河的形狀宛如犁田用的耕具，這裡是風息消散之處，亦是濕婆的半邊身體；平緩寧靜的河水既為眾生施予恩澤又為眾生驅散恐懼，還讓清淨純粹的覺性得以顯現於世。

第四十節

在前面講述的一切之上還有一朵名為Saṇkhinī Nādī的千瓣蓮花，位置高於頭顱骨骼的裂隙、低於諸條氣脈的止端。這朵蓮花令人迷醉，其光華比滿月更加明亮、皎潔，且其頭部向下低垂。

它團簇的花蕊呈現朝陽一般的色澤；花朵內部有著從 A 開始的諸多梵字，光芒齊發。它是絕對的至福妙樂。

第四十一節

在它〔頂輪〕裡面的是彷彿懸在清朗夜空中的一輪滿月，其中杳無人跡。它遍灑的清光濕潤、冷涼，彷彿甘露。這片光之領域不斷閃耀著如同閃電一般的光芒，而在它之中有一個三角形，其中又有一個被諸位神明合力服侍的、偉大的虛空之點（Bindu of Śūnya）。

第四十二節

那個精微渺小的虛空之點被藏匿得極為隱密，唯有下足苦功者才能觸及；它是偉大解脫的根基與起點，而清淨無染的涅槃月相（Nirvāna-kalā）和生月相（Amā-kalā）[21] 也是由它顯化於世的。鎮守於此的神明就是鼎鼎大名、至高無上的濕婆。他是萬事萬物的梵我及真我。凡俗之味（Rasa）和超凡之味（Virasa）在他裡面合二為一，他更是摧破蒙昧愚痴、照耀無明黑暗的偉大太陽。

---

21 中譯註：kalā 一般意指時間，在此是指月亮的不同月相，共有十七個階段；其中，唯有本節提到的涅槃月相和生月相會有甘露從中流溢出來，對此，第四十七節之後還會詳述。《靈蛇力量》唯獨在本節正文將 Amā 拼寫成 Anā，然評述、註釋、後文等多處皆作 Amā，疑是筆誤；本書英文版照錄其原文，中譯時則逕行更正，特此說明。

第四十三節

偉大的男神會持續不斷地流溢出如同甘露般的精華之流,藉此,他將智慧傳授給心神純淨的虔心求道者,使其領悟芸芸眾生(Jīvātmā)與其本心自性(Paramātmā)本然為一的真相。他如萬物的主宰者一般地遍在一切之中,他也是一股廣佈於萬物之間且永不止息的至福之流,其名為Haṁsah Parama。[22]

第四十四節

濕婆的信徒將它稱為濕婆的居所;毗濕奴的信徒將它稱為至高的神我;至於其他神明的信徒,則將它稱為訶利-訶羅的聖地。那些滿心懷抱著對於女神蓮花足的熱愛的人,將它稱為女神的絕妙居所;其他偉大的聖者則將這裡稱為原質-神我(Prakṛti-Puruṣa)的淨地。

第四十五節

最為卓越的人,即已然調伏己心並且知曉此地的人,將永遠不會再投生到輪迴之中,因為放眼三界,已然沒有任何事物可以綁縛此人。他的心神已被調伏,他的目標已被成就,他擁有能讓自己從心所願、為所欲為的力量,也擁有能讓自己的意志不會受制於任何阻礙與抗衡的力量。他會朝著梵我一路前行。而無論他是用散文還是韻文說法,都是字字珠璣、句句殊勝。

第四十六節

這裡是月亮最為卓越超凡的第十六個月相（Kalā of the Moon）。她清淨純粹，色澤有如年輕的太陽。她纖瘦細緻，細如藕絲的百分之一。她光燦而柔和，有如千萬道閃電的光，並且向下低垂。甘露源源不絕地從她流淌出來，其源頭則是梵我。或者她是一個容器，盛裝著來自 Para 和 Parā 之喜樂合一的殊勝甘露。[23]

第四十七節

在它〔生月相〕之中的是遠比殊勝更為殊勝的涅槃月相。她極其精微，纖細如同髮梢的千分之一，外形則彷彿月牙。她是永恆存在的偉大女神（Bhagavatī）〔音譯：薄伽梵提〕，也是遍在眾生之內的天女。她將神聖的知識傳授給人，而且閃亮有如日月星辰同時放光、照耀在她身上。

第四十八節

在它〔涅槃月相〕的正中央閃耀著光芒的是至高無上、元始太初的女神——涅槃夏克提（Nirvāṇa-Śakti）。她光燦有如千萬顆太陽，她是孕生三界的母神。她精微無比，纖細如同髮梢的千萬

---

22 中譯註：關於此節最後的 Haṃsah Parama 歷來眾說紛紜；根據伍鐸夫的考究，一說認為應將其解釋成名為 Haṃsah 的至高神明；一說認為 Haṃsah 和 Parama 兩者都是這位神明的稱號；另有學者主張應將 Haṃsah 拆解為 Haṃ、Sah 兩個梵字，並分別對應印度創世神話中的精神性（神我，Puruṣa）與物質性（原質，Prakṛti）。

23 中譯註：伍鐸夫認為 Para 等同男神濕婆，Parā 則等同於女神夏克提，並稱兩者合一時浮現出來的無邊喜悅即是梵語的阿南達（Ānanda，意近喜樂、幸福），因此他將其英譯為 blissful union（喜樂合一）。

萬分之一。她將潺潺無盡的喜悅之流包涵體內，而那股流動正是眾生的生命源泉。她把持著究竟的真理，並且慷慨地將其交付到聖者們的心中。

第四十九節

在她之內有一個被人們〔知曉真理者〕稱為濕婆居所的地方，那是只有瑜伽士能夠抵達、不受瑪雅幻象壟罩的永恆常在之地，其名為尼提阿南達（Nityānanda）〔意譯：永恆妙樂〕。其中充滿各式各樣的喜樂與幸福，且其本身就是清淨純粹的智慧。有些人將它稱為梵天；也有些人將它稱為哈姆薩。智者將它形容為毗濕奴的居所，義者則說它是無法言傳的真我智慧之地或究竟解脫之地。

〔以上為第七脈輪〕

第五十節

他〔瑜伽士〕透過持戒（Yama）、內修（Niyama）等瑜伽操練使自己的本性趨於清淨、純粹之後，就會從他的上師口中學習到踏上究竟解脫之路的流程。他會將自身的存在徹底浸淫在梵我之中，並且透過吟唱Hum的梵音將女神〔指昆達里尼〕從沉睡中喚醒；他會從開孔閉合因而看不見出口的林伽中央穿行而過，並且

運用〔自己內在的〕風（Air）和火（Fire）將她〔昆達里尼〕帶到梵之門（Brahmadvāra）的內側。

第五十一節

滿心歡喜、清澈靈明的女神貫穿了三個林伽，被稱為梵之氣脈的所有蓮花也都已被她逐一觸及，女神的光輝也在其中大放光明。在此之後，她便化為精微細緻之姿，閃耀如同電光、纖細如同藕絲；她會一路奔向如火焰一般熠熠發光的濕婆，〔那便是〕無上的至福妙樂、極樂的究竟解脫。

第五十二節

智慧而傑出的瑜伽士在狂喜之中渾然忘我，全心全意地侍奉他上師的蓮花足；他應當把位在胸中的陽光帶到根輪，再讓這股陽光帶著位在根輪的昆達里尼一路向上，去到她的無上主神濕婆身邊；而濕婆就居住在純淨的蓮花之中，冥想著她，冥想著這位覺識清明、施予諸慾的偉大女神。當濕婆藉此引領昆達里尼時，他應當讓沿途的一切甘美光華都被吸納到她之內。

第五十三節

美麗的昆達里尼會喝下那股殊勝無比、潺潺流動、來自無上主神濕婆的紅色甘露，然後再帶著滿身的光亮，從那個閃耀著

永恆、超凡的妙樂之光的明亮所在，沿著〔喜翠妮內部的〕脈道（Kula）原路折返，重新進到根輪之中。心神靜定的瑜伽士會用永恆喜樂的容器〔指昆達里尼〕盛裝來自天上的甘露，並以此奉獻給居住在六個脈輪之中諸位神明以及他自身的神性；而他之所以知道應當如此奉行，都得歸功於上師的傳承。

第五十四節

當瑜伽士已經完成持戒、內修等一連串的瑜伽操練之後，就會從他那吉祥的啟蒙上師（Dikṣā-guru）那裡學習到這項超凡入聖的法門；而他上師的那雙蓮花足就是無盡喜悅的源泉。他的精微意／末那識（Manas）已被調伏，所以他永世不再投生輪迴。即便在宇宙迎來劫滅（Samkshaya）之時，對他來說也沒有任何的消解與破散。正因對於永恆妙樂的本源有著無邊的領悟，於是他恆常歡喜、悅樂無比，從而成為眾瑜伽士之中最為喜悅者、最為傑出者。

第五十五節

這份純粹無瑕、奧祕非凡的殊勝經典講述的是通向究竟解脫之法，倘若瑜伽士一向心無旁騖、全神貫注地誠心服侍他上師的蓮花足，當他展讀至此，其心神必定會在自身神性的跟前翩翩起舞。

約翰·伍鐸夫爵士（Sir John Woodroffe）英譯

前言

①譯註：約翰・伍鐸夫（John Woodroffe，1865-1936）筆名亞瑟・阿瓦隆（Arthur Avalon），精通梵語，是將印度靈修傳統譯介至西方世界的先驅者。

導論：榮格的東方之旅

①譯註：英國殖民政府立法實施食鹽專賣制度並加徵鹽稅，引發人民普遍不滿；1930年3月12日，甘地率領民眾徒步前往三百多公里外的海邊取鹽，並於途中停留的各個村鎮發表一系列有關不合作運動的演說；四月，政府迫於輿論壓力撤銷該法。

②譯註：尼赫魯（Jawaharlal Nehru, 1889-1964）為印度獨立後第一任總理，曾積極參與甘地發起的不合作運動。

③譯註：衛禮賢的德譯本 *Das Geheimnis der Goldenen Blüte* 於1929年秋天出版後不久，他便於隔年春天辭世；卡利・拜恩斯（Cary Baynes）的英譯本 *The Secret of the Golden Flower* 則於本書研討會前一年（1931）面市，該版前附的導讀即是榮格所寫的心理學評述。

④譯註：下三輪的確切位置歷來眾說紛紜，因此中文譯名也有多種版本，本書將第一脈輪 *mulādhāra* 譯作「根輪」，第二脈輪 *svādhiṣṭhāna* 譯作「臍輪」，第三脈輪 *maṇipūra* 譯作「太陽輪」。第一脈輪在國內身心靈圈內普遍被譯為「海底輪」，但無論根據梵語字義或繪畫象徵，其中的「海」字都有引人誤解之嫌（其應屬土，而非屬水），故不取；第二脈輪又譯「性輪」、「生殖輪」或「本我輪」，然私以為前兩者過於強調其與性器及生殖系統的關聯（雖確實有關，但不應囿限於此），後者則容易與榮格理論中的自我（ego）、自性／本我（self）混淆，故不取；第三脈輪一般譯作「太陽神經叢」或「胃輪」，然前者會與生理學上的專有名詞 solar plexus 混淆，後者則因下三輪位置的說法不一而不取，故取其梵語「光輝」之意另譯新詞。本書認為第一脈輪位在會陰／骨盆腔底，第二脈輪位在臍下／丹田，第三脈輪在肚臍以上、橫膈以下的腹部區域。

⑤譯註：書名中譯參考伍鐸夫《靈蛇之力》前言；他將 *Ṣaṭ-cakra-nirūpaṇa* 譯為 *Description of and Investigation into the Six Bodily Centres*（人身六脈輪詮解探微），並將 *Pādukā-pañcaka* 譯為 *Five-fold Footstool of the Guru*（上師的五重腳凳）。

⑥譯註：斯瓦米・維韋卡南達（Swami Vivekananda，1863-1902），出生於印度加爾各答，成年後於聖者拉瑪克里希那（Ramakrishna）座下修行，法號辨喜，學成後至歐美各地宣講，是將印度靈性思想介紹給西方世界的重要推手之一。

⑦譯註：此處應該是 seminar（研討會）而非 seminary（神學院），惟原文如此並標示為斜體，應是語帶諷刺。

⑧譯註：此處原文直譯為「屈服於心理技術性之外在化的危險」（succumbed to the danger of the psychotechnical externalization）。

⑨譯註：*sandhā-bhāṣā* 是譚崔典籍慣用的語言手法，指其刻意採用模糊多義、若隱若現的文字混淆讀者，掩藏其中真義。本書編者將之英譯為 intentional language，取其「刻意遮掩」之意，此處中譯作「心機語言」；然該詞另有英譯作 twilight language 者，著重其「若隱若現」的光線意象，故此處譯為「暮光語言」並加註於斜線之後。參見 Bhattacharya 針對該詞不同英文譯法的考究（Vidhushekhara Bhattacharya, *The Indian Historical Quarterly*, Vol.IV, No.1, 1928.06 pp. 287）。

⑩譯註：通天繩（rope trick）是一項印度傳統雜技，此處用來比喻榮格低估頭部（第六、七輪）在脈輪系統中之價值的態度。表演者通常兩人一組，其中一位會將繩索拋向天際並使之神奇地懸停在半空中，接著手腳並用攀繩直上，另一位表演者則留在地面上和觀眾互動；隨後，攀繩者的斷頭、斷肢竟會從天而降；而正當觀眾驚駭莫名時，他卻又從別處走上舞台，毫髮無傷。此項雜技亦曾傳入中國，見蒲松齡《聊齋誌異》〈偷桃〉。

⑪譯註：在案主成功進圓擁抱男孩之後，男孩就長成一個上身為人、下身為蛇的形象，研討會上將之詮釋為瑜伽樹（yoga tree），並從脈輪的角度進行分析；索耶爾女士則認為其中的蛇代表昆達里尼。

第1講

①譯註：《瑜伽經》描述會讓人在面對心靈轉變時感到痛苦的五種**煩惱**（kleśa），此處提到的**惟我**（asmitā）及**憎惡**（dveṣa）皆屬之。

②譯註：亞里斯多德認為一切事物皆有目的，而徹底實現自身目之完滿狀態即是 entelechia。

③譯註：柏拉圖認為有一個純粹精神性的完美世界，其中有著各式各樣的完美形象，而我們此刻身處的世界並非終極的真實，只是這些形象的投影。柏拉圖將這些完美形象稱為 eidos（理型），英語通常翻譯為 idea 或 form；此處原文交錯使用 idea 及 eidos，未免混淆，一律譯為「理型」，並在原文為 eidos 時以標楷體區隔。

④譯註：英語 command 除了指揮、命令的意思之外，也可以指對知識或技藝的嫻熟掌握，如 She has an impressive command of the English（她精通英語），故而此處提及多個包含知道（know）的詞彙；這個字也和視覺有關，如 This room commands a view of green hills（這間房可以看見青綠山景），故而與位於兩眼之間的眉心輪有關。

⑤譯註：哈葛德的小說名著 She 曾分別以《長生術》和《三千年艷屍記》為名被譯介至晚清時期的中國，霍利、利奧是書中的兩位男主角。霍利教授答應利奧父親的臨死託孤，將其扶養長大；利奧成年後，兩人為揭開其父生前留下的謎團，前往非洲尋找永生不死的神祕女王艾伊莎（Ayesha），從而遭遇一連串冒險。

第2講

①譯註：威廉大道位於德國柏林的行政中心，經常被用來代指德國政府；下文的唐寧街、奧賽提岸亦同，分別代指英、法兩國的政府。

②譯註：《加拉太書》二章二十節。

③譯註：保羅・薩拉辛（Paul Sarrasin）和弗里茲・薩拉辛（Fritz Sarrasin）是與榮格同時代的人類學家暨博物學家，這對表兄弟曾多次結伴前往東南亞進行考察；西伯里斯（Celebes）為印尼群島東部的一座島嶼，現名蘇拉威西（Sulawesi）。《回憶・夢・省思》第九章的肯亞遊記也有提到二人險些命喪他鄉的這則故事，然張老師文化1997年版中譯本將兩人誤植為榮格本人的表親；詳見該書，頁345。

第3講

①譯註：斯瓦希里語是非洲使用人口前三多的語言；肯亞、烏干達（榮格曾到這兩國旅行）等國將其定為官方語言。

②譯註：此指幻肢疼痛（phantom limb pain）。

③譯註：羚羊是心輪的象徵，而心輪亦為**神我**的居所，故可類比於象徵西方聖靈的獨角獸。

④譯註：1929年，考古團隊在現今烏克蘭西部的斯塔烏尼亞（Starunia）一處瀝青坑中發現這具披毛犀（Coelodonta antiquitatis）化石，皮毛、內臟及軟組織皆保存良好，是世界現存最完整的披毛犀化石，現為波蘭自然史博物館鎮館之寶。

⑤譯註：小壞精（imp）是歐洲民間傳說裡的調皮生物，形象類似精靈（fairy），體型嬌小，性好捉弄人類。另有譯作「小惡魔」或「小魔精」者。

第4講

①譯註：顯聖容（transfiguration）：耶穌曾帶著三位門徒登上高山，並在他們面前變了容貌，登時「臉面明亮如日頭，衣裳潔白如光」（《馬太福音》十七章二節）；另見《馬可福音》九章三節及《路加福音》九章二十八節，描述稍有出入。

②譯註：希臘文 soter 字面上就是「拯救者」。

附錄一

①譯註：印度教信仰紛雜，主要可分為三大派別：濕婆派、毗濕奴派（Vaishnavism）與性力派（Shaktism）。濕婆派信徒崇敬濕婆神強大的毀滅與創造力量，希望透過虔敬膜拜而獲得恩惠、達致解脫。

②譯註：即〈六字大明咒〉，或稱〈六字真言〉。

③譯註：參見本書〈第一講〉，註釋11。

附錄二

①譯註：羅耀拉（1491-1556）早年從軍，後來成為一名神父及神學家，並將軍事化管理與修院制度結合，創立紀律嚴明的耶穌會。其代表作《神操》（Exercitia spiritualia）是一本靈修指南，修士可以遵照書中的詳細指引進行連續四週的自省、默觀、祈禱，藉此辨明上帝在個人生命中的意義。

②譯註：此處英文為 fold，指牧羊人為保護羊群建造的圍欄、樹籬或石牆；「想要死在教會的羊欄裡頭」（would die in the fold of the church）和下段幻象中描述的「黑牆」意象應有關聯。

③譯註：怕坦伽利在《瑜伽經》中詳述修持瑜伽的八個階段，依序為持戒（yama）、內修（niyama）、體位（āsana）、調息（prāṇāyāma）、收攝（pratyāhāra）、專注（dhāraṇa）、禪定（dhyāna）、三昧（samādhi），合稱瑜伽八肢。

④譯註：根據《瑜伽經注．三昧品》，心識是由三種質性組成，分別為 sattva（光明性／悅性）、rajas（躁動性／變性）、tamas（闇性／惰性）。當心混雜後兩者時，人會傾向享樂、耽溺慾望；若能藉由修持加以去除，便能安住在清淨光明的境界之中。

⑤譯註：應指《腓力比書》三章十八、十九節，保羅告誡信徒當以基督為榜樣，不可像不信主的人那樣沉迷世間、放縱私慾——「因為有許多人行事是基督十字架的仇敵。我屢次告訴你們，現在又流淚地告訴你們：他們的結局就是沉淪；他們的神就是自己的肚腹。他們以自己的羞辱為榮耀，專以地上的事為念。」

附錄三

①譯註：中文通常將 intuition 譯為「直覺」，但「直覺」一詞往往和生物的求生本能較為貼近，不同於豪爾此處所說的眉心輪的高階意識狀態，故而譯作「覺見」。後文亦同。

②譯註：此書分為系列一、二，志文出版社曾分別以《鈴木大拙禪論集：歷史發展》和《開悟第一》為書名譯介至國內。〈十牛圖頌〉原收錄於英文版的第一系列，志文版改錄於第二系列之書末；譯者徐進夫先生並於書中附上頌文譯白供參。

③譯註：根據榮格觀點，人類的心理狀態如果一直「向上、離地」發展，最終將會導致精神疾病，而這與昆達里尼的運動方向看似相同，提問者是在釐清兩者差異。

④譯註：以下關於神我（puruṣa）、真我（ātman）和心識（citta）討論的翻譯，參考莊國彬教授，《〈瑜伽經注．三昧品〉譯註與研究》，《圓光佛學學報》第32期（2018年12月），第98頁。「心（Citta）的覺知能力是來自於神我（Puru a），而且心是會受污染的。就像鏡子一樣，它可以反射來自光源的光線，但有了髒污所沾染的話，反射出的鏡像就會打了折扣。帕坦伽利說當心緣取外境時，會迷失神我。只有當心能夠屏除外境的迷惑，息滅了種種妄想，這時神我就能彰顯。」

⑤譯註：心輪的梵語 anāhata 字面即是「不受動搖、不會毀壞、無法擊倒」。

⑥譯註：摩迦羅（makara）是印度神話的海獸，上身為陸地動物、下身為魚，經常被雕刻在神廟拱門上；玄奘法師譯作「摩羯」。榮格在後續的討論中多次將摩迦羅等同於舊約中的利維坦（leviathan），《中文和合本聖經》直接意譯為「鱷魚」，參見該版《約伯記》第四十一章。

⑦譯註：在密特拉祕儀中，入教者會戴上形似陽光的頭冠，並接受教眾的頂禮，彷彿成為太陽神化身。教眾分為七個層級，各有其名，此處提到的士兵、獅子、奔日者等皆屬之。其中，太陽跑者（heliodromoi）的形象類似天使，頭頂光環、肩負金翼，象徵太陽在諸天上的運行。

⑧譯註：所多瑪（Sodom）和蛾摩拉（Gomorrah）是舊約聖經記載的兩座罪惡城市，後遭神所降下的硫磺與天火摧毀，詳見《創世紀》十八、十九章。

⑨譯註：亨利．蘇索（Henry Suso，1295-1366），中世紀道明會修士、日耳曼神祕主義者代表人物之一，於修院潛修期間曾經驗到深刻的靈性覺醒。

榮格論脈輪：1932年昆達里尼心理學研討會筆記

⑩譯註：甘地鼓勵民眾在家以手紡車自行織布，並拒絕購買英國進口的紡織產品，藉此打擊英國的殖民經濟。此外，手紡車的英文和脈輪（*cakra*）的梵文原意恰好都是「轉輪」（spinning wheel）。

⑪譯註：法語原文 Pingouins 應指刀嘴海雀（學名 *Alca torda*），是一種主要棲息在大西洋北部的海鳥，體色黑白二色，足有蹼，善潛水捕魚，因此經常被誤稱為企鵝。本書英譯皆稱企鵝（penguin），中譯則作「海雀」。

⑫譯註：梵文 *deva* 意指「神」，漢傳佛教慣譯為「天」，如大梵天、帝釋天等。

⑬譯註：在一、四、六輪的繪畫中央都有林伽（*linga*，濕婆的性器象徵）；二、三、五輪則無。

⑭譯註：指人身的三個層次：粗鈍體（*sthula sarira*）、精微體（*suksma sarira*）及因果體（*karana sarira*）。粗鈍體即物質性的肉體；精微體由氣（*prāṇa*，即生命能量，音譯「普拉納」或「般那」，意譯「命氣」或「命息」）構成，一般認為氣脈和脈輪就位在這層身體；因果體是人和宇宙之間的橋樑，前世的資訊也是儲存於此。瑜伽修行的目標之一個便是要讓這三者達致平衡而和諧的境界。

⑮譯註：此處原文為 the fire of digestion，梵語為 Agni，字面意指「火」或「火神阿耆尼」。印度傳統醫學阿育吠陀認為：人體消化系統的功能良莠取決於體內消化火（Agni）的力量強弱：就粗鈍層次而言，它會將吃進體內的食物轉化為身體所需的能量，進而支持全身的新陳代謝、維持核心體溫；就精微層次而言，身心從外部世界接收進來的一切資訊都必須透過消化火的轉化，才能變成清晰的知識，從而提升心智的判斷力及理解力。

⑯譯註：豪爾跳過了太陽輪，其象徵動物是一種經常用於獻祭、體型嬌小的曲角公羊（ram）。見本書〈第三講〉。

⑰譯註：普韋布羅族的酋長比昂諾（Biano）曾對榮格說，族人們認為白人都是瘋子，因為族人是用心臟思考，白人卻是用腦袋思考。詳見張老師版《回憶‧夢‧省思》，頁320。

⑱譯註：指腹部（太陽輪）、心臟（心輪）、頭部（眉心輪），這三個脈輪的圖畫中都有男女性器的象徵。

⑲譯註：喉輪的梵文 *viśuddha* 字義就是淨化。「要成功地進入同時打開第五脈輪，身體必須達到某種程度的淨化。比較精微的上層脈輪需要更強的敏感度，而身體的淨化讓我們得以通向這些精微次元」；此外，「聲音是萬物皆蘊含的振波和力量，擁有淨化的本質。聲音能夠也的確影響了物質的細微結構，亦有能力調和我們內在與周遭的不和諧頻率」（《脈輪全書》，林熒譯，積木文化，2013年，頁233）。

⑳譯註：喉輪和屬於土元素的根輪一樣，圖畫中都有白象愛羅婆多。

編按參考書目簡稱列表

Analytical Psychology = *Analytical Psychology: Notes of the Seminar Given in 1925* by C. G. Jung. Edited by William McGuire. Princeton (Bollingen Series XCIX) and London, 1989.

CW = *The Collected Works of C. G. Jung*. 21 vols. Edited by Sir Herbert Read, Michael Fordham, and Gerhard Adler; William McGuire, executive editor; translated by R.F.C. Hull. New York and Princeton (Bollingen Series XX) and London, 1953–83.

ETH = Jung papers, Wissenschaftshistorische Sammlungen, Eidgenössische Technische Hochschule, Zürich.

HS = Wilhelm Hauer, "Yoga, Especially the Meaning of the Cakras." In Mary Foote, ed., *The Kundalini Yoga: Notes on the Lecture Given by Prof. Dr. J. W. Hauer with Psychological Commentary by Dr. C. G. Jung*. Zürich, 1932.

Interpretation of Visions = C. G. Jung, *Interpretation of Visions: Notes of the Seminar in Analytical Psychology, Autumn 1930–Winter 1934*, ed. Mary Foote. 11 vols. Zürich.

Jung: Letters = *C. G. Jung Letters*. 2 vols. Selected and edited by Gerhard Adler in collaboration with Aniela Jaffé; translated by R.F.C. Hull. Princeton (Bollingen Series XCV) and London, 1973 and 1975.

MDR = C. G. Jung, *Memories, Dreams, Reflections*. London, 1983.

@*Modern Psychology 3*@ and @*4*@ = @Modern Psychology. The Process of Individuation. Vols. 3, Eastern Texts. Notes on the Lectures Given at the Eidgenössische Technische Hochschule, Zürich, by Prof. Dr. C. G. Jung, October 1938–March 1940@, and @4, *Exercita Spiritualia of St. Ignatius of Loyola*@. 2d ed. Zürich, 1959.

Tantra Yoga = *Bericht über das Lecture von Prof. Dr. J. W. Hauer. 3–8 October*. Edited by Linda Fierz and Toni Wolff. Zürich, 1933.

榮格全集[1]

The Collected Work of C.G. Jung

第一卷：《精神病學研究》（Psychiatric Studies）（1957 初版；1970 二版）

論所謂神祕現象的心理學與病理學 On the Psychology and Pathology of So-Called Occult Phenomena（1902）

論歇斯底里的誤讀 On Hysterical Misreading（1904）

潛隱記憶 Cryptomnesia（1905）

論狂躁性情感疾患 On Manic Mood Disorder（1903）

一名拘留所犯人的歇斯底里昏迷案例 A Case of Hysterical Stupor in a Prisoner in Detention（1902）

論假性精神失常 On Simulated Insanity（1903）

假性精神失常案例的醫學觀點 A Medical Opinion on a Case of Simulated Insanity（1904）

關於兩個相互矛盾之精神病學診斷的第三及最後一項意見 A Third and Final Opinion on Two Contradictory Psychiatric Diagnoses（1906）

論事實的心理診斷 On the Psychological Diagnosis of Facts（1905）

第二卷：《實驗研究》（Experimental Researches）（1973）[2]

字詞聯想研究（Studies In Word Association）（1904-7, 1910）

普通受試者的聯想（由榮格與 F. 瑞克林合著）The Associations of Normal Subjects（by Jung and F. Riklin）

一名癲癇症患者的聯想分析 An Analysis of the Associations of an Epileptic

聯想實驗中的反應時間比 The Reaction-Time Ratio in the Association Experiment

記憶能力的實驗觀察 Experimental Observations on the Faculty of Memory

精神分析與聯想實驗 Psychoanalysis and Association Experiments

證據的心理學診斷 The Psychological Diagnosis of Evidence

---

1 編者：Sir Herbert Read、Michael Fordham、Gerhard Adler；William McGuire 主編。英譯者為 RFC Hull，例外處另行註記。

2 由 Leopold Stein 主譯，Diana Riviere 合譯。

聯想、夢和歇斯底里式症狀 Association, Dream, and Hysterical Symptom

聯想實驗的精神病理學意義 The Psychopathological Significance of the Association Experiment

聯想實驗中的再現障礙 Disturbances of Reproduction in the Association Experiment

聯想法 The Association Method

家庭情結 The Family Constellation

心理生理學研究（Psychophysical Researches）（1907-8）

論聯想實驗中的心身關係 On the Psychophysical Relations of the Association Experiment

用電流計和呼吸描記器對一般個案和精神病患者進行的心身研究（由 F. 彼得森與榮格合著）Psychophysical Investigations with the Galvanometer and Pneumograph in Normal and Insane Individuals (by F. Peterson and Jung)

對一般個案和精神病患者的電流現象與呼吸的進一步研究（由 C. 里克舍與榮格合著）Further Investigations on the Galvanic Phenomenon and Respiration in Normal and Insane Individuals (by C. Ricksher and Jung)

附錄：徵兵的統計細節（Statistical Details of Enlistment，1906）；犯罪心理學的新向度（New Aspects of Criminal Psychology，1908）；蘇黎世大學精神病診所採用的心理學調查方法（The Psychological Methods of Investigation Used in the Psychiatric Clinic of the University of Zurich，1910）；論情結學說（On the Doctrine Complexes，[1911] 1913）；論證據的心理學診斷（On the Psychological Diagnosis of Evidence，1937）

第三卷：《精神疾病的心理成因》（The Psychogenesis of Mental Disease）（1960）[3]

早發性癡呆症的心理學 The Psychology of Dementia Praecox（1907）

精神病的內容 The Content of the Psychoses（1908/14）

論心理學的認知 On Psychological Understanding（1914）

對布魯勒思覺失調抗拒症理論的批評 A Criticism of Bleuler's Theory of Schizophrenic Negativism（1911）

論無意識在心理學中的重要性 On the Importance of the Unconscious in Psychology（1914）

論精神疾病之心理起因問題 On the Problem of Psychogenesis in Mental Disease（1919）

精神疾病與心靈 Mental Disease and the Psyche（1928）

---

3 中譯注：為去除患者汙名形象，我國衛生福利部已於二〇一四年將 Schizophrenia 中譯正名為「思覺失調症」，此處從之；舊譯「精神分裂症」。

榮格論脈輪：1932 年昆達里尼心理學研討會筆記

論思覺失調症的心理起因 On the Psychogenesis of Schizophrenia（1939）

針對思覺失調症的新近見解 Recent Thoughts on Schizophrenia（1957）

思覺失調症 Schizophrenia（1958）

第四卷：《佛洛伊德與精神分析》（Freud and Psychoanalysis）（1967）

佛洛依德的歇斯底里症理論：答阿莎芬伯格 Freud's Theory of Hysteria: A Reply to Aschaffenburg（1906）

佛洛依德的歇斯底里症理論 The Freudian Theory of Hysteria（1908）

一項對謠言心理學的貢獻 A Contribution to the Psychology of Rumour（1910-11）

論數字夢的意義 On the Significance of Number Dreams（1910-11）

針對莫頓・普林斯〈夢的機制和詮釋〉的批評性回顧 Morton Prince's "The Mechanism and Interpretation of Dreams": A Critical Review（1911）

論對精神分析的批評 On the Criticism of Psychoanalysis（1910）

關於精神分析 Concerning Psychoanalysis（1912）

精神分析的理論 The Theory of Psychoanalysis（1913）

精神分析學概覽 General Aspects of Psychoanalysis（1913）

精神分析與精神官能症 Psychoanalysis and Neurosis（1916）

精神分析中的一些關鍵：榮格博士和洛伊博士的一則通信 Some Crucial Points in Psychoanalysis: A Correspondence between Dr. Jung and Dr. Loÿ（1914）

《分析心理學論文集》序文 Prefaces to "Collected Papers on Analytical Psychology"（1916, 1917）

父親對於個人命運的重要性 The Significance of the Father in the Destiny of the Individual（1909/1949）

克蘭費爾德〈精神祕徑〉之引言 Introduction to Kranefeldt's "Secret Ways of the Mind"（1930）

佛洛依德和榮格的對比 Freud and Jung: Contrasts（1929）

第五卷：《轉化的象徵》（Symbols of Transformation）（[1911-12/1952] 1956；1967 二版）

第一部

前言 Introduction

兩種思惟方式 Two Kinds of Thinking

米勒小姐的幻想：病歷 The Miller Fantasies: Anamnesis

詠造物 The Hymn of Creation

蛾之曲 The Song of the Moth

第二部

前言 Introduction

力比多的概念 The Concept of Libido

力比多的轉化 The Transformation of Libido

英雄的起源 The Origin of the Hero

母親和重生的象徵 Symbols of the Mother and of Rebirth

從母親脫離的戰役 The Battle for Deliverance from the Mother

雙面性的母親 The Dual Mother

犧牲 The Sacrifice

結語 Epilogue

附錄：米勒的幻想 Appendix: the Miller Fantasies

第六卷：《心理類型》（Psychological Types）（[1921] 1971）[4]

前言 Introduction

古典時代與中世紀思想中的類型問題 The Problem of Types in the History of Classical and Medieval Thought

席勒對於類型問題的見解 Schiller's Ideas on Type Problem

日神型與酒神型 The Apollonian and the Dionysian

人類性格中的類型問題 The Type Problem in Human Character

精神病理學中的類型問題 The Type Problem in Psychopathology

現代哲學中的類型問題 The Type Problem in Modern Philosophy

傳記文學中的類型問題 The Type Problem in Biography

心理類型的基本描述 General Description of the Types

定義 Definitions

結語 Epilogue

附錄：心理類型四論（1913、1925、1931、1936）

第七卷：《分析心理學二論》（Two Essays on Analytical Psychology）（1953; 1966 二版）

論無意識的心理學 On the Psychology of the Unconscious（1917/1926/1943）

自我與無意識之間的關係 The Relations between the Ego and the Unconscious（1928）

---

4 R.F.C. Hull 對 H.G. Baynes 譯本的修訂版。

附錄：心理學的新道路（New Paths in Psychology，1912）；無意識的結構（The Structure of the Unconscious，1916；1966新版另有更動）

第八卷：《心靈的結構與動力》（The Structure and Dynamics of the Psyche）（1960；1969二版）

論心靈能量 On Psychic Energy（1928）

超越功能 The Transcendent Function（[1916] 1957）

回顧情結理論 A Review of the Complex Theory（1934）

體質與遺傳在心理學中的意義 The Significance of Constitution and Heredity in Psychology（1929）

決定人類行為的心理要素 Psychological Factors Determining Human Behavior（1937）

本能與無意識 Instinct and the Unconscious（1919）

心靈的結構 The Structure of the Psyche（1927/1931）

論心靈的性質 On the Nature of the Psyche（1947/1954）

夢心理學概覽 General Aspects of Dream Psychology（1916/1948）

論夢的性質 On the Nature of Dreams（1945/1948）

神靈信仰的心理學基礎 The Psychological Foundation of Belief in Spirits（1920/1948）

精神與生命 Spirit and Life（1926）

分析心理學的基本假設 Basic Postulates of Analytical Psychology（1931）

分析式的心理學和世界觀 Analytic Psychology and Weltanschauung（1928/1931）

現實與超現實 The Real and the Surreal（1933）

人生的各個階段 The Stages of Life（1930-31）

靈魂與死亡 The Soul and Death（1934）

共時性：一個非因果性的聯繫定律 Synchronicity: An Acausal Connecting Principle（1952）

附錄：論共時性（On Synchronicity，1951）

第九卷　第一部：《原型與集體無意識》（The Archetypes and the Collective Unconscious）（1959；1968二版）

集體無意識的原型 Archetypes of the Collective Unconscious（1934/1954）

集體無意識的概念 The Concept of the Collective Unconscious（1936）

關於原型，特別涉及阿尼瑪概念 Concerning the Archetypes, with Special Reference to the Anima Concept（1936/1954）

母親原型的心理層面 Psychological Aspects of the Mother Archetype（1938/1954）

關於重生 Concerning Rebirth（1940/1950）

兒童原型的心理學 The Psychology of the Child Archetype（1940）

處女神珂蕊的心理學面向 The Psychological Aspects of the Kore（1941）

童話中的神靈現象學 The Phenomenology of the Spirit in Fairytales（1945/1948）

論搗蛋鬼人物的心理學 On the Psychology of the Trickster-Figure（1954）

意識、無意識與個體化 Conscious, Unconscious, and Individuation（1939）

個體化歷程研究 A Study in the Process of Individuation（1934/1950）

關於曼陀羅象徵 Concerning Mandala Symbolism（1950）

附錄：曼陀羅（Mandalas，1955）

第九卷 第二部：《伊庸：自性的現象學研究》（Aion: Researches into the Phenomenology of the Self）（[1951] 1959；1968 二版）

自我 The Ego

陰影 The Shadow

聖耦：阿尼瑪和阿尼姆斯 The Syzygy: Anima and Animus

自性 The Self

基督：自性的象徵 Christ, A Symbol of the Self

雙魚的象徵 The Sign of the Fishes

諾查丹瑪斯預言 The Prophecies of Nostradamus

魚的歷史意義 The Historical Significance of the Fish

魚之象徵的矛盾性質 The Ambivalence of the Fish Symbol

煉金術中的魚 The Fish in Alchemy

煉金術對魚的詮釋 The Alchemical Interpretation of the Fish

基督教煉金術象徵的心理學背景 Background to the Psychology of Christian Alchemical Symbolism

諾斯替派的自性象徵 Gnostic Symbols of the Self

自性的結構與動力 The Structure and Dynamics of the Self

結語 Conclusion

第十卷：《變遷中的文明》（Civilization in Transition）（1964；1970 二版）

無意識的作用 The Role of the Unconscious（1918）

人心與大地 Mind and Earth（1927/1931）

古代人 Archaic Man（1931）

現代人的精神問題 The Spiritual Problem of Modern Man（1928/1931）

一名學生的戀愛問題 The Love Problem of a Student（1928）

歐洲的女性 Woman in Europe（1927）

心理學之於現代人的意義 The Meaning of Psychology for Modern Man
（1933/1934）

當今心理治療的狀況 The State of Psychotherapy Today（1934）

〈當代事件雜論〉之序跋 Preface and Epilogue to "Essays on Contemporary
Events"（1946）

沃坦 Wotan（1936）

浩劫過後 After the Catastrophe（1945）

與陰影交戰 The Fight with the Shadow（1946）

未發現的自性：如今與未來 The Undiscovered Self (Present and Future)（1957）

飛碟：一則現代神話 Flying Saucers: a Modern Myth（1958）

關於良知的心理學觀點 A Psychological View of Conscience（1958）

分析心理學中的善與惡 Good and Evil in Analytical Psychology（1959）

東尼・沃爾夫〈榮格心理學研究〉之引言 Introduction to Toni Wolff's "Studies in
Jungian Psychology"（1959）

歐洲範圍內的瑞士路線 The Swiss Line in the European Spectrum（1928）

評論凱澤林〈令美國自由〉及〈世界革命〉 Reviews of Keyserling's "America Set
Free" (1930) and "La Révolution Mondiale"(1934)

美國心理學的複雜性 The Complications of American Psychology（1930）

印度的如夢世界 The Dreamlike World of India（1939）

印度能教給我們什麼 What India can teach us（1939）

附錄：文獻（1933-38）

第十一卷：《心理學與宗教：西方與東方》（Psychology and Religion: West and East）
（1958；1969二版）

西方宗教

心理學與宗教（泰瑞講堂）Psychology and Religion (the Terry Lectures)
（1938/1940）

三位一體教義的心理學考究 A Psychological Approach to the Dogma of the

Trinity（1942/1948）

彌撒中的體變象徵 Transformation Symbolism in the Mass（1942/1954）

懷特〈上帝與無意識〉之前言 Foreword to White's "God and the Unconscious"（1952）

韋伯洛斯基〈路西法與普羅米修斯〉之前言 Foreword to Werblowsky's "Lucifer and Prometheus"（1952）

聖徒克勞斯 Brother Klaus（1933）

心理治療者或神職人員 Psychotherapists or the Clergy（1932）

答約伯 Answer to Job（1952）

東方宗教

對《西藏大解脫經》的心理學闡釋 Psychological Commentary on "The Tibetan Book of the Dead"（1939/1954）

對《西藏度亡經》的心理學闡釋 Psychological Commentary on "The Tibetan Book of the Great Liberation"（1935/1953）

瑜伽與西方 Yoga and the West（1936）

鈴木大拙《禪學入門》之前言 Foreword to Suzuki's "Introduction to Zen Buddhism"（1939）

東洋冥想心理學 The Psychology of Eastern Meditation（1943）

印度聖人：齊默《邁向真我之路》之引言 The Holy Men of India: Introduction to Zimmer's "Der Weg zum Selbst"（1944）

《易經》之前言 Foreword to the "I-Ching"（1950）

第十二卷：《心理學與煉金術》（Psychology and Alchemy）（[1944] 1953；1968 二版）

英文版緒論 Prefatory Note to the English Edition（[1951?] 1967 增補）

煉金術的宗教與心理學問題引論 Introduction to the Religious and Psychological Problems of Alchemy

與煉金術相關的個體夢象徵 Individual Dream Symbolism in Relation to the Alchemy（1936）

煉金術中的宗教觀念 Religious Ideas in Alchemy（1937）

結語 Epilogue

第十三卷：《煉金術研究》（Alchemy Studies）（1968）

《太乙金華宗旨》評述 Commentary on "The secret of the golden flower"（1929）

佐西默斯的異象 The Vision of Zosimos（1938/1954）

作為一種精神現象的帕拉西爾蘇斯 Paracelsus as a Spiritual Phenomenon（1942）

神靈墨丘利 The Spirit Mercurius（1943/1948）

哲理之樹 The Philosophical Tree（1945/1954）

第十四卷：《神祕合體：考究煉金術中心靈對立面的分離與聚合》（Mysterium Coniunctionis: an Inquiry into the Separation and Synthesis of Psychic Opposites in Alchemy）（[1955-56] 1963；1970 二版）

合體的組成部分 The Components of the Coniunctio

自相矛盾體 The Paradoxa

對立面的化身 The Personification of the Opposites

王與后 Rex and Regina

亞當與夏娃 Adam and Eve

結合 The Conjunction

結語 Epilogue

第十五卷：《人、藝術與文學中的精神》（The Spirit in Man, Art, and Literature）（1966）

帕拉西爾蘇斯 Paracelsus（1929）

帕拉西爾蘇斯醫師 Paracelsus the Physician（1941）

佛洛伊德與其歷史背景 Sigmund Freud in His Historical Setting（1932）

紀念佛洛伊德 In Memory of Sigmund Freud（1939）

紀念衛禮賢 Richard Wilhelm: in Memoriam（1930）

論分析心理學與詩歌的關係 On the Relation of Analytical Psychology to Poetry（1922）

心理學與文學 Psychology and Literature（1930/1950）

尤利西斯：一齣獨角戲 Ulysses: A Monologue（1932）

畢卡索 Picasso（1932）

第十六卷：《心理治療之實踐》（The Practice of Psychotherapy）（1954；1966 二版）

第一部：心理治療的一般問題實用心理治療的原則 Principles of Practical Psychotherapy（1935）

何謂心理治療？ What is Psychotherapy?（1935）

現代心理治療的一些層面 Some Aspects of Modern Psychotherapy（1930）

心理治療的目標 The Aims of Psychotherapy（1931）

現代心理治療的問題 Problems of Modern Psychotherapy（1929）

心理治療與一種人生哲學 Psychotherapy and a Philosophy of Life（1943）

醫學與心理治療 Medicine and Psychotherapy（1945）

今日的心理治療 Psychotherapy Today（1945）

心理治療的基本問題 Fundamental Questions of Psychotherapy（1951）

第二部：心理治療的特殊問題

宣洩的治療性價值 The Therapeutic Value of Abreaction（1921/1928）

析夢實務 The Practical Use of Dream-Analysis（1934）

移情心理學 The Psychology of the Transference（1946）

附錄：實用心理治療的現實性（The Realities of Practical Psychotherapy）（[1937] 1966 增補）

第十七卷：《人格的發展》（The Development of Personality）（1954）

一個孩子的心靈衝突 Psychic Conflicts In A Child（1910/1946）

威克斯〈童年的心理分析〉之引言 Introduction to Wickes's "Analyse der Kinderseele"（1927/1931）

兒童的發展與教育 Child Development and Education（1928）

分析心理學與教育三講 Analytical Psychology and Education: Three Lectures（1926/1946）

天才兒童 The Gifted Child（1943）

無意識之於個體教育的重要意義 The Significance of the Unconscious in Individual Education（1928）

人格的發展 The Development of Personality（1934）

婚姻作為一種心理關係 Marriage as a Psychological Relationship（1925）

第十八卷：《雜文集：象徵的生活》[5]（The Symbolic Life）（1954）

第十九卷：《榮格全集參考書目》（Complete Bibliography of C.G. Jung'S Writings）（1976；1992二版）

第二十卷：

全集索引（General Index of the Collected Works）（1979）

佐芬吉亞演講集（The Zofingia Lectures）（1983）[6]

無意識心理學（Psychology of the Unconscious）（[1912] 1992）[7]

---

5 雜文集。由 R.F.C. Hull 等人合譯。

6 全集的補充卷 A（Supplementary Volume A）。William McGuire 編，Jan van Heurck 譯，Marie-Louise von Franz 導讀。

7 全集的補充卷 B，為力比多的轉化與象徵之研究，以及思想史演變的歷史考證。Beatrice M. Hinkle 譯，William McGuire 導讀。

榮格論脈輪
1932年昆達里尼心理學研討會筆記

出　　　　版／楓樹林出版事業有限公司
地　　　　址／新北市板橋區信義路163巷3號10樓
郵 政 劃 撥／19907596　楓書坊文化出版社
網　　　　址／www.maplebook.com.tw
電　　　　話／02-2957-6096
傳　　　　真／02-2957-6435
作　　　　者／卡爾・古斯塔夫・榮格
譯　　　　者／周俊豪
企 劃 編 輯／陳依萱
校　　　　對／黃薇霓
港 澳 經 銷／泛華發行代理有限公司
定　　　　價／750元
初 版 日 期／2024年6月

國家圖書館出版品預行編目資料

榮格論脈輪：1932年昆達里尼心理學研討會筆記 ／ 卡
爾・古斯塔夫・榮格作；周俊豪譯. -- 初版. -- 新北市：
楓樹林出版事業有限公司, 2024.06　　面；　公分
譯自：The psychology of Kundalini yoga :
　　　　notes of the seminar given in 1932
ISBN 978-626-7394-84-7（平裝）

1. 榮格(Jung, C. G.(Carl Gustav), 1875-1961)
2. 心理學　3. 瑜伽

137.84　　　　　　　　　　　　　113005991